학생운동,
1980

학생운동, 1980

초판 1쇄 펴낸날 2016년 10월 28일

지은이   김석, 김정주, 김정한, 임미리, 강진웅, 박영균, 이창언,
               이동연, 장성규, 홍성민, 김창수, 정현곤
기획   10·28건대항쟁계승사업회
펴낸이   박재영
디자인   당나귀점프
제작   제이오

펴낸곳   도서출판 오월의봄
주소   서울시 마포구 양화로 133, 1605호
등록   제406-2010-000111호
전화   070-7704-2131
팩스   0505-300-0518

이메일   maybook05@naver.com
트위터   @oohbom
블로그   blog.naver.com/maybook05
페이스북   facebook.com/maybook05

ISBN   979-11-87373-02-5 03300

이 책은 저작권법에 따라 보호받는 저작물이므로 무단전재와 복제를 금합니다.
이 책 내용의 전부 또는 일부를 이용하려면 반드시 저작권자와 도서출판 오월의봄에게
서면 동의를 받아야 합니다.
이 도서의 국립중앙도서관 출판예정도서목록(CIP)은 서지정보유통지원시스템 홈페이지
(http://seoji.nl.go.kr)와 국가자료공동목록시스템(http://www.nl.go.kr/kolisnet)에서
이용하실 수 있습니다.(CIP제어번호: CIP2016024913)

•책값은 뒤표지에 있습니다. 잘못된 책은 바꾸어 드립니다.

학생운동, 1980

10·28 건대항쟁을 중심으로

10·28건대항쟁계승사업회 기획

김 석
김정주
김정한
임미리
강진웅
박영균
이창언
이동연
장성규
홍성민
김창수
정현곤
지 음

오월의봄

차례

10·28 건대항쟁 30주년을 맞아: 가슴의 기억은 영원하다

1998년에 개봉한 알렉스 프로야스 감독의 〈다크 시티(Dark City)〉라는 영화가 있다. SF 공상과학 영화지만 스릴러물 성격이 강한데 전체 분위기가 상당히 어둡고 무겁지만 꽤 흥미롭고 기발한 스토리를 가진 작품이다. 검은 옷과 중절모를 쓴 외계인들이 자정이 되면 나타나 도시의 모습을 바꾸는 튜닝을 하고 사람들에게 새 기억을 주입하거나 빼내면서 인간 영혼에 대해 연구한다. 외계인들은 도시 전체의 모습을 이렇게 저렇게 바꾸는 초능력을 가지고 있고, 사람의 기억을 지배하면서 정체성 자체를 바꾸려고 시도하지만 인간이 가지고 있는 감정까지 어떻게 하지는 못한다. 영화의 한 대사에 따르면 머릿속 기억이 아니라 가슴에 존재하는 감정이 인간다움을 결정해준다. 결국 가슴의 기억을 흔적처럼 간직한 한 지구인 때문에 외계인의 계획은 실패로 돌아간다. 이 영화는 현실에 대한 고도의 풍자이자 은유로 해석할 수 있다. 기억을 조작하면서 인간심리를 해부하고 통제하려는 외계인 같은 집단은 어디에나 있기 때문이다.

〈다크 시티〉 같은 상황이 지금 우리 사회에도 목격된다. 영화 속 이방인들처럼 어둠 깊은 심연에서 나타나 우리 기억을 지우거나 새로 주입하고 역사를 비틀고 고치면서 새로운 정체성을 주입하려는 시도가 너무 빈번히 일어난다. 예컨대 1948년 8월 15일 남한 정부 수립일을 건국절로 바꾸려 하고, 국정교과서를 통해 일제강점기 독립운동과 해방 이후 민주화 역사를 말살하고 친일파와 부패 기득권층에 면죄부를 주면서 역사적 복권을 시도하려는 음모가 점점 노골화하고 있다. 하지만 〈다크 시티〉처럼 머릿속 기억을 지우거나 새로 주입한다고 그 역사를 체험한 가슴의 기억과 감정까지 사라지는 것은 아니다. 분단 같은 상황 논리나 이념을 들이대면서 친일이나 독재를 정당화해도 부당한 기득권층과 외세에 맞서 싸우면서 흘린 눈물과 희망의 기억까지 부정할 수는 없기 때문이다.

한반도의 역사는 지난한 투쟁의 역사다. 동서 냉전의 여파 속에 미국과 소련으로 대표되는 자본주의와 공산주의 대리전처럼 치러진 한국전쟁 결과로 단절된 진보적 민족주의 운동의 명맥이 4·19 학생의거와 유신 반독재투쟁을 거치면서 살아나기 시작했다. 유신의 가혹한 철권통치도 민주화를 향한 1970년대 민중들과 지식인의 열망까지 없애지는 못했다. 폭압적이던 박정희 정권이 민중들의 저항과 정권 내부 분열로 막을 내리고 서울의 봄과 함께 민주화 시대가 열리는 듯했다. 그러나 다시 쿠데타를 일으킨 소수 신군부세력에 의해 1980년 광주는 처절

학생운동, 1980

히 피를 흘리며 숨을 죽일 수밖에 없었다. 전두환 정권이 집권하고, 공안정국이 지배하면서 민주화운동의 명맥은 끝났다고 믿었다. 그러나 탄압과 희생을 딛고 들불처럼 일어난 청년 학생운동에 의해 민주화를 위한 투쟁의 열기가 점화되기 시작했으며 1983년 학원자율화조치 이후 각 대학은 변혁운동의 실질적 거점이 되기 시작한다. 한국의 정치 지형과 담론을 바꾼 1987년 6월 시민항쟁은 우연히 일어난 게 아니라 광주항쟁 학살정권 퇴진과 진상규명을 위해 끈질긴 투쟁의 불을 지핀 학생운동과 노동운동의 피의 희생으로 가능했다. 그리고 1980년대 학생운동은 새로운 과학적 이념과 대중운동으로 무장하면서 우리 사회의 민주화 역사를 다시 쓰기 시작했다. 1980년 수많은 열사들의 희생과 죽음으로 중요한 민주화 이슈들이 살아 움직이는 역사로 각인되고, 민중들이 깨어나기 시작했으며, 소극적이던 정치권도 동참하기 시작했다. 6월항쟁 이후에는 노동자대투쟁과 시민운동이 활발해지면서 한국 사회의 변화를 주도했다.

이런 일련의 사회민주화의 흐름에 1986년 10·28 건대항쟁이 자리 잡고 있다. 10·28 건대항쟁은 반외세자주화, 반독재민주화, 조국통일의 3대 이념을 슬로건으로 걸고 1986년 10월 28일(화)부터 31일(금)까지 3박 4일 총 66시간 50분 동안 건국대에서 전개된 학생들의 민주화투쟁이다. 애초에는 통상적인 대학 간 연합집회처럼 진행되었으나 1만여 명의 경찰이 건대 주변을 철저히 봉쇄하고 강제로 집회를 해산한 후 농성 학생 전원 연행 방침을 세우면서 건대항쟁은 1980년대 학생운동사에 길이 기억되는 기념비적 사건이 된다. 약 25개 대학의 학생들

2,000여 명이 모여 반외세반독재애국학생투쟁연합(애학투련)을 결성한 집회가 3박 4일의 점거 아닌 점거농성으로 바뀌면서 결국 1,525명이 연행되고 이중 1,288명이 구속된 것이 건대항쟁이다. 건대항쟁은 당시 정부에 의해 공산혁명분자 점거난동 사건으로 명명되었으나 학생운동 진영의 목표는 공산혁명이나 무장투쟁이 아니었다. 오히려 1980년 이후 성장한 학생운동이 가지는 소수 엘리트 지하조직 이미지를 벗고 과감하게 대중적인 조직 건설과 새로운 운동 이념을 모색하려던 것이 애학투련 결성의 동기였다. 하지만 운동의 순수성이나 민주화에 대한 학생들의 열망보다는 당시 집회 현장에 남겨진 대자보와 과격한 구호가 집중 부각되면서 연행된 학생들에게 용공좌경 분자라는 무시무시한 죄목이 적용되었고 전두환 정권은 이를 구실로 학생운동의 뿌리를 뽑으려고 했다. 건대항쟁은 당시 단일 사건 최대 구속자 기록을 남겼을 뿐 아니라 참가한 학생들에게도 심한 패배의식과 좌절을 심어주기도 했다. 건대항쟁에 참여한 학생들 중 학생운동을 그만두거나 진로를 바꾼 사람도 많으며 진압의 후유증 때문에 심신에 부상을 입어 고통을 받은 사람도 적지 않다.

하지만 건대항쟁이 무의미한 투쟁은 아니었다는 것이 그 후의 역사에서 증명된다. 광주민주화운동과 마찬가지로 건대항쟁에서 애학투련이 제시한 반외세, 반독재, 조국통일의 3대 이념은 이후 1987년 6월항쟁과 1988년 통일운동으로 구체화되면서 결실을 맺으며 1980년대 학생운동의 노선 지표가 되었다. 1985년 미국문화원 점거농성 때만 해도 참가 학생들은 반미가 아니라고 스스로를 부정했지만 건대항쟁 이후 반미는 학생운동의 대표적인 선명성 논쟁의 대상이 된다. 1980년대 반미운동은 학생들이 선도했으며, 2002년 미군 장갑차에 희생된 효선, 미순 추모제에서 제기된 한미행정협정 개정 시위와 2008년 광우병 소고기 수입반대 촛불시위 등에서 대등한 한미동맹 관계를 요구하는 투쟁의 동력이 되기도 한다. 비록 건대항쟁은 패배로 끝났지만 학생운동의 과격성과 선도적 엘리트 투쟁에 대한 처절한 반성이 1987년부터 새로운 품성이론이 대두된 배경이 되었으며, 학생회를 중심으로 한 대중노선으로의 실질적 변환을 가져왔다.

이런 점에서 1986년 건대항쟁은 1987년 전 국민이 참여한 6월항쟁의 밑거름이자 대변화의 서막 역할을 했다고 평가할 수 있다. 건대항쟁의 실패에 대한 뼈저린 반성과 과감한 대중노선 채택을 통해 학생운동은 지평을 넓혀나갔으며, 과격한 구호를 대중의 정서와 이해에 맞추고 녹여내면서 한국의 민주화운동은 부정할 수 없는 역사적 흐름이 된다. 1987년 6월항쟁은 전 국민의 참여와 승리로 끝난다. 대통령 직선제가 실시되어 군사정권이 막을 내렸으며, 1998년에는 헌정 사상 최초로 야당에 의한 정권 교체가 실현되기도 했다. 역사는 더디지만 확실하게 진보와 발전의 방향으로 나아간 것이다.

2016년은 건대항쟁이 있은 지 30주년이 되는 해다. 이 책은 역사적인 건대항쟁 30주년을 기념하여 1980년대 학생운동을 학문적으로 조망하고 평가하기 위해 출판한 연구 서적이다. 이 책의 저자들은 직간접적으로 학생운동 경험이 있거나 1980년대 학생운동을 주도한 세대에 속하는 소장학자들이다. 적어도 현장과 완전히 동떨어져 학생운동을 문헌과 과거 자료로만 연구하는 사람들은 아니다. 하지만 이 책은 단순히 학생운동 내부의 시각에서 과거를 정리한 것이 아니라 현재의 지평에서 전문가적 안목으로 1980년대를 평가하면서 학생운동의 성과와 한계를 객관적으로 정리한 책이다. 그리고 여기서 다뤄진 주제도 그간 제대로 조명되지 않았던 1980년대 학생운동의 모습을 여러 관점에서 분석하기 위해 고심해 선정한 주제들이다. 1980년대 군부독재의 국가폭력과 이념논쟁을 통괄하면서 평가한 주제들도 있고, 당시 유인물을 통해 학생운동의 이념을 파헤친 글도 있다. 무거운 주제뿐 아니라 운동권의 모습을 분석한 운동권문화에 대한 글과 학생운동에 관련된 문학 텍스트 분석도 있으며, 저항적 자살의 의미와 내면 심리를 파헤친 글도 있다. 특히 정현곤의 글은 당시 건대항쟁을 직접 이끈 지도부의 한 사람이 건대항쟁에 대해 평가한 글로 그 의미가 크다. 우리가 이와 같이 다양한 주제로 1980년대 학생운동을 분석하고, 정리하며, 평가한 연구 서적을 내놓는 의도는 건대항쟁의 역사적 의미에 대해 후대의 긍정적 평가가 내려지길 바라는 마음 때문이다. E. H 카가 역사는 과거와 현재의 부단한 대화라고 했듯, 단순히 지나간 일에 대한 추억이 역사는 아니다. 오히려 끊임없이 과거를 현재에 불러들이고 대화하면서 그 의미를 현재화하는 노력이 중요하다. 더구나 고작 5년 임기를 가진 정권이 자신들 입맛대로 역사에 대해 이러저러한 잣대를 들이대고, 역사에 대한 획일적인 시각을 가질 것을 요구하는 것은 〈다크 시티〉의 외계인들의 음모처럼 황당한 월권행위이다. 국가재난 방지와 긴급 구호 시스템의 부재로 수많은 사망자를 낸 '세월호 사건'을 있을 수 있는 자연재해나 교통사고처럼 매도하면서 진실을 은폐하는 것을 보라. 또 명백히 물대포로 인해 한 농민이 뇌사에 빠져 근 1년을 고통받다 죽었는데 이를 병사라고 우겨대는 것을 보라. 한마디로 상식과 합리성을 비웃고, 인간의 양심조차 저버린 일들이 이 나라에서 너무 자주 일어난다. 수많은 역사적 사례에서 보듯 바르게 기록하고, 기억하며, 재평가하지 않는 역사는 시간이 지나면 그 의미가 왜곡되거나 망각되어 기억 저편으로 사라질 수 있다. 역사는 항상 그것을 기억하려는 사람들의 역사로 남는다. 다소 성급할지도 모르지만 우리가 10·28 건대항쟁과 이를 중심으로 1980년대 학생운동을 재평가하는 글을 이 시점에서 남기는 것은 단순한 교훈을 주기 위해서가 아니라 역사를 우리 것으로 만들기 위한 노력의 일환이다.

오늘을 사는 대학생들에게는 낯선 얘기일 수 있지만 1980년대 학생운동은 여러 에피소드 중 하나가 아니라 대한민국의 중요한 역사이자, 5,000년 유구한 역사의 장강에 더해지면서 계승될 생명력 있는 물줄기이다. 먼 훗날 민주화의 재단에 피 흘려 산화한 많은 열사들의 눈물과 피가 아름답게 피어나고 바르게 평가되길 기대하며 서문을 마친다.

2016년 10월 10·28 건대항쟁계승사업회

1부

1980년대를 말하다

6월항쟁의 서곡,
10·28 건대항쟁

김석

1986년 10월 31일 건국대 교정. 사회과학관 옥상에서 최후까지 농성하던 학생들이 잔뜩 머리를 숙이고 앞 사람 허리에 손을 짚은 채 전투경찰들의 방패 사이로 줄지어 내려오고 있었다. 이미 학생회관, 중앙도서관, 교양학관, 본부에서 농성하던 학생들은 진압되거나 투항하여, 교내는 부상 학생을 실어나르는 구급차의 사이렌과 경찰차 소리, 욕설과 신음소리로 지옥을 방불케 했다. 전경들은 추위와 굶주림에 잔뜩 지쳐 있는 학생들이 옥상에서 내려올 때마다 이들에게 욕설과 사정없는 발길질을 해댔다. 캠퍼스 곳곳엔 땔감으로 뜯겨나간 앙상한 벤치와 최루가루를 뒤집어쓴 죽은 나뭇가지, 검게 그을린 건물의 부서진 집기와 유리조각, 여기저기 뒹구는 운동화와 머리핀, 최루탄 파편과 매캐한 냄새들이 어우러져 전쟁터가 따로 없었다. 사흘 밤 나흘 낮 동안 전 국민을 놀라게 하고 세계 언론의 주목을 받았던 사상 초유의 대규모 '공산혁명분자 점거난동(?)'이 막을 내리는 순간이었다. 총 1,525명 연행. 그렇게나 많은 공산분자들이 뿌리 뽑혔으니 이제 더 이상 캠퍼스의 소요는 없을 것이다. 정부와 언론은 그렇게 학생운동의 종말과 학원의 안정화를 단언했다. 건대사건 관련자 전원 연행과 대규모 구속은 그해 5월 3일부터 불어닥친 공안정국의 절정이었다. 그러나 그로부터 정확히 7개월 후 "호헌 철폐 독재 타도"의 함성이 거리거리에 울려퍼졌고, 전국 방방곡곡에서 수많은 학생과 시민들이 민주화를 이루기 위해 한 덩어리가 되어 있었다. 거의 대부분의 경찰 병력이 동원되었지만 거리의 시민들이 합류하면서 날로 커져가는 시위대의 열기를 막기엔 그야말로 역부족이었다. 10·28 건대항쟁에서 학생들이 선언했던 반독재 민주화, 직선제 쟁취가 국민들의 함성으로 되살아나는 순간이었다.

건대항쟁, 정확히 말해 '전국반외세반독재애국학생투쟁연합(이하 애학투련)'의 결성식은 해방 후 단일 사건 최대 구속자, 학생운동에 대해 전면적으로 가해진 용공 조작, 과격한 점거농성 등으로 국민들에게 기억된다. 하지만 건대항쟁의 진정한 의의는 패배에도 불구하고 그것이 이듬해 1987년 6월항쟁의 실질적 전개를 가능하게 만든 서막의 역할을 했다는 것이다. 해방 이후 독재와 맞서 싸우며 성장한 학생운동은 언제나 조직적·이념적 오류와 한계를 극복하며 희생 속에서 단련되어왔으며, 한국 사회의 변화를 위한 방향을 선두에서 제시해왔다. 건대항쟁도 마찬가지다. 그것은 패배에도 불구하고 학생운동의 새로운 변화와 도약을 가져옴으로써 1987년 이후 급속히 확장된 대중투쟁의 밑거름이 되었다. 건대항쟁에서 제시된 반외세, 반독재, 조국통일의 3대 이념은 1987년 6월 민주화대투쟁, 1988년 전대협의 통일운동, 그리고 1990년대 이후 반미운동의 대중적 확산으로 열매를 맺는다.

1986년의 상황과 학생운동의 재정비

1986년은 군사정권과 민주화운동세력의 본격적인 싸움이 준비되던 시기였다. 이런 상황에서 당시 운동의 주도 세력인 학생운동은 새로운 변화를 모색하고 있었다. 학생운동 진영은 1985년 말부터 반외세투쟁이 먼저냐 아니면 반자본 반파쇼투쟁이 먼저냐를 놓고 노선 갈등을 빚었는데, 1986년 들어 전자가 '반미자주화반파쇼민주화투쟁위원회(이하 자민투)'를, 후자가 '반제반파쇼민족민주투쟁위원회(이하 민민투)'를 결성하면서 조직적인 대립이 본격화된다. 하지만 정권의 탄압이 가중되고 지하조직 중심의 운동이 한계에 부딪히면서 대중적 노선 전환과 제 분파들의 연합투쟁을 동시에 모색하기 시작했다. 그리고 1986년 초부터 서울대를 중심으로 반미 구호가 본격적으로 제기되었는데, 전방입소 거부투쟁과 이재호, 김세진 열사의 분신과 맞물리면서 국민들에게 충격을 주게 된다. 하지만 반미나 반전과 같은 선도적인 주장이 아직 전 대학 차원으로 확산되지는 않는다. 학생운동은 노선의 차이를 떠나 더 효과적인 통일적 투쟁을 주도할 조직 건설이 절실했으며, 이를 통해 재야와 야당을 견인하여 상반기에 고양된 개헌 열기를 대중적으로 확산시킬 필요가 있었다.

한편, 군사정권으로서는 학생운동의 새로운 이념적·노선적 변화와 통일조직 건설을 좌시할 수 없었으며, 장기 집권 프로그램을 공고히 하기 위해서라도 어떻게든 학생운동 진영을 무력화시키고 야당을 개헌 논의로부터 이탈시켜야 했다. 건대항쟁은 이렇듯 정권과 운동진영의 새로운 갈등 속에서 대량 구속을 통해 활동가들을 일망타진하고[1] 학생운동을 친북세력으로 매도하여 뿌리 뽑으려는 정권의 조급함이 작용하여 발생한 것이다.

애학투련의 결성 배경

건대항쟁의 성격을 규명하기 위해서는 애학투련의 결성 과정과 시대적 배경을 통일적으로 살펴볼 필요가 있다. 1983년 12월 21일 전두환 정권은 학원자율화조치를 전격 발표한다.[2] 이후 1984년 고려대를 필두로 어용조직인 학도호국단을 해체하고 학생들의 자치기구인 총학생회를 부활시키는 운동이 전체 대학으로 빠르게 확산된다. 학내외적으로 상승되는 민주화 분위기

---

1   건대항쟁과 거의 같은 시기에 경기도 지역 노동운동가들이 반국가단체 결성 혐의로 조작·구속된 반제동맹당 사건이 발생하기도 했다.

2   1980년 5·17군부쿠데타를 거치면서 제적된 학생들의 수는 1,000명에 달했고 이후 계속 증가한다.

를 타고 학생들은 1985년 4월 17일 전국 학생들의 대표조직인 전국학생총연합(이하 전학련)과 상설적인 투쟁조직으로서 민족통일민주쟁취민중해방투쟁위원회(이하 삼민투)를 결성한다. 1985년은 학생운동이 그간의 침체기를 벗어나고 폭발적으로 터져나오면서 전국의 대학가가 시위로 몸살을 앓던 시기였다. 하지만 아직 운동의 이념과 노선들은 몇몇 소수 대학들이 주도하고 있었으며, 각 대학별로 지하조직으로 연결된 소수 활동가들에 의해 학생운동이 비합법적인 양상으로 전개되곤 했다. 전학련이나 삼민투도 학생대중의 대표조직이라기보다는 사실상 지하조직의 지도에 따르면서 대외적으로 투쟁조직을 대표하는 간판 성격이 강했다.

그러나 학생운동이 발전하면서 학생운동 내부에 이념 대립이 치열해지고 조직의 분화와 대립도 점점 커져갔다. 이제 점점 강화되는 정권의 탄압에 맞서 새롭게 전열을 정비하고 통일적인 투쟁조직을 건설하여 대중투쟁의 범위를 확산할 필요가 있었다. 애학투련 결성은 이런 조직적인 요구에 부응하여 '전학련'과 '삼민투'가 지녔던 한계, 즉 "소수 몇몇 대학만을 중심으로 비합법적이고 폭력적인 투쟁에만 매달려 스스로 고립"[3]됨으로써 학생들과 동떨어져 붕괴되었던 오류를 극복하고자 했던 시도였다.

---

3 〈전국반외세반독재애국학생투쟁연합 발족 선언문〉 중에서.

애학투련 건설과 의의

애학투련은 여러 한계에도 불구하고 기존과는 다른 조직 구성 방식을 취했다. 각 지역별 대중에 뿌리박은 하부조직을 몸체로 결성한 후, 민주적 과정으로 대표들을 선출하는 상향식 조직 원칙을 지향한 것이다. 물론 실제로는 비밀 유지 등의 이유 때문에 소수 대표자들의 비밀회의에 의해 조직 결성이 진행되었지만 학생운동사에서 처음으로 민주집중제와 대중민주주의 원칙을 조직 원칙으로 표방했다. 발족 선언문의 일부를 보자.

하나, 우리 전국반외세반독재애국학생투쟁연합은 일부 학우들 것 만이 아니라 나라와 민족을 사랑하는 전체 애국학도의 단체다. 따라서 각 지역마다 단위를 구성하여 그곳에서 민주적 과정에 의해 선출된 대표들로 지도부를 구성한다. 둘, 민주집중제의 일반적 원칙을 철저히 준수한다.

실제로 애학투련 결성은 서울, 경기를 4개 지부, 즉 동부, 서부, 북부, 남부로 나누어 각 지역별 연합조직을 먼저 결성하면서 최종 지도부를 구성하는 식으로 진행되었다. 4월 15일 시립대에서 애학투련 북부지역 발대식이, 9월 9일 경희대에서 동부지구 발대식이 개최되었다. 10월 16일에는 서울대에서 서울 남부지역 발족식이 있었다. 그리고 연합투쟁조직 건설은 각 대학 간 연합투쟁만이 아니라, 당시 학생운동을 이끌던 두 주류인 민민투와 자민투의 통일적인 투쟁조직 건설에 초점[4]이 맞춰졌

학생운동, 1980

다. 이런 통합 노력은 어느 정도 성과를 거둔다. 실제로 애학투련 발족 시 제헌의회 노선을 표방하는 성균관대 등 일부 운동 조직을 제외하고는 거의 모든 대학 자민투, 민민투가 함께 참여한다.

10월 11일부터 애학투련 지도부 결성을 위한 내부 모임이 본격적으로 시작된다. 모임은 경기도 안산에 있는 정현곤(서울대 자민투 위원장, 지구과학교육 83)의 자취방에서 2~3회에 걸쳐 진행되었는데 고려대, 연세대, 성신여대, 인천대, 서울대 투쟁위원회 대표들이 참석했다. 이들은 회합을 통해 자민투과 민민투를 망라하는 통일적인 투쟁위원회 구성을 합의하고 서로 역할을 분담하여 여타 대학의 참여를 독려하기로 한다. 10월 24일 김신(고려대 민민투 위원장, 정외 83), 정현곤, 은재형(서울대 산공 83), 강상윤(연세대 민민투 위원장, 정외 83), 정미연(성신여대 민민투 위원장, 정외 83), 이경섭(인천대 민민투 위원장, 정외 83)이 통일적인 투쟁기구의 공개의장단을 결성한다. 이들은 투쟁위원회 연합의 명칭을 '전국반외세반독재애국학생투쟁연합'으로 정한다.

당시 서울대는 계속되는 탄압으로 조직이 많이 와해되었기에 조직이 건재한 고려대 김신이 애학투련 의장을 맡기로 했다. 이어 '조국의 자주적 평화통일을 위한 투쟁분과' 위원장에 정현곤, '미-일 외세의 경제침략 저지투쟁분과' 위원장에 정미연, '미제의 한반도 군사기지화 저지투쟁분과' 위원장에 이경섭, '장

---

4 자민투와 민민투가 종파주의를 지양하고 공동 연대투쟁조직인 애학투련을 결성하려고 한 것이 건국대 집회였다는 것은 당시 검찰수사에서도 확인되고 있다. 《조선일보》, 1986.11.11. 보도 참조.

기집권 음모분쇄와 민주적 제 권리 쟁취분과' 위원장에 강상윤이 결정된다. 이들을 포함하여 전체 22개 대학 자민투, 민민투가 동참하기로 약속한다. 애학투련 의장단은 10월 28일 서울 건국대학교에서 애학투련 결성식을 거행하기로 한다.

당시 많은 대학 중에서 건국대가 선정된 것은 무엇보다 1986년까지 건국대에서 연합집회가 거의 없었던 관계로 상대적으로 감시가 소홀할 수 있다는 점, 캠퍼스가 평지 지형에 무척 넓고 출입구가 많아 드나들기가 용이하다는 점, 국화 전시회가 진행 중이어서 외부 학생들이 쉽게 들어올 수 있었던 점 등이 고려되었다. 건국대 민민투와 의장을 맡은 고려대가 사전 집회 준비를 주도적으로 수행하기로 했다. 학생운동사에 하나의 사건으로 기억될 건대항쟁은 이렇게 준비되고 있었다.

여기에서 애학투련이 표방했던 투쟁노선의 의의를 짧게라도 살펴볼 필요가 있다. 애학투련 결성식에서 선포되었던 투쟁노선과 유인물이 정권으로 하여금 학생운동을 용공조직으로 탄압할 빌미를 주기도 했지만 1987년 이후 학생운동은 사실상 애학투련의 이념인 반외세, 반독재, 조국통일을 구체화해나간 것이기 때문이다. 애학투련은 당시 전두환 정권이 아시안게임과 올림픽 개최를 통해 장기 집권 음모를 구체화시킬 것이라 보면서 11월 직선제 개헌을 매개로 장기 집권 분쇄를 위한 투쟁을 활성화시켜 야당을 견인[5]하고 민주세력의 단결된 정치투쟁

---

5   애학투련 발족식에서 낭독한 〈신민당에 보내는 공동투쟁 시안〉에는 신민당을 기회주의자로 몰아세운 민주세력의 오류를 시인하고 신민당의 직선제 쟁취투쟁에 지지를 보내면서 함께 반독재 민주화투쟁을 전개하자는 입장이 표명되었다.

대오를 형성하고자 했다. 또한 이를 위해 민중생존권 및 민주민권 쟁취투쟁을 적극적으로 병행할 것을 천명한다. 〈전두환 일당 장기집권 음모분쇄와 민주 제 권리 쟁취투쟁 선언문〉에 대중투쟁을 행동화하기에 유용한 슬로건으로 직선제를 적시한 것은 1987년 6월항쟁의 대표적 구호였던 "호헌 철폐 독재 타도"를 예고한다고 볼 수 있다.

다음으로 건대항쟁은 '반미투쟁'이 대중투쟁의 구호로 본격 선언된 실질적인 시발점이었다. 1985년에 있었던 미문화원 점거농성에 참가했던 학생들은 자신들의 입장은 반미가 아니며, 다만 미국에 항의하기 위해 들어왔노라고 소극적으로 주장했다. 그리고 1986년 초부터 서울대의 전방입소 거부투쟁의 과정에서 반미 구호가 등장하기도 했지만 아직 그것이 학생운동 일반의 구호는 아니었다. 하지만 건대항쟁에서는 반미자주화투쟁이 적극적으로 천명되고 "한반도 군사기지화 저지" "미제 축출" "경제침략 저지" 등의 구호가 투쟁노선으로 채택된다. 애학투련은 투쟁 선언문을 통해 모든 한국 사회 모순의 근원에 미제국주의가 있다고 보면서 첫 번째 투쟁 목표로 "미제의 식민지 통치를 분쇄하고 그 앞잡이 전두환 군부독재를 타도하여 민족자주와 민중민주주의 정권을 수립한다"를 선언했다.

마지막으로 조국통일운동의 필요성이 천명된 것도 주목할 만한 점이다. 통일운동은 1988년 전대협과 서총련에 의해 전면적 이슈로 부각되지만 그 방향은 애학투련에서 선언되었다. 애학투련 산하 '조국의 자주적 평화통일 촉진을 위한 투쟁분과' 명의로 발표된 성명서를 보면 반공 국시에 의해 금기시되어온 통일운동의 필요성과 의의에 대해 강조하고 있다. 그리고 이를 위해 공동 올림픽과 남북단일팀 구성 등을 구체적 방법으로 주장했다. 그러나 통일운동의 걸림돌인 반공이데올로기 분쇄투쟁을 전면적으로 부각시키면서 정권으로부터 가혹한 탄압을 받는 구실이 되기도 했다. 특히 〈반공이데올로기 분쇄투쟁 선언문〉에서 6·25가 민족해방전쟁이라고 기술한 것이 언론에 대대적으로 보도되면서 이념 공세의 빌미가 되기도 했다. 당시 유인물들이 치밀한 내부 검토 없이 의장단을 보좌하는 비합법조직에서 급하게 작성되는 과정에서 급진적 표현과 과격성이 걸러지지 않고 그대로 표현된 것은 전술적인 오류라 할 만하다. 물론 당시 상황에서 충분한 논의와 이해 없이 다소 급진적인 몇몇 구호들이 충격적으로 제기된 문제점은 있었지만 건대항쟁은 1980~1990년대 학생운동이 주요 이념으로 삼는 정치노선들이 처음으로 체계적으로 공식화되었다는 데 그 의의가 있다.

건대항쟁의 전개과정

애학투련 지도부는 10월 28일 오후 1시 건국대에서 '전국반외세반독재애국학생투쟁연합 결성식 및 친미독재 타도와 분단이데올로기 분쇄를 위한 실천대회'를 거행한다. 27개 대학[6] 약 2,000명의 학생이 참가했으며 애학투련 조직에 소속을 밝힌 학

6   당시 구속자 기준.

교는 22개 대학[7]이었다.

이날의 집회를 위해 며칠 전부터 건국대 학생들을 중심으로 현수막과 화염병을 만드는 등 집회 준비가 이루어지고 있었으며, 의장단은 28일 새벽에 건국대로 들어갔다. 그러나 당일 경찰의 검문검색은 전혀 없었다. 이것은 고의로 집회를 방관하여 학생들을 일망타진하려는 정부의 의도를 의심하게 한다. 연합 집회에 대한 당시 경찰의 대응은 언제나 사전 차단에 주력했는데 이 정도 규모의 집회 정보를 모르지는 않았을 것이기 때문이다. 그리고 건대 주변에 이미 전투경찰들이 대규모로 배치되고 있었던 점도 당국의 집회 유도설에 신빙성을 더해준다. 학생들은 당일 투쟁 준비 이외에 장기 농성에 대비한 식량, 의복, 약품 등의 준비가 전혀 되어 있지 않았다. 나중에 정부는 점거농성이 사전에 치밀하게 준비되었다고 학생들을 매도했지만 사건조사 결과나 당시 학생들의 준비 상황을 봤을 때 농성 계획은 전혀 없었다고 말할 수 있다.

'미제의 한반도 군사기지화 저지투쟁분과' 위원장 이경섭의 사회로 진행된 집회는 묵념, 애국가 제창, 경과 보고, 의장단 소개, 선언문 낭독 등 통상의 순서로 약 두 시간 동안 진행되었다. 마지막 순서로 애학투련 의장 김신이 당시 대통령 전두환, 미국

---

7 발족 선언문에 들어간 대학과 투쟁위원회는 다음과 같다. 감리교신학대학 민민투, 경희대 민민투, 고려대 민민투, 덕성여대 자민투, 서울대 자민투, 서강대 민민투, 시립대 민민투, 연세대 민민투, 외국어대 민민투, 장로회신학대학 자민투, 숙명여대 민민투, 한양대 민민투, 건국대 민민투, 단국대 민민투, 부산대 자민투, 서울대 수원캠퍼스, 성신여대 민민투, 성심여대 헌법특위 분쇄투쟁위원회, 이화여대 민민투, 인천대 민민투, 중앙대 민민투, 한신대 민민투.

대통령 레이건, 일본 수상 나카소네, 주한미국대사 릴리 등의 허수아비 화형식을 거행했다. 그리고 약 3시 20분경 의장이 구국행진을 선포하는 순간 건대 정문(현재 어린이대공원 쪽 후문), 후문(현재 수의대 쪽 후문), 민중병원(현 예술대), 건대부고 쪽에서 경찰 병력이 동시에 진입한다. 학생들은 각 문별로 돌, 나무, 헌 집기 등으로 바리케이드를 설치해놓고 전투조가 이를 지키고 있었으나 변변히 저항도 못하고 순식간에 경찰에 밀리고 만다. 이미 집회 장소인 본관 앞에서 전-후문으로 진입한 경찰 병력이 뭉쳐지고 있었으며 학생들은 뿔뿔이 흩어져 각 건물로 피신했다. 이때만 해도 학생들은 여느 때처럼 경찰 병력이 잠시 후 철수할 것이라 생각했다. 그러나 저녁이 되도록 경찰은 물러날 기미를 보이지 않았으며 그사이 담을 넘거나 벽이 뚫린 곳으로 도망치는 학생도 있었지만 대부분은 대학 건물에서 경찰과 대치한다. 이후 준비되지 않은 3박 4일의 점거농성이 시작되었고, 언론에서는 이를 '공산혁명분자 점거난동 사건'으로 부르며 학생운동의 과격성을 보도하기 시작한다. 애학투련 지도부도 뿔뿔이 흩어졌고 현장에 남아 있던 정현곤이 책임자로서 본관에서 점거투쟁을 주도한다.

당시 학생들은 본관, 사회과학관(현 경영대), 중앙도서관(현 어학당), 학생회관, 교양학관(현 법대) 5개 건물로 들어가 농성을 진행했다. 건물별 상황을 간략히 살펴보자.

중앙도서관

도서관으로 피해 들어간 학생들은 경찰에 밀려 2층과 3층으로 올라갔으며 경찰은 건물 안에다 최루탄을 마구잡이로 쏘아댔다. 학생들은 도서목록이 들어 있는 책상들을 가져와 바리케이드를 설치했는데 이 와중에도 도서목록이 들어 있는 서랍들은 안전한 장소에 보관한다. 연세대 민민투 위원장이자 애학투련 산하 '장기집권 음모분쇄와 민주적 제 권리 쟁취분과' 위원장 강상윤이 오후 늦게 합류해서 농성을 주도한다. 한편 당시 도서관에서 공부를 하고 있던 건대생들이 많았는데 이들은 자체 토론을 통해 도서관의 장서를 지키고 타교 학생들을 보호하기 위해 농성장에 남기로 결정한다. 도서관의 이 사건은 당시 학생시위를 대하는 일반 학생들의 입장이 그대로 반영되어 있다. 집회에 참가하고 불시에 건대 건물에 피신하여 농성을 하게 된 타교생들을 지켜주고자 150여 일반 학생들이 남은 것은 당시 학생운동이 학생대중으로부터 고립되지 않고 오히려 지지를 받고 있었음을 의미했다. 학생들은 돈을 거두어 자동판매기의 컵라면을 뽑고 도서관에서 공부하던 건대생들이 제공한 도시락을 함께 나눠 먹으며 철야농성에 돌입한다. 건대 학생들은 29일 경찰 병력이 증원되고 휴교령이 내려지는 것을 보면서 도서관 건물을 나가지만 바로 경찰에 연행된다. 도서관은 31일 아침 9시경에 제일 먼저 진압되는데 헬기 2대가 사과탄과 소이탄을 퍼붓고 밑에서 소방차가 물을 뿌리면서 전경들이 진입했다. 도서관에서 농성하던 학생들은 약 150명 안팎이었다.

학생회관

학생회관은 당시 농성자 숫자가 제일 적었으며 큰 저항 없이 경찰에 투항했다. 학생들은 학생회관의 중간 옥상에서 경찰과 대치하다가, 나중에 모두 6층 옥상으로 올라가 옥상으로 통하는 계단을 집기 등으로 막은 후 농성을 한다. 학생회관은 특히 식량 사정이 좋지 않았는데 동아리방에서 발견된 약간의 도시락과 밀가루 3킬로그램이 전부였다. 첫날 학생회관 내에 있는 식당에서 오이 한 자루와 감자 소량이 발견되어 학생들에게 전달되기도 했지만 경찰이 철수하리란 기대 속에 무계획하게 소비되었다. 학생들은 농성 중에 스프레이로 건물 벽에 각종 구호들을 써 넣기도 했다. 29일부터 건물 내에 단수가 실시되어 학생들은 큰 고통을 겪었으며 외부 전화도 끊겨 고립이 심화되었다. 30일 경찰 헬기가 농성 중인 건물에 투항을 권유하는 전단을 뿌리며 방송을 하기도 한다. 학생회관에서도 중간에 농성장을 빠져나가 투항하는 학생들이 생겼지만 남아 있는 학생들과 마찰은 전혀 없었다. 31일 건대 농대 유태영 교수와 가정대 이인자 교수 등이 학생들의 해산을 종용하는 방송을 한 후 진압이 시작되었다. 학생들의 단발적 저항이 있었으나 경찰은 쇠갈고리와 도끼로 계단의 바리케이드를 치우면서 큰 어려움 없이 진입했다. 경찰이 건물 밖에서 옥상을 향해 쉼 없이 최루탄을 쏘아댔으며 견딜 수 없었던 학생들은 백기를 흔들며 투항한다. 진압 후 건대 성시철(낙농 84)이 주동자로 체포되었으며 학생들은 전경들이 열을 지어 서 있는 중앙계단을 내려와 2층 중강당 앞에 엎드려 있다가 경찰버스로 옮겨졌다. 투항을 했지만 경찰은 옥상에서 약 10여 분간 학생들을 구타했으며 옥상에서 내려올 때도 계단에 도열한 전경들이 학생들에게 폭력을 휘두르기도 했다. 최종적으로 건물을 경찰이 장악한 것은 대략 9시 20분경이었으며 총 31명의 학생이 학생회관에서 연행되었다.

교양학관

교양학관은 31일 대략 9시 25분에 진압되었는데 약 84명 안팎의 인원이 있었으며 서울대 박희승(체육 84)이 농성을 주도했다. 첫날부터 경찰은 건대생들을 분리시키면서 농성장에 진입하려고 했는데 건대 축대 앞에 모여 있던 학생들이 격렬하게 타 대학 학생들의 연행에 항의하기도 했다. 농성 학생들은 건물 4층 이과대학 학생회 사무실을 지도부 사물실로 정하고 강의실과 실험실에서 자면서 교대로 옥상에서 경찰과 대치한다. 교양학관은 상대적으로 타 건물에 비해 식량이 많아 하루 두 번 라면, 차, 과자들을 소량으로 나누어 끼니를 해결했다. 31일 경찰은 사과탄을 던지고 헬기에서 SY44탄을 쏘면서 진압작전에 돌입한다. 옥상은 소방호스로 쏟아부은 물로 흥건했는데 진입에 성공한 경찰은 약 20여 분간 학생들을 무릎 꿇리고 폭행한 후 연행했다.

본관

본관은 3박 4일 건대항쟁을 총지휘했던 지도부가 자리 잡은 곳이었다. 애학투련 결성식이 아수라장이 된 틈을 이용해서 의장과 몇몇 학생들은 도주에 성공하고 애학투련 지도부 중 서울대 자민투 위원장이자 '조국의 자주적 평화통일을 위한 투쟁분과' 위원장 정현곤이 농성을 총괄한다. 본관은 가운데가 뚫려 있는 직사각형 건물로 사무실들은 1미터 정도 폭의 복도를 끼고 벽을 향해 일렬로 설치되어 있기에 많은 인원이 농성을 하기에 적합한 구조가 아니었다. 농성 지휘부는 농성장을 옮기려고 했지만 경찰이 포위를 하고 있어 어쩔 수 없이 옥상에서 약 460명이 모여 농성을 시작했다. 지도부는 농성 대열을 전투조, 선동조, 물량공급조로 나누어 투쟁에 임했다. 그리고 각 건물별로 중앙지도부 구성을 알리고, 본관4층을 홍보실로 정한 후 각 건물별 자체 인원 파악과 대응책 마련에 들어갔다. 특히 농성이 일사분란하게 이루어질 수 있도록 전투원칙과 생활수칙을 정하기도 했는데 학생운동의 조직력을 잘 보여줬다. 생활수칙은 "① 동지를 위하여 무엇을 할 것인가를 생각한다" "② 육체적으로 탈진하지 않도록 열량 조절을 책임성 있게 수행한다" 등이었다.

농성이 길어지면서 투쟁의 열기를 지속시키고 내부 단결을 도모하기 위해 '열린 공간'이라는 선전실을 설치해 누구나 동지들에게 하고픈 말이나 주장이 있을 때 타이프로 이를 찍어 배포할 수 있게 했다. '열린 공간'의 슬로건은 "사랑합시다. 믿읍시다. 그리고 끝까지 투쟁합시다"였다. 본관의 농성 지도부는 29일 외신기자들의 기자회견 요청에 응하여 여기에서 요구 조건을 제시했다. 학생들의 요구는 '안전 귀가 보장'과 현장에서 이미 연행된 '학우들의 석방', 그리고 '경찰의 교내 철수'가 전부였다. 당시 텔레비전을 통해 학생들은 점거농성이 미리 계획된 '공산혁명분자들의 점거난동 사건'으로 매도되고 있는 것을 잘 알고 있었다. 농성 중인 학생들은 이에 항의했으나 이런 입장이

밖으로 전달되지 않았으며 정부는 기자회견의 일부 답변[8]을 문제 삼아 이념 공세를 더더욱 강화했다. 31일 새벽 경찰은 최후 진압 통고를 하고 협상을 제의했지만, 학생들이 입장 정리를 위해 토론을 하던 중에 헬기에서 최루탄이 발사되는 것을 시작으로 일방적인 진압을 시작한다. 학생들은 투신을 막기 위해 바닥에 깔아놓은 매트리스에 화염병을 던지고 깨진 벽돌이나 변기 등을 던지면서 격렬히 저항했으나 결국 진압되고 만다. 본관은 사회과학관과 더불어 농성 인원이 많았으며 경찰의 집중 공격으로 건물의 훼손도 심했다.

사회과학관

사회과학관은 마지막으로 제압당했으며 농성 인원도 500명 안팎으로 가장 많았다. 특히 사회과학관은 학생들의 투항에도 불구하고 경찰이 최루탄과 소이탄을 쏴대는 과정에서 불이 나면서 많은 부상자가 발생한 곳이다. 건대항쟁 관련 당시 영상에서 진압경찰이 학생을 붙잡아 난간 위로 끌고 가며 시위대에 겁을 주는 장면이나, 불에 시커멓게 그슬려 동료 학생들에 의해 실려나오는 부상 학생의 처절한 장면이 있었던 곳도 바로 이곳이다. 그리고 사회과학관의 교수연구실과 강의실 곳곳에 수많은 낙서[9]들이 당시 건대항쟁에 임했던 학생들의 절절하고 단호한 심정을 잘 보여주기도 한다. '미제의 한반도 군사기지화 저

---

8   기자들은 〈반공이데올로기 분쇄투쟁 선언문〉에 실린 6·25 전쟁을 민족해방투쟁으로 보는 시각을 물어봤고, 농성 지도부는 전쟁의 평가는 미제와 이승만의 반민족성이 근거가 되어야 한다고 답변했다. 이외에도 찬탁과 반탁에 대한 평가를 묻기도 했다.

지투쟁분과' 위원장 이경섭이 본관에서 파견되어 농성을 주도했다. 대부분의 학생들은 4, 5층 강의실에 머물면서 토론도 하고, 쉬기도 하며 교대로 옥상에서 경계를 서기도 했다. 사회과학관은 교수연구실이 많아서 차와 커피가 넉넉했는데 학생들은 "교수님 죄송합니다. 배가 고파 커피를 꺼내 먹었습니다"라는 글귀를 남겨놓기도 했고 연구실 논문과 책들이 훼손되지 않도록 마음을 쓰기도 했다. 사회과학관은 위치상 당시 건대 정문 바로 옆 건물로 외부에서 초조하게 서성이던 학부형들이 학생들의 농성 모습을 볼 수 있던 유일한 건물이었다. 농성 학생들도 건물 밖 주민들을 향해 "우리는 빨갱이가 아닙니다"라고 선전전을 전개하며 박수를 받기도 했다. 경찰은 자식의 안부가 걱정되어 건대 정문에서 서성이던 학부모로 하여금 방송차를 통해 눈물로 해산을 호소하게 함으로써 학생들을 약하게 만드는 심리전을 전개하기도 했다.

31일 아침 9시경 헬기에서 최루탄이 발사되면서 '황소 30' 작전이 시작되었고 마지막으로 사회과학관 옥상에도 소이탄과 SY44, 그리고 소방호스 물을 퍼붓기 시작했다. 사회과학관 비상계단에 설치된 바리케이드에 불이 붙으면서 건대 경제과 84

---

9 여러 벽서 중 사회과학관 538 강의실에 적혀 있던 다음 글이 가장 널리 알려졌다.
"오리라 반드시 그날은 오리라. 이 땅 한반도에 피 끓는 투쟁이 있는 한 해방의 그날은 오리라. 피눈물 흘리며 우리는 형제인 전경에게 끌려가지만 적은 그들이 아니고 악독한 군사파쇼와 미제국주의인 것을 우리는 잘 알고 있기에 슬프다. 하지만 우리는 참된 민주를 갈망하는 애국청년으로 해방의 그날을 이 나라 만백성에게 돌려주기 위해 피로써, 온몸으로 투쟁하리니 동지여 투쟁이다. 복수다. 해방의 민주의 그날을 위해 최후의 일인까지 핏빛 눈초리로 저들을 응시하며 흐르는 피를 씻어주고 서로를 사랑하는 처절한 마음으로 저들에게 분노의 화살을 박자."

학생운동, 1980

최동근은 전신화상을 입고 쓰러지는 등 화상을 입고 부상당하는 학생들이 속출했다. 여기저기 비명소리와 여학생들의 흐느끼는 울음소리, 구급차를 보내달라는 절규가 10월의 마지막 하늘을 찢고 있었다. 학생들은 백기를 흔들며 살려달라고 했지만 여전히 경찰의 최루탄과 몽둥이질은 멈추지 않았다. 10시 20분경 경찰의 숫자가 압도적으로 많아지면서 최루탄 터지는 소리가 멈추고 66시간 50분의 건대항쟁은 막을 내린다. 경찰은 농성장을 장악한 후에 최후로 숨어 있는 학생들을 색출하느라 건물 내 천장을 쇠파이프로 깨뜨리거나 사과탄을 던져 넣기도 했다. 학생들의 농성을 성공적으로 마무리한 특공대원들에게 포상휴가가 내려지고 이들이 부르는 "만세!" 함성이 구급차의 사이렌 소리와 뒤섞이면서 3박 4일의 처절했던 농성은 완전히 막을 내린다.

건대항쟁의 종결과 의의

건대항쟁은 총 66시간 50분 동안 진행되었는데 학생들은 식량이 부족하고 날씨가 몹시 추워 탈진하는 사람이 속출하면서도 경찰의 투항 요구에 굴복하지 않고 투쟁을 지속했다. 농성 기간 중 산발적인 투석전이 몇 차례 전개된 것을 빼고는 큰 변동 없이 지루한 대치농성이 계속되었다. 그리고 일부 학생들의 탈출 시도가 있기도 했지만 워낙 경계가 삼엄해서 첫날 이후에는 사실상 탈출이 불가능했다. 농성 기간에 학생들이 제일 많이 부른 노래는 〈민족해방가〉였으며, 당시 신문과 방송은 학생들의 과격한 농성 모습과 대자보에 쓰인 글귀들을 되풀이해 보여주면서 학생들을 사실상 공산주의자들의 조정을 받는 폭도집단으로 매도했다.

그러나 나중에 관련자들의 조사와 재판에서 드러난 것처럼 당시 애학투련 지도부는 원래 점거농성을 할 계획이 없었으며 경찰의 강경 대응을 예측조차 하지 못했다. 그리고 농성 기간이 길어지면서 학생들에 대한 강경책에 부담을 느낀 정부가 경찰을 철수하리라고 순진하게 믿기도 했다. 하지만 5공 정권은 애초부터 학생운동의 뿌리를 뽑을 생각을 하고 있었으며 이미 농성 가담자 대부분에 대한 구속 지침을 정하고 시기만을 살피고 있었다. 당시 건대에는 3일 내내 휴교령이 내려진 상태였고 농성 학생들은 철저하게 외부와 고립된 채 이데올로기 공세로 공산분자로 조작되고 있었다. 건대항쟁은 여러 문제점과 한계에도 불구하고 정권의 가혹한 탄압에 굴하지 않는 학생운동의 헌신성과 투쟁의지를 잘 보여준 상징적 사건이다. 당시 학생들은 생활수칙을 정하고 토론을 통해 정세를 평가하고 서로서로를 격려하며 끝까지 질서 있게 투쟁에 임했다. 그리고 농성과정의 미담들도 기억할 만하다. 농성 첫날인 10월 28일 건대항쟁들은 농성장을 빠져나가는 데 전혀 어려움이 없었지만 많은 학생들이 타 대학 학생들을 지켜주기 위해 자발적으로 농성에 합류했다. 농성 중간에 학생들의 일부가 농성장을 이탈하기도 했지만 전체적으로 대오가 끝까지 유지되었으며 학생들 간 충돌이나 마찰은 없었다. 그리고 농성이 진행될 때 학생들에게 도움을 주었던 사람들의 이야기도 뺄 수 없다. 농성 기간 중 사회과학관에서 당시 건대 정법대 김준희 교수는 자신의 연구실을 살피면서 학생들에게 먹을 것과 의약품을 전달하기도 했다. 그리고 이과대와 학생회관에서도 건대 교직원과 교수들의 도움을 받아 농성장을 무사히 빠져나간 학생들이 있었다.

갑작스레 진행된 농성은 많은 어려움을 가져다주었는데 특히 부족한 먹을 것이 큰 문제였다. 이 상황에서도 학생들은 부족한 식량과 담배를 나누며 동지애를 돈독히 했다.

건대항쟁을 진압하기 위해 동원된 경찰의 숫자와 진압작전에 소모된 화학탄의 수량도 엄청나다. '황소 30'[10]으로 명명된 작전명에 3박 4일 동안 동원된 경찰 총 병력은 1만 8,900명[11]이었다. 그리고 당시 학생운동 진압에 처음으로 헬기가 사용되었으며 소방차 30대와 H형 사다리 51개, 줄사다리 29개가 동원되었고 부상 학생들을 실어갈 구급차도 10대나 차출되었다. 당시 통계를 보면 SY44탄이 2,537발, KM25탄 790발이 진압에 사용되었으며 건대가 입은 재산 피해만 해도 당시 23억 5,000만 원에 육박했다. 특히 일부 경찰은 농성장에 진입할 때 학교 집기나 귀중한 물품을 집어가는 등 추태를 보이기도 했다.

건대항쟁은 총 1,525명이 연행되고 1,288(추가 구속 23)명이 구속되어 단일 사건으론 건국 후 최다 구속자를 기록했다. 연행자 중 53명의 학생이 부상과 화상을 입고 경찰병원 등으로 후

---

10 황소는 건대의 상징물이며 30은 원래의 진압 날짜를 의미한다. 실제 진압은 31일에 이루어졌다.
11 마지막 31일에만 경찰 53개 중대 7,950명이 동원되었다.

송되었다. 학생운동 진영은 사상 유례없는 대량 구속 사태와 정권의 이데올로기 공세로 위축되었다. 하지만 건대항쟁의 패배는 학생운동의 도약에 새로운 계기가 된다. 남은 학생운동권 지도부는 이전의 소수 조직원 동원 위주 방식의 한계를 뼈저리게 느끼면서 대중조직인 과 학생회와 동아리를 중심으로 학생운동의 확장을 도모한다.

실제로 건대항쟁 이후 거의 각 대학 지하조직은 심대한 타격을 받았지만 오히려 그 덕에 애학투련이 표방했던 대중노선의 정당성이 뿌리를 내린다. 이제 학생대중과 함께하고 그들의 지지를 끌어내지 못하면 건대항쟁과 같이 정권의 가혹한 탄압을 받을 수 있기에 학생운동은 생존을 위해서라도 대중노선을 채택해야 했다. 1987년 이후 학생운동은 지하조직이 아니라 대중기구인 학생회를 활성화시키고 이를 중심으로 대중의 의식을 고양시키고 대중의 지지를 끌어내면서 운동을 전개하려고 노력한다. 그리고 이를 위해 대중 활동가의 품성과 성실한 활동이 강조된다. 애학투련은 해체되고 많은 학생들이 구속되었지만 패배를 극복하면서 새로운 재도약이 서서히 준비되고 있었다. 대중과 더불어 투쟁하는 1987년 민주화대투쟁의 서막이 건대항쟁의 폐허 속에서 열리고 있었다.

1980년대 이후 한국 경제의 구조 변화와 학생운동

김정주

1980년대 학생운동의 성격과 한계

해방 이후 면면히 이어져온 남한 내 사회운동의 역사에서 1980
년대 학생운동만큼 눈부신 역사적 성과와 성취를 이루어낸 예
는 일찍이 없었다. 박정희 정권의 붕괴에 뒤이은 신군부의 등
장과 1980년 5월 광주에서의 대학살이라는 역사적 반동으로
1980년대는 시작되었지만, 폭압적 탄압과 부정한 권력의 거짓
선전 속에서도 대학을 중심으로 한 1980년대 학생운동의 투쟁
력은 단 한순간도 꺾인 적이 없었으며, 오히려 폭압적 탄압을
자양분 삼아 운동의 역량은 더더욱 강화되었다. 1980년대 내내
대학의 학생운동은 노동자, 농민, 빈민 등 남한 사회 내 각 부
문운동의 전위 역할을 스스로 떠안았으며, 마침내 1987년 6월
항쟁을 통해 군사정권에 대한 전민적 저항을 이끌어내면서 이

후 한국 사회의 민주화라는 크나큰 정치적 전진을 이루어냈다. 이뿐만 아니라 해방 이후 남한 사회를 짓눌러 오던 반공이데올로기를 스스로 극복하면서 외세를 배격한 민족의 자주적 통일을 지향하는 통일운동을 광범위한 대중적 운동으로 승화시킴으로써 분단을 넘어서기 위해 한국 사회가 해결해야 할 민족적 과제들을 선도적, 전면적으로 제기했다. 이처럼 한국 사회에 대한 다양한 문제제기와 더불어 그러한 문제들을 스스로 해소하기 위한 직접적이고 전면적인 투쟁들을 조직함으로써 1980년대 내내 대학 사회는 모든 정치적 억압과 굴종은 물론 일체의 사상적, 이데올로기적 편견마저도 거부하는 한국 사회 내 유일의 '해방구'로 존재할 수 있었다.

1980년대 학생운동은 1970년대 학생운동과 비교해 몇 가지 점에서 매우 두드러진 차이, 혹은 운동으로서의 발전적 양상들을 보여주었다.[1] 우선 비합법적인 서클 중심의 협소한 운동틀에서 벗어나 교내 총학생회와 같은 합법적 기구들을 통해 대중을 직접 조직함으로써 대중운동으로 전면적 발전을 이루어냈다. 이와 같은 학생운동의 대중운동으로의 전면적 전환, 혹은 운동의 대중적 확산은 1980년대 내내 이어진 정권의 폭압적 탄압 속에서도 학생운동이 자신의 운동적 역량을 보존하면서 오히려 이를 강화할 수 있었던 가장 중요한 요인이었다고 할 수 있다. 둘째, 1970년대까지의 학생운동이 주로 "유신헌법 철폐하

---

1   이와 관련해선 강신철 외 《80년대 학생운동사: 사상이론과 조직노선을 중심으로》, 형성사, 1988, 18~116쪽 참고.

1980년대 이후 한국 경제의 구조 변화와 학생운동

라"·"노동생존권 보장하라"·"진상을 규명하라" 등과 같은 요구
적 구호와 투쟁에 머물렀다면 1980년대 학생운동은 "파쇼정권
타도"·"민주적 민중정권 수립" 등과 같이 한국 사회의 변혁적
요구들을 전면적으로 제기했으며, 따라서 1980년대 학생운동
은 명확하게 변혁운동의 성격을 지니고 있었다. 이러한 변혁운
동의 성격으로 인해 1980년대 학생운동이 한국 사회에 제기했
던 문제들은 1970년대 학생운동이 제기했던 문제들에 비해 훨
씬 더 광범위하고 근본적인 것이었다. 셋째, 1980년대 학생운동
이 스스로를 변혁운동으로 규정함에 따라 직접적인 물리적 투
쟁을 넘어서 올바른 정치노선과 조직노선을 수립하기 위한 백
가쟁명식의 다양한 사상적 논쟁들이 운동진영 내부에서 전개
되었으며, 이를 통해 마르크스-레닌주의와 같은 변혁적 사상
과 이론들이 대학 사회 내부에서 자연스럽게 수용되었다. 이를
통해 1980년대 학생운동은 일정 부분 자유주의적 틀에 갇혀
있던 1970년대 학생운동의 한계를 극복하고 사상적으로 더욱
급진화할 수 있었다. 넷째, 1970년대 학생운동의 수준을 넘어서
서 운동이 대중적으로 광범위하게 확산됨에 따라 학생운동의
조직 형태 또한 전국적 단위의 연대조직을 요구하게 되었으며,
이는 결국 1987년 8월 '전국대학생대표자협의회(전대협)'와 같은
전국적 학생조직의 결성으로 이어지게 된다. 이 과정에서 1986
년 10·28 건대항쟁을 촉발하게 되는 '전국반외세반독재애국학
생투쟁연합(애학투련)'의 결성은 전국적 단위의 대중적 연대투쟁
조직을 건설하려는 최초의 시도였다고 할 수 있는데, 당시 25개
학교 1,288명이 구속됨으로써 단일 시국사건으론 최대 구속자

수를 기록했다는 점 등을 고려할 때 1970년대의 운동 양상을 뛰어넘어 이 무렵에 이미 학생운동이 대중적으로 얼마나 전면적 양상을 띠게 되었는지를 잘 알 수 있다.

이처럼 1980년대 학생운동은 그 이전 시기는 물론 그 이후 대학 사회 내에서 전개되었던 어떤 다른 운동들에 비해서도 고유한 성격과 특징들을 지니고 있다. 1980년대 학생운동이 갖는 고유한 성격은 당시 대학에 속했던 사람들의 세계관이나 가치관, 그리고 정치적 혹은 문화적 태도에 어떤 식으로든 영향을 미칠 수밖에 없었는데, 이런 이유 때문에 1960년대에 출생해 1980년대에 대학을 다니면서 학생운동을 경험한 세대를 다른 세대들과 구분해 '386세대' 혹은 '486세대'라고 부른다. 해방 이후 한국 사회 내에서 철저히 금기시되었던 마르크스-레닌주의와 같은 변혁적 사상과 이론들이 1980년대 들어 대학 사회에서 비로소 복권되었다는 점, 그리고 심지어 주체사상마저도 하나의 변혁적 사상으로서 논쟁의 대상이 되었다는 점 등을 고려해볼 때, 1980년대 학생운동을 경험한 세대를 아우를 수 있는 가장 큰 특징은 자유주의와 반공이데올로기를 넘어서는 사상적 개방성과 급진성, 그리고 변혁성에 있다고 할 수 있다.

그러나 1987년 6월항쟁에서의 승리와 전대협의 결성으로 이어지는 운동의 최고 절정기를 지난 후 1990년대 들어 학생운동은 사회 내 일반 시민들은 물론 대학 사회 내에서도 고립되기 시작했으며, 특히 1993년 '한국대학총학생회연합(한총련)' 결성 이후 1996년 8월의 이른바 '연세대 사태'를 겪으면서 급격히 쇠퇴하기 시작했다. 더욱이 2000년대 들어 학생운동의 쇠퇴가

더욱 가속화하면서 최근 들어 한국의 대학 사회는 사실상 학생
운동의 부재 상태에 있게 된다.

1990년대 이후 학생운동의 갑작스런 쇠락에 대해선 많은
다양한 분석들이 제시될 수 있을 것이다. 우선 1989년 베를린
장벽의 붕괴와 1991년 소련 연방의 해체 등과 같은 갑작스럽게
진행된 세계적 수준의 체제 변화가 1980년대 학생운동의 이념
적 급진성과 변혁성이 기초해 있던 현실적 근거들을 붕괴시켜
버렸다는 점을 가장 주요한 요인으로 꼽을 수 있다. 또한 1990
년대 이후 노동운동이 스스로의 운동 역량을 강화하면서 학생
운동만큼 조직화되었을 뿐만 아니라 '경제정의실천시민연합(경
실련)'이나 '참여연대'와 같은 새로운 유형의 시민운동 조직이 등
장하면서 학생운동이 갖는 영향력은 과거에 비해 빠르게 감소
할 수밖에 없었다. 그 외 학생운동 스스로 대중적 고립을 자초
했던 폐쇄적 조직운영 방식과 그릇된 투쟁노선 설정 등이 1990
년대 이후 학생운동의 몰락을 설명하는 굉장히 중요한 요인들
로 고려되어야 할 것이다.

하지만 1990년대 이후 학생운동의 쇠락과 관련해 가장 중요
한 요인으로 꼽아야 할 점은 단연코 1980년대 이후 한국 경제
내부에서 진행된 근본적 구조 변화와 이로부터 제기된 사회적,
정치적 문제들에 대한 구체적 인식의 부재였다고 할 수 있다.
1990년대 이후 한총련을 중심으로 한 학생운동이 통일운동에
집중하면서 1996년 연세대 사태를 기점으로 국가권력에 의한
극심한 탄압에 직면하게 되고 그로 인한 운동의 고립과 쇠락이
가속화되었지만, 연세대 사태가 있던 1996년 12월에 정리해고

제와 변형근로제 도입을 근간으로 한 노동법의 날치기 개정이 이루어졌으며, 마침내 1997년엔 국가 경제 전체가 파산 상태에 직면하게 되는 'IMF 외환위기'라는 사상 초유의 사태가 벌어졌다. 이처럼 한국 사회 내에서 오랜 기간에 걸쳐 진행된 구조적 변화들에 기인한 사회적, 경제적 위기가 심화되어가고 있었음에도, 학생운동이 대중적 고립을 자초하며 쇠락의 위기를 맞게 되었다는 사실은 당시의 학생운동이 이념적 급진성과 변혁성에 비해 1980년대 이후 나타난 한국 경제의 근본적 구조 변화에 대한 구체적 인식에 상당히 취약했다는 걸 반증해주고 있다. 그러나 이러한 문제는 비단 당시의 학생운동에만 해당하는 것이 아니라 어쩌면 1980년대 내내 대학 사회 안에서 그 어느 시기보다 풍부한 사상적 세례를 받은 모든 '86세대'에 해당하는 문제인지도 모른다.

1980년대는 부당한 정치권력에 대한 학생운동의 끊임없는 저항과 '87년 체제'로 상징되는 정치적 격변기이기도 했지만, 그 이전 시기인 박정희의 18년 집권기 동안 구축된 이른바 '박정희 발전모델'이 해체되어가던 경제적 구조 전환의 시기이기도 했다. 결국 1980~1990년대는 한국 사회에서 정치적 민주화와 경제적 구조 전환이 동시에 진행되었던 체제 전환의 시기였던 셈인데, 이러한 체제 전환의 과정이 마침내 사회-경제적 양극화로 상징되는 오늘날의 한국적 신자유주의 체제로 귀결되었다는 점에서 1980년대 이후 진행된 한국 사회의 민주화가 정확히 어떤 한계를 갖는지, 그리고 그 과정에서 이미 한국 사회의 기성세대가 되었지만 그 어느 세대보다도 이념적 급진성과 변혁성을 지향했던 '86세대'의 시대적 한계가 어디서 비롯된 것인지를 검토해보는 것은 지금의 한국 사회를 이해하는 데 매우 중요한 일이다. 이를 위해선 우선 1980년대 학생운동의 절정기에 나타났던 경제적 구조 전환의 과정을 분명히 이해하는 것이 중요한데, 이는 곧 당시에는 분명히 인식되지 못했지만 지금의 한국적 신자유주의 체제가 자신의 구체적 모습을 드러내며 하나의 체제로서 완성되어가던 역사적 과정이기도 했기 때문이다.

1970년대 말의 경제위기와 한국 '시카고 보이스'의 등장

1972년 유신체제 성립 이후 한국 경제는 1970년대 중반을 거치며 높은 성장률을 실현하는 고도 성장기를 구가하게 된다. 당시 한국 경제가 고도 성장을 실현할 수 있었던 요인들로는 첫째 1972년 '8·3조치'와 같은 강력한 국가 개입에 의해 기업 부실을 정리하고 축적체제를 정비할 수 있었다는 점, 둘째 1973년부터 정책적으로 추진된 중화학공업화를 통해 국가 주도의 대규모 투자가 실현되었다는 점, 셋째 1970년대 중반부터 본격화한 중동 건설 특수로 인해 대규모 외화가 국내로 유입되었다는 점 등을 꼽을 수 있다.

하지만 1970년대 중반 한국 경제의 고도 성장을 실현했던 이러한 요인들이 박정희 집권 말기인 1970년대 말에 이르러서는 오히려 한국 경제의 위기를 심화시키는 요인들로 작용하게 되는데, 우선 중화학공업화를 실현하기 위해 동원했던 대규모 투자가 1970년대 말에 이르러선 과잉 투자와 과잉 생산설비의 문제를 낳음으로써 기업들의 이윤율을 급격히 떨어뜨리는 이윤율의 위기를 초래했다. 이와 더불어 국내의 산업적 연관성이 부재한 상태에서 추진된 중화학공업화는 자본재와 중간재의 대외 의존성을 심화시킴으로써 만성적인 무역수지 적자와 급격한 대외부채 증가로 인한 외채 위기를 심화시켰다. 중화학공업화 추진 과정에서 나타난 중동 건설 특수는 외채 문제를 완화할 수 있는 외화의 대규모 국내 유입을 가져오기도 했지만, 반대로 1970년대 말에 이르러 심각한 노동력 부족과 인력난을 초래함으로써 임금의 급격한 상승과 이로 인한 이윤율 하락을 더욱 가속화했다. 또한 중화학산업에 대한 집중 투자와 중동으로부터의 대규모 외화 유입은 급격한 인플레이션을 초래함으로써 서민들의 생활을 불안정하게 하고 민생을 더욱 피폐하게 만들었다. 한편 당시 중화학산업과 수출 산업에 집중되었던 투자는 주로 정부의 정책금융을 통한 은행자금을 통해 조달되었는데, 중화학산업에서의 수익률 저하와 투자 실패는 은행의 파산 위기를 초래함으로써 은행의 위기와 금융위기를 동반한 한국 경제 전반의 위기감을 더욱 고조시켰다.[2]

이처럼 고도 성장의 이면에 내재되어 있던 위기적 요인들이 1970년대 말에 이르러 한꺼번에 표출되고 경제적 위기감이 심

---

2   김정주, 〈시장, 국가, 그리고 한국 자본주의 모델: 1980년대 축적체제의 전환과 국가 후퇴의 현재적 의미〉, 유철규 편, 《박정희 모델과 신자유주의 사이에서》, 함께읽는책, 2004, 302~305쪽.

화되어감에 따라 박정희 정권은 부득이하게 정책적 전환을 모색하지 않을 수 없었다. 이에 따라 최고 권력자였던 박정희는 정책 결정 과정에서 재무부, 상공부 출신의 관료들을 배제하고 경제기획원 출신 관료들에게 중책을 맡기고자 하는 엘리트 관료 집단의 교체를 시도하게 된다.

사실 박정희 집권기 18년 동안 경제 운용 방향 및 경제 정책의 결정 과정에서 주도적이고 핵심적 역할을 담당했던 사람들로는 재무부 장관과 상공부 장관을 지내고 11년간 대통령 비서실장을 역임했던 김정렴, 1972년 '8.3조치'를 입안하고 집행했던 김용환, 그리고 중화학산업 육성이라는 거대한 국가적 프로젝트를 제안하고 계획했던 오원철 등을 꼽을 수 있다. 이들은 당시의 재무부와 상공부 출신 관료들로서 박정희 집권기 동안 주요 경제 정책들을 모두 기획하고 주도했다. 반면 경제기획원은 이들에 의해 기획되고 주도되었던 정책들을 실제적으로 집행하는 수준에 머물러 있었다. 따라서 박정희 정권 내에서 정책 주도권은 주로 재무부와 상공부 출신의 관료들이 행사하고 있었는데, 1970년대 말 경제위기의 심화와 더불어 정책 결정 라인에서 이들이 배제되고 경제기획원 출신 관료들이 중용되기 시작했다는 건 한국 경제의 운용 방식과 관련해 정권 차원의 근본적 변화를 예고하는 일이었다.

특히 김정렴, 김용환, 오원철 등으로 대표되는 재무부, 상공부 출신의 관료들과 신현확, 강경식, 서석준, 김기환, 김재익 등으로 대표되는 경제기획원 출신 관료들의 정책적 성향은 너무도 극명하게 대비되었다. 당시 재무부, 상공부 출신의 고위 관료들은 대부분 일제강점기에 고등교육을 받은 자들로 일본식 국가주의와 국가 주도형 경제 운용에 익숙해 있던 반면, 경제기획원의 젊은 관료들은 대부분 미국 유학을 경험하면서 미국식 시장주의적 경제 운용을 자신의 정책적 신념으로 받아들인 최초의 관료 집단이었다. 이런 측면에서, 1970년대 말 경제기획원 출신 경제 관료들의 부상과 더불어 박정희 정권 내부에서 진행된 인적 구성의 변화는 이후 한국 경제에서 나타난 국가 주도형 발전모델의 해체 및 개방화, 자유화를 통한 한국에서의 시장주의의 급진적 수용 과정을 이해하는 데 매우 중요한 의미를 갖는다.

1970년대 말의 경제위기 상황에 대해 경제기획원 출신 관료들이 내놓은 경제 운용상의 대안은 〈경제안정화 종합시책〉이란 보고서에 집약되어 있다.[3] 이들의 제안은 기존 국가 주도형의 '박정희 발전모델'이 실패했음을 공식적으로 선언하고 있지 않을 뿐 사실상 이를 인정하면서 경제의 자유화와 개방화를 핵심으로 한 시장 중심의 경제 운용을 그 대안으로 내놓고 있다는 점에서 당시로선 실로 놀라운 일이라 하지 않을 수 없었다. 우선 〈경제안정화 종합시책〉 보고서는 당시의 중화학산업에 대한 무리한 투자가 야기한 문제점들을 지적하며 중화학산업 부문에 대한 투자 조정을 건의하고 있다. 이는 1980년 이후 본격화된 산업합리화 및 산업구조조정 정책의 기본 지침이 되었고, 이후 특정 산업에 대한 지원 축소와 정부에 의한 투자

---

3   한국개발연구원,《경제안정화시책자료집》, 1981.

의 사전 조정을 지양하는 방식으로 산업 정책의 근간이 수정됨으로써 발전국가의 선별적 산업 정책이 기능적 산업 정책으로 전환하게 되는 중요한 계기가 되었다. 또한 이 보고서에선 개방 경제 체제하에서 경쟁 촉진을 통한 국내 산업의 체질 강화와 물가 안정 등을 위해 수입 자유화와 경제의 개방화가 지속적으로 추진되어야 할 것이라고 밝히고 있다. 그러면서 향후 경제 개방의 폭을 넓혀갈 것임을 분명히 하는 것은 물론 심지어 금융제도 개선을 위해서는 금리의 현실화, 정책금융의 축소, 수익성을 중시하는 자율적 경영체제의 확립, 금융산업의 대형화와 업무의 다양화 등을 제시했다. 이로써 장기적으로 금융산업의 민영화, 자유화, 그리고 금리의 현실화 등을 통해 경제 과정에 대한 국가의 가장 중요한 정책적 개입 수단이었던 금융 억압을 해소할 것을 제안하고 있다.

이처럼 1979년에 제출된 〈경제안정화 종합시책〉은 국가의 개입주의에 의해 경제를 관리하던 그간의 방식을 폐기하고 경제의 자유화와 개방화에 기초해 시장과 민간 중심으로 경제를 재편함으로써 경제 운용 방식상의 근본적이고 전면적 전환을 제안하고 있다. 실제로 1980년대 이후 한국 경제는 이들이 제안한 것처럼 지속적으로 경제의 자유화와 개방화를 정책적으로 심화시켜왔다. 그런 면에서 이 보고서는 향후 한국 경제의 시장주의적 재편 및 구조 전환과 관련한 일종의 마스터플랜을 제시하고 있었다고 할 수 있다. 하지만 당시 보고서가 함축하고 있던 정책적 급진성으로 인해 박정희 정권하에선 이러한 방향 전환이 (재무부 관료들을 중심으로 한) 정부 내부의 격렬한 반대에 직면하게 된다. 이로 인해 보고서의 제안들이 구체적 정책으로 실행되지는 않았지만, 1980년 이후 전두환 정부가 들어서고 나서 재무부, 상공부 출신 관료들은 정치적으로 숙청되어 정책 결정 라인에서 배제된다. 반면 김재익 등을 중심으로 한 경제기획원 출신 관료들이 중용되어 정책 결정권을 장악함으로써 보고서의 제안들이 구체적 정책으로 추진되게 된다. 따라서 전두환의 신군부 정권이 보여주었던 정치적 억압성과 파시스트적 폭력성에도 불구하고, 1980년 이후 한국 경제는 이미 전면적 자유화와 개방화의 국면으로 접어들고 있었다. 그리고 1980년 이후 시장 중심적인 자유주의적 경제관을 갖고 있던 관료 집단들에 의해 정책적으로 일관되게 추진되어온 경제의 자유화와 개방화의 최종적 결과물이 오늘날의 한국적 신자유주의 체제라고 할 수 있다.

1980년 이후 한국에서 나타난, 신군부로 상징되는 새로운 군인 집단과 미국 유학을 경험하고 미국식 시장주의적 경제 운용을 자신의 정책적 신념으로 받아들인 새로운 엘리트 경제관료 집단 간의 결합은 한국의 '시카고 보이스Chicago Boys'의 등장으로 볼 수 있을 만큼 흥미로운 현상이다. '시카고 보이스'란 말은 원래 1973년 칠레에서 등장한 피노체트 군사정권과 미국 자유주의 경제학의 본산인 시카고 대학을 졸업한 칠레의 신진 엘리트 간의 결합 내지는 동맹관계를 지칭하는 것이다. 그러나 이후에는 제3세계 주변부 국가의 특정 지식인 또는 엘리트 집단이 세계 헤게모니 국가인 미국의 지식을 수입해 자국 내 지식권력을 독점하고, 정치적으로는 친미 노선을, 경제적으로는 신자유주의 개혁을 주도하는 현상 일반을 의미하게 된다.[4] 이를 통해 미국은 자신의 지배적 학문을 주변국에 수출하면서 이들 국가들을 친미동맹에 편입시킴으로써 강력한 정치, 경제적 헤게모니를 구축할 수 있었다. 이렇듯 한국에서도 1980년 이후 '시카고 보이스'라 불릴 수 있는 새로운 엘리트 집단의 등장을 통해 친미동맹의 틀 속에서 경제의 자유화와 개방화가 정책적으로 일관되게 추진될 수 있었다. 이는 미국과의 일정한 정치적 대립관계에 있었던 박정희 정권하에서의 정책 방향과 구분되는 1980년 이후 나타난 가장 두드러진 정책 변화 가운데 하나였다.

이런 측면에서 볼 때, 1980년대 이후 한국에서 경제의 지속적 개방화와 자유화에 기초해 탈규제, 작은 정부, 민영화, 그리고 노동 억압을 특징으로 하는 경제의 신자유주의적 재편을 시종일관 정책적으로 주도한 주체는 재벌을 중심으로 한 대자본이 아니라 다름 아닌 1980년 이후 신군부의 등장과 함께 부상한 '시카고 보이스'로 불릴 수 있는 엘리트 경제관료 집단이었다고 할 수 있다. 1987년 이후 한국 사회의 민주화 이행 과정에서도 이들 관료 집단은 단지 폭력적 국가기구의 하위 구성 요소 혹은 대자본의 이해관계를 일방적으로 반영하는 전문가 집단으로만 간주됨으로써 정치적으로 거의 주목받지 못했다. 이런 이유 때문에 이들은 자신들에 대한 정치적 규율이 부재한

---

4   김정주, 〈한국의 경제 발전과 민주주의: 축적체제의 역사적 이행과 경제 성장의 재인식〉, 조돈문·배성인·장진호 엮음, 《위기의 한국 사회, 대안은 지역이다》, 메이데이, 2011, 132~133쪽.

상태에서 한국 경제의 구조를 재편하는 데 필요한 정책적 자율성을 최대한 누릴 수 있었다.

경제의 자유화, 정치적 민주화 사이의 모순성

앞에서 이미 살펴본 것처럼 1980년대 이후 한국 경제의 대외적 개방과 대내적 자유화는 한국 경제의 구조 전환과 관련된 가장 큰 틀로서 최근까지도 정책적으로 일관되게 추진되고 있다. 1980년대 초반 이후 미국과의 교역에서 무역수지 흑자가 발생하고 그 폭 또한 점차 커짐에 따라 미국의 요구에 의해 1983년부터 국내시장 개방을 둘러싼 미국과의 협상이 시작되었다. 이 협상 과정에서 미국은 1985~1986년에 걸쳐 시장 개방과 함께 환율의 평가절상을 한국 측에 요구했다. 그러나 한국 정부는 국제시장에서 수출 지향적 대기업의 경쟁력 약화를 초래할 수도 있는 환율의 평가절상에 대해서는 강력히 반대했다. 대신 미국 상품에 대한 국내시장의 개방을 적극 수용함으로써 내수산업을 희생했는데, 이는 수출산업 내 대기업의 경제적 헤게모니를 강화하는 결과를 낳았다.

이처럼 초기 국내시장의 개방은 미국의 요구에 의해 매우 수동적이고 방어적인 방식으로 이루어졌으며, 농업을 중심으로 한 내수산업의 희생 위에 수출 대기업의 이해를 증대시키는 불균형적 결과를 낳았기 때문에 당시 학생운동을 비롯한 사회운동 영역의 격렬한 반대에 부딪혔다. 하지만 1986년 9월에 기존의 국제적 무역규범인 GATT 체제를 대신할 새로운 무역규범에 합의하기 위한 국제적 다자간 협상인 '우루과이라운드' 협상이 개시되면서 한국 정부 또한 국내시장의 완전한 개방을 적극적으로 추진한다는 전제하에 협상에 참여하게 된다. 그 결과 국내 상품시장의 개방 폭은 점차 확대되어 1991년 무렵에는 수입자유화율이 97.3퍼센트에 이르게 되었다. 쌀과 같은 극소수의 상품을 제외하곤 거의 대부분의 국내 상품시장이 개방되기에 이른 것이다. 국내시장의 개방을 통해 외국 상품이 국내로 침투해 들어온다는 측면에서뿐만 아니라, 국내 가격이 해외 부문의 상품가격과 불가피하게 연동될 수밖에 없고, 이로 인해 광범위한 가격 통제를 통한 성장 목표의 추구라는 국가의 전략적 의사결정이 점점 불가능해졌다는 측면에서 대외적 개방화는 곧 한국 경제에서 국가 영역의 축소와 시장 영역의 확대를 의미하는 것이었다.

상품시장의 대외적 개방이 마무리된 이후 정부는 시장 개혁을 위한 다음 과제로 자본시장과 금융시장에 대한 개혁을 적극적으로 추진하게 되는데, 1991년 무렵부터 주식시장의 완전한 대외 개방과 그 무렵까지 정부가 소유하고 있던 국내 은행들의 민영화가 추진되었다. 1992년엔 미국과의 '한미 금융정책 협의'를 통해 국내 자본시장의 대외적 개방과 금융시장의 자유화를 위한 세부적 일정이 논의·발표되었으며, 마침내 1996년에 '경제협력개발기구OECD'에 가입함으로써 국내 자본시장의 개방과 자유화는 최종적으로 마무리되게 된다. 한국의 OECD 가입은 서비스 거래와 자본 거래에 관한 국제적 규범을 스스로 준수하고 이와 관련된 국가 간 제도적 장벽들을 철폐하는 것이 보장되어야만 가능한 일이었다. 이는 곧 금융산업과 관련해 자본계정의 대외적 자유화와 외국인의 내국민 대우뿐만 아니라, 대내적 금융시장의 자유화와 금융기관 경영의 자율화를 의미하는 것이었기 때문에 한국으로선 박정희 정권 이후 국가의 은행 지배를 통해 오랫동안 유지되어오던 개발금융 체제의 완전한 제도적 청산을 선언하는 것이었다.

자본시장 및 금융산업의 대외적 개방과 자유화는 1990년대 이후 국가와 자본 사이의 관계에 매우 중요한 의미를 갖는다. 외환시장, 금융시장, 그리고 자본시장에 대한 개방 및 자유화는 경제개발 과정에서 국가가 실질적으로 장악하고 있던 투자 재원에 대한 배분권 및 통제권을 소멸시킴으로써 자본에 대한 국가 규율을 결정적으로 약화시키는 계기가 되었다. 또한 경제개발 과정에서 국가에 의한 은행 국유화와 금융 억압은 선별적 산업 정책과 그를 통한 자본에 대한 국가 규율을 가능케 해주었던 물적 토대였으나, 1980년대 중반 이후 전개된 은행 민영화 및 금리 자유화 등을 통한 금융 억압의 해소는 자본 배분에 대한 국가의 통제력을 점차적으로 소멸시킴으로써 선별적 산업 정책과 자본에 대한 국가 규율을 불가능하게 만들었다. 더욱이 1986~1989년까지의 이른바 '3저 호황기'에 나타난 막대한 외화자금 및 유휴자본의 누적은 기업이 외화를 확보하고 투자 자금을 조달하는 데 과거처럼 정부에 의존해야 할 필요성을 현저히 약화시켰으며, 따라서 대자본을 중심으로 한 민간기업의 투자 자율성이 이 시기에 걸쳐 획기적으로 확장되었다. 결국 자본시장과 금융산업의 대외적 개방 및 자유화는 1960년대 경제개발기 이후 유지되어오던 국가와 자본 사이의 관계를 제도적으로 청산하면서 국가에 대한 자본의 자율성을 불가역적으로 확장하는 계기가 되었다.[5]

상품시장 및 자본시장의 대외적 개방 및 자유화가 마무리되면서 재벌을 중심으로 한 국내 자본은 투자 자율성의 확보와 더불어 대외적으론 해외 자본과의 경쟁 격화라는 새로운 축적 조건에 놓이게 되었다. 이러한 새로운 축적 조건은 당연하게도 대외적 경쟁력을 확보하기 위한 노동에 대한 새로운 규율 방식을 요구하게 되었고, 따라서 상품시장과 자본시장을 통한 경제의 개방화와 자유화의 심화 속에서 1996년 정리해고제와 변형근로제 도입을 근간으로 한 노동법 개정이 시도되었던 것은 결코 우연이 아니었다. 1996년 12월 당시 집권당이었던 신한국당의 기습적 날치기를 통해 통과된 노동법 개정안은 결국 자본으로 하여금 고용 규모를 탄력적으로 조절할 수 있는 해고의 자율성과 주로 대기업 노동자들을 대상으로 실질적 임금 삭감을 의도한 법 개정이었다고 할 수 있다. 그러나 노동법 날치기 통과 이후 총파업 투쟁에 나선 노동자들의 격렬한 저항에 직면해 1996년 12월의 노동법 개정은 무효화되었으나 IMF 외환위기라는 초유의 경제적 위기 속에 집권한 김대중 정부하에서 1998년 정리해고제와 파견근로제 도입을 근간으로 한 노동법

---

5   이와 관련해선 김정주 〈시장, 국가, 그리고 한국 자본주의 모델: 1980년대 축적체제의 전환과 국가 후퇴의 현재적 의미〉, 앞의 책, 308~322쪽 참조.

학생운동, 1980

개정이 이루어졌다. 이로써 자본은 저임금 비정규직 노동의 활용이 가능해졌을 뿐만 아니라 해고의 자율성까지 획득함으로써 경제의 개방화와 자유화로 상징되는 변화한 축적 조건 속에서 새로운 노동 규율 방식을 확립할 수 있었다.

지금까지 검토한 바에 따르면, 1980년대 초반 상품시장에서 시작해 자본 및 금융시장을 거쳐 1998년 노동시장을 대상으로 한 노동법 개정에 이르는 시장 개혁 과정은 단지 개별 시장들이 안고 있는 문제를 해결하기 위한 우연한 과정이 아니라 경제의 개방과 자유화를 핵심으로 한 한국 경제 전체의 구조 전환이라는 하나의 일관된 흐름 속에서 추진된 것임을 알 수 있다. 이를 통해 결국 한국 경제는 '박정희 발전모델'이라는 국가 주도형 성장 모델과 완전히 결별하고 시장과 대자본을 중심으로 한 새로운 축적 모델 혹은 성장 방식을 창출했다. 이와 같은 경제의 구조적 전환은 1998년 노동법 개정을 통한 노동시장 개혁을 마지막으로 일단락되었다고 할 수 있다. 물론 경제의 개방 및 자유화를 핵심으로 한 구조적 전환 과정을 통해 경제 영역에서 국가의 통제력은 급격히 줄어든 반면 시장의 확장과 더불어 자본의 자율성과 지배력은 커졌다. 이에 따라 국가의 정책적 의사결정 과정에 재벌을 비롯한 대자본의 이해를 배타적으로 반영하는 것이 용이해지고 관료 집단의 전문성과 합리성이 기업의 특정 이익에 종속되는 현상이 가속화하면서 국가의 자본가 계급성이 강화되는 이른바 '자본가 국가화' 현상이 강하게 나타나기 시작했다.

1987년 이후 한국 사회의 민주화 과정이 보여주는 가장 역설적인 현상은 바로 정치적 민주화가 오히려 시장에서 자본의 독재를 정당화해주었다는 데 있다. 우선 민주화 과정을 통해 앞에서 '시카고 보이스'라 부른 일단의 경제관료 집단이 정치적으로는 전혀 규율되지 않았는데, 이러한 이유 때문에 경제의 개방과 자유화를 지향하는 이들의 정책은 한국 사회의 정치적 민주화와 그에 따른 수평적 정권 교체와는 무관하게 최근까지도 모든 정권에서 일관되게 추진될 수 있었다. 그럼에도 이들이 강조하는 시장적 효율성이란 사실상 (대)기업의 경쟁력을 의미하는 경우가 대부분이었고, 따라서 이들의 일차적 관심은 시장 효율성 그 자체가 아닌 거시적 축적 조건과 기업의 재구조화를 통한 국제 경쟁력의 확보와 극대화된 이윤에 있었다. 이런 이유 때문에 이들은 기업의 경쟁력 추구에 방해가 되는 노동자를 포함한 시장 내 다른 경제 주체들에 대해서는 매우 적대적일 수밖에 없었으며, 이러한 경향성은 1990년대 이후 '자본가 국가화' 현상이 강화되면서 더욱 두드러졌다.

또한 부당한 국가권력을 민주화하는 것이 한국 사회 내 민주화의 일차적 과제라 여겼던 민주주의에 대한 단편적 사고는 박정희 정권 이후 경제 영역에서 구조화된 일체의 국가 개입 및 조절 과정을 부당한 국가권력에 의한 '관치'라는 비민주적 악습으로 간주하도록 했다. 결국 이 '관치'의 청산과 더불어 경제 영역에서 국가 개입을 최소화하는 경제적 자유화만이 한국 사회의 민주화에 부합하는 올바른 경제 개혁이라는 그릇된 관념이 광범위하게 유포되었다. 정치적 민주화와 함께 진행된 경제적 자유화는 경제 영역에서 국가의 후퇴와 시장의 확장을 정당화했는데, 국가가 후퇴하는 상황에서 시장의 확장이란 곧 경제 영역에서 대자본 지배력의 확장을 의미했다. 물론 한국 사회의 민주화 과정에서 재벌 개혁을 중심으로 대자본을 사회적으로 어떻게 규율할 것인가의 문제가 끊임없이 제기되기는 했지만, 자본에 대한 정치적 규율 문제는 결국 경제적 이해관계의 조정이란 경제적 문제로 치환됨으로써 정치와 경제의 분리라는 허구적 관념만을 더욱 강화시켰다.

이처럼 1987년 이후 한국 사회의 민주화는 정치적 영역에서 형식적, 절차적 민주주의의 진전과 함께 경제적 영역에선 어떤 정치적 규율도 작동하지 않은 채 대자본의 지배력이 불가역적으로 강화되는 양향성ambiversion을 띤 모순적 과정이었으며, 이러한 모순은 정권 교체를 통한 정치적 민주화의 진전에도 불구하고 사회-경제적 양극화가 더욱 심화되어가는 최근 한국 사회의 현실을 통해 극단적으로 드러나고 있다.[6]

수직적 하청계열화를 통한 대자본 헤게모니의 강화

1980년대 이후 진행된 한국 경제의 구조 전환 과정을 통해 대자본과 중소자본 사이의 관계에도 이전 시기와는 다른 본질적 변화가 나타났다. 1970년대까지만 해도 대자본과 중소자본의

---

[6]   한국 사회의 민주화 과정이 안고 있는 이러한 모순을 정치적으로 진지하게 검토하고 있는 문헌으로는 최장집 《민주화 이후의 민주주의》, 후마니타스, 2008을 참고할 수 있다.

관계는 서로의 독자적 영역을 갖는 수평적 경쟁관계에 있었다. 이러한 이유 때문에 1970년대 재벌의 자본계열화 과정은 이른바 문어발식 확장 형태로 나타났다. 즉, 계열사 간 실물적 연관성은 약한 반면 자금 조달 및 배분을 중심으로 한 화폐적 연관에 의해서 자본계열화 구조가 유지, 재생산되는 구조를 취하고 있었다. 주로 기업의 신규 설립에 의존한 이와 같은 재벌의 비관련 다각화는 이 시기 대자본이 중소자본의 고유 영역을 포함한 다양한 생산 영역으로 진출해 중소 영세자본을 도태, 구축하는 결과를 낳았다. 결국 1970년대 중반까지는 수직적 분업 연관 속에서 대자본이 중소자본을 자신의 축적구조 속에 체계적으로 포섭하지 못하고 있었으며, 오히려 문어발식 비관련 다각화를 통해 중소자본을 도태, 구축시킴으로써 대자본과 중소자본은 이해관계가 상충하는 경쟁관계를 형성하고 있었다.

1980년대 들어 재벌의 자본계열화 구조에서 나타난 가장 두드러진 특징은 1970년대와는 달리 경기의 호황 국면에서도 중소기업의 인수, 합병 사례가 나타나지 않았다는 점이다. 이와는 반대로 경기의 호황 국면에서 대자본은 기존의 주력 산업을 강화하고 나아가 일부 첨단산업으로의 진출을 모색하기 위해 기존의 축적 영역을 조정하는 생산의 재배치 전략을 구사했다. 아울러 기존 대기업이 자체 생산하던 일부 품목을 외주 하청으로 전환하는 사례들이 나타나기 시작했다. 이러한 대자본의 전략 전환은 주로 1980년의 축적 위기를 겪으면서 시작된 산업구조 합리화 과정을 통해 나타나기 시작했다. 이는 소재, 부품산업을 체계적으로 육성하고 이를 내구성 소비재 중심의 조립산업에 접목시켜 중화학공업 부문 내 산업 간 유기적 연관성을 확보함으로써 국내 저임금 노동력에 기초한 생산가공도를 높이고자 한 전략이었다.

결국 1980년대 중반까지의 산업합리화 과정을 거치면서 1970년대 중공업 조립 부문 대자본이 갖는 축적 과정상의 가장 큰 애로점 가운데 하나였던 소재, 부품산업의 낙후성을 해소함과 동시에 이러한 소재, 부품산업과 조립 부문 간 산업적 연관성을 높이는 것이 축적구조 재편의 중심 과제로 부상하게 된다. 이를 위해 국가는 소재 및 부품 생산을 담당할 중소기업을 집중 육성했고, 대자본은 중소자본에 대한 하청계열화 작업을 적극적으로 추진했다. 이러한 맥락 속에서 1980년대 들어 하청기업 및 하청 생산이 급속하게 증가하기 시작했다. 제조업 부문 중소기업의 제품 판매처 가운데 하청 판매가 차지하는 비중은 1979년 22.3퍼센트, 1983년 35퍼센트, 그리고 마침내 1988년 무렵엔 50퍼센트까지 증가하게 된다.

이러한 하청구조의 확대는 1980년대 들어 대자본과의 분업적 연관하에 중소자본이 대자본의 축적구조 내부로 체계적으로 편입되었음을 의미한다. 즉 1970년대까지 대기업과의 수평적 분업 연관 속에서 독자적 축적 영역을 형성하고 있던 중소기업은 1980년대 하청계열화에 의한 중소기업 육성 정책을 통해 중화학공업을 중심으로 한 대기업과의 수직적 분업 연관을 형성하면서 대기업을 보완하는 형태로 독점적 생산력의 일부를 형성하게 된 것이다. 이러한 과정을 통해 독점적 대자본은 중소기업의 품질, 규격, 기술의 도입 및 활용 등과 같은 생산 과정에 대한 직접적 통제가 가능해졌을 뿐만 아니라 납기 조정 및 하청단가 결정 등을 통해 상품가치의 실현 과정에 대해서도 통제력을 행사할 수 있게 되었다.

이처럼 대자본과 중소기업 간 단일한 축적구조의 성립이야 말로 다음과 같은 이유들 때문에 1980년대 축적체제의 전환 과정이 보여주는 가장 중요한 특징들 가운데 하나라고 할 수 있다.[7]

첫째, 부품 – 소재 및 최종재로 이루어지는 피라미드형 수직적 분업구조하에서 대자본이 피라미드의 최정점에 위치하게 됨으로써 대자본의 축적이 국민경제적 순환 과정에서 훨씬 더 중요한 위치를 점하게 되었다. 이러한 이유 때문에 1980년대 이후 대자본의 축적 위기가 곧 국민경제 전체의 위기로 인식되는 경향성이 강화되기 시작했다.

둘째, 중소기업은 재벌을 중심으로 한 대자본 생산력의 일부로 완전히 편입되었으며, 이를 통해 대자본과 중소자본 간 계급적 통일성이 확보되었고 대자본의 헤게모니가 전일적으로 관철될 수 있는 물적 토대가 구성될 수 있었다.

셋째, 앞의 두 이유들 때문에 1980년대 이후 중소자본은 1970년대까지의 매판(대)자본 – 민족(중소)자본의 구분에서처럼 더 이상 대자본에 대한 대안으로 여겨지지 않게 되었으며, 국민경제의 재생산 과정에서 자신의 독자성을 상실하고 철저히 대

---

7 김정주, 〈시장, 국가, 그리고 한국 자본주의 모델: 1980년대 축적체제의 전환과 국가 후
    퇴의 현재적 의미〉, 앞의 책, 321~322쪽.

학생운동, 1980

자본의 축적 과정에 종속되기에 이른다.

결국 1980년대 들어 진행된 경제의 대외적 개방화와 그에 따른 자유화, 그리고 산업구조조정 및 산업합리화를 통한 축적 체제의 재편은 대자본에 의한 중소자본의 수직적 하청계열화 와 맞물리면서 그 이전 시기까지 발전국가 헤게모니를 강화시 켜주었던 축적체제 내의 경로 의존성을 파괴하고 대자본의 헤 게모니를 누적적으로 강화시켜주는 새로운 경로 의존성을 창 출하게 되었다고 할 수 있다.

대중적 이해관계에 기초한 경제민주화의 과제

1979년 10월 박정희 정권의 붕괴에도 불구하고, 유신체제가 가 져온 정치적 폭압성은 1980년 신군부의 등장을 통해 상당 기 간 지속되었다. 이런 측면에서, 1980년 신군부의 집권은 분명 박정희가 만든 유신체제의 연장선에서 이해해야 할 것이다. 하 지만 1980년 이후 한국 경제의 작동 및 운용 방식은 박정희 집 권기 18년 동안 구축된 이른바 '박정희 발전모델'과는 완전히 다른 동기들에 의해 구성되기 시작했다. 그건 분명 박정희 정권 의 연장선에서 파악되기보다는 오히려 그것들과의 완전한 단절 로 이해해야 한다. 즉, 한국 사회의 민주화로 상징되는 정치적 이행은 수많은 저항과 운동의 과정을 통해 1987년 6월항쟁의 승리를 계기로 비로소 시작될 수 있었지만, 이와 같은 정치적 동학의 전개와는 무관하게 이미 한국 사회의 경제적 구조 전환과 체제 이행 과정은 이미 1980년대 초반부터 시작되었다고 할 수 있다.

1980년대 초반 이후 한국 경제의 구조 전환과 체제적 이행 과정은 상품시장 개혁에서 시작해 자본 및 금융시장의 개혁을 거쳐 1998년 노동법 개정을 통한 노동시장 개혁을 통해 사실상 완성되었다. 따라서 한국에서 신자유주의 체제는 1997년 IMF 외환위기를 겪으며 어느 날 갑자기 하늘에서 떨어진 것이 아니다. 그것은 경제 개방과 자유화를 핵심으로 1980년대 이후 지속되어온 시장 개혁 과정의 최종 산물이라고 할 수 있다. 이런 측면에서, 한국적 신자유주의 체제의 기원은 1997년이 아니라 시간을 훨씬 거슬러 올라가 1980년대의 경제적 구조 변화 과정에서 찾아야 할 것이다. 다만 경제의 개방과 자유화에 기초해 진행되었던 시장 개혁이 완료된 후 1997년 IMF 외환위기를 기점으로 개혁의 초점이 시장에서 공공 부문으로 옮겨감으로써 공적 영역의 민영화가 빠르게 추진되고 이를 통해 주택 및 교육과 같이 전통적으로 공적 영역에 의존해왔던 노동력 재생산 과정 자체가 자본의 축적 과정에 상당 부분 통합되었다는 측면에서, IMF 외환위기는 한국에서의 신자유주의 체제를 훨씬 더 심화시킨 중요한 계기로 파악되어야 한다.

사실 많은 사람들이 1987년 독재정권에 대한 전민적 항쟁을 통해 쟁취한 한국 사회의 민주화 과정이 결국 오늘날과 같은 대다수 민중에게 매우 가혹한 신자유주의 체제로 귀결되었다는 점에 당혹감을 느끼고 있다. 하지만 지금껏 우리가 검토해왔던 바에 따르면 1980년 이후 한국 사회에서 정치적 이행과 경제적 이행은 전혀 다른 동기들과 다른 동학들에 의해 추동되어왔고, 따라서 한국 사회에서 정치적 민주화와 신자유주의 체제의 부조화, 혹은 정치적 영역에서 민주화의 진전과 경제적 영역에서 자본 독재의 강화가 보여주는 부조화는 어쩌면 지극히 당연한 현상이라고 할 수 있다. 즉, 1980년 이후 한국 경제의 구조 전환과 체제 이행 과정은 정치적으로 전혀 규율되지 않은 과정이었으며, 따라서 대중적 이해관계와는 무관하게 엘리트 관료 집단과 대자본의 동맹체에 의해 추구된 것이었다.

이런 측면에서 보자면, 1980년대를 경과하며 최고 절정기에 있었던 학생운동이 자신들이 획득한 정치적 승리와는 무관하게 이미 한국 사회 내에서 새롭게 형성되고 있던 정치와 경제의 부조화, 혹은 정치 영역과 경제 영역 사이의 모순에 주목하지 못하고 1990년대 이후 투쟁 전략을 전환해 반파쇼투쟁으로부터 반제통일운동으로 자신의 운동 역량을 집중했던 것은 매우 관념적이고 기계론적인 오류였다고 평가할 수 있다. 이 과정에서 모든 문제가 경제적 이해관계로 환원되는 시장에서 스스로를 어떻게 조직해야 하는지를 몰랐고, 또한 자본에 저항하는 방법을 몰랐던 대중들은 1980년대의 구조적 전환 과정을 통해 경제적 영역에서 구축된 자본의 독재에 순응할 수밖에 없었다. 이는 비단 시장에서 조직되지 못한 개인에게만 해당하는 문제는 아니었으며, 1990년대 이후 학생운동의 본거지였던 대학 자체가 자본의 독재에 철저히 순응해가면서 학생운동은 대학에서의 대중적 기반 자체를 상실하게 되었다.

1980년대 이후 한국 경제의 구조적 전환 과정을 회고적으로 평가할 때 한국 사회의 민주화는 여전히 미완의 상태로 남아 있고, 또한 1980년대 학생운동이 쟁취하고자 했던 변혁적 목표들 또한 여전히 미완의 과제로 남아 있다. 지난 30여 년간의 정치적 동학과 경제적 동학 모두를 고려할 때 무엇보다 중요한 것은 경제적 영역이 대중적 이해관계에 기초해 정치적으로 규율되지 않는 한 한국 사회에서 민주주의의 위기는 앞으로도 반복될 것이고, 한국 사회의 민주화는 늘 미완의 상태로만 남게 될 것이란 점이다. 하지만 한국 사회에서 대중적 이해관계란 대체 무엇이란 말인가? 우리는 무엇보다 이 어려운 질문에 먼저 답할 필요가 있다.

우리는 앞에서 1980년대 경제적 구조 전환 과정의 한 특징인 수직적 하청계열화를 통해 중소자본이 대자본 생산력의 일부로 편입되었으며, 따라서 중소자본 스스로 자신을 대자본에 대한 대안으로 생각지 않으며 오히려 대자본의 이해관계와 자신의 이해관계를 일치시키게 되었음을 검토했다. 하지만 이는 오늘날 대중들에게도 동일하게 적용할 수 있다. 오늘날 한국 사회 내에서 대중들은 더 이상 자신의 고유하고 독자적인 이해관계를 재벌체제의 대안으로 주장하지 않는다. 오히려 많은 대중들이 자신의 이해관계와 재벌을 중심으로 한 대자본의 이해관계를 동일시하고 있으며, 이러한 동일시 혹은 이해관계의 일치 속에서 대자본의 축적 과정에 대한 대중들의 '자발적 동의', 즉 한국 사회 내에서 대중들에 대한 대자본의 헤게모니가 전일적으로 관철되고 있는 것이다.

이런 측면에서 보자면, 최근 논란이 되고 있는 경제민주화의 핵심적 내용은 단지 시장 내 약자를 보호하고, 복지체계를 확장하면서 소득과 부의 불균등한 분배 상태를 시정하는 것에 국한된 문제가 아니다. 그것은 본질적으로 자본과는 또 다른 사회적 주체로서 대중들의 고유하고 독자적인 이해관계를 분명히 정의하면서, 이러한 대중들의 이해관계에 기초해 삶에 대한 자기결정권의 확장이란 단일한 민주주의의 규범을 통해 경제적 영역을 정치적으로 어떻게 규율할 것인가의 문제이다. 결국 여전히 미완의 상태로 남아 있는 경제민주화를 포괄하는 한국 사회 내 민주주의의 실질적 전진을 위해 사회적 주체로서 스스로를 조직하면서 자기결정권을 부정하는 모든 억압에 맞서 과감히 투쟁했던 1980년대 학생운동의 역사와 경험은 한국 사회에서 여전히 소중한 가치로 남아 있다고 할 수 있을 것이다.

1980년대 국가폭력과
대학생들의 저항

김정한

1986년의 국가폭력과 학생운동

한국 사회의 민주주의는 '운동에 의한 민주화'로 성취되었다. 물론 사회운동이 민주화의 주역이었다는 사실이 반드시 긍정적인 효과만 불러온 것은 아닐 수 있다. 1980년대 사회운동세력이 기존 정당체제에 개별적으로 흡수되어 운동의 이념과 대의를 상실하거나, 아니면 제도적인 차원에서 민주주의의 작동 원리를 이해하지 못하여 대화와 타협으로 정치적인 문제를 풀어내는 데 무능력했고, 운동 특유의 이상주의에 빠져 현실적인 대안과 전망을 추구하지 못했다는 비판도 존재한다. '운동에 의한 민주화'로 인해 정당정치가 뿌리내리지 못하고 보수독점적 정당체제가 재생산됨으로써 민주주의가 '실패'했다는 것이다.[1] 그러나 민주주의의 핵심을 정당정치로 이해하는 것이 과연 타당한가 하는 쟁점을 차치하더라도, 한국 사회에서 사회운동의 '아래로부터의 압력'이 정당정치를 민주화하는 동력이었다는 것을 부인하기는 어렵다. 오늘날 정당민주주의의 실패는 오히려 사회운동의 약화 및 퇴조로 인해 그 압력과 동력을 상당 부분 상실했기 때문에 나타난 현상이다.[2]

1980년대 '운동에 의한 민주화'에서 가장 큰 역할을 담당했던 것은 분명 학생운동이었다. 대학생들의 선도적인 정치활동과 투쟁은 체계적인 국가폭력으로 정치 자체가 불가능한 조건에서 지속적으로 틈새를 만들어냈고, 강력한 군부독재에 균열을 일으키는 매개체였다. 하지만 국가폭력에 대항하는 과정에서 대학생들의 피해와 희생은 불가피하게 막대했다. 또한 학생운동의 선도성은 때때로 한국 사회에서 허용될 수 없는 이념으로 선급하게 나아가거나, 당대의 구체적인 현실에 닿지 못하는 추상적 관념의 세계에 몰입하는 한계를 드러냈다.

이와 같은 1980년대 대학생들의 저항에 국가폭력이 직접적으로 개입해 일어난 가장 극적인 충돌이 어쩌면 1986년 10월 28일부터 31일까지 3박 4일 동안 건국대에서 일어난 항쟁일 것이다. 당시 전국 26개 대학에서 모인 2,000여 명의 학생들은 '전국반외세반독재애국학생투쟁연합(애학투련)' 발족식과 집회를 진행한 후 해산할 예정이었지만, 경찰 병력이 건국대를 폐쇄하고 강압적인 진압을 시도하자 본관, 사회과학관, 도서관 등 학내

---

1   최장집, 《민주화 이후의 민주주의》, 후마니타스, 2002; 최장집, 《민주주의의 민주화》, 후
     마니타스, 2006 참조.
2   김정한, 〈최장집의 민주화 기획 비판〉, 《최장집의 한국 민주주의론》, 소명출판, 2013 참조.

건물로 대피할 수밖에 없었고, 경찰 측이 학생들의 자진 해산까지 불허하고 봉쇄를 풀지 않자 계획에 없던 철야 점거농성을 지속해야 했다. 이를 정부와 언론은 '공산혁명분자의 건국대 점거난동'으로 규정하고 '빨갱이 도시 게릴라'로 포장하면서 공안정국을 조성했고, 53개 중대 8,000명의 경찰 병력과 헬기 2대를 동원해 1,525명을 연행하고 1,288명을 구속했다.[3] 이 사건은 국가폭력에 의해 강요된 점거농성이었지만,[4] 대학생들의 반미와 통일이라는 선도적인 문제의식이 분단체제, 반공·반북이데올로기, 국가보안법과 대립하는 상황에서 사회 전반의 폭넓은 지지를 받기는 어려웠고 이후 학생운동에 커다란 타격과 침체를 불러일으켰다. 반미와 통일에 담긴 문제의식은 의제를 제기하는 선도성이었을 뿐, 반독재투쟁에서 저항의 정치를 가능케 하는 조건을 창출하지는 못했던 것이다.

하지만 장기적으로는 과잉적인 국가폭력의 자행이 대학생들 사이에서 반미와 통일의 이념적 지향을 거꾸로 정당화하는 효과를 가져왔고, 그에 대한 대중적인 지지와 무관하게 반미자주화와 조국통일은 반독재민주화와 더불어 1987년 6월항쟁 이후 결성된 전국대학생대표자협의회(전대협)의 기본 노선으로 계승되었다. 그리고 대학생 활동가들 가운데 일부는 1980년대 말

---

3   김정한, 〈건국대 점거농성 사건〉, 《한국민족문화대백과사전》(http://encykorea.aks.ac.kr) 참조. 연행자와 구속자 인원수는 10·28건대항쟁20주년기념사업준비위원회, 《10·28 건대항쟁 20주년 기념자료집》, 2006, 86쪽. 이 글에서는 이 사건에 대한 민주화운동기념사업회의 규정을 따라서 '건대항쟁'이라는 명칭을 사용한다. 민주화운동기념사업회, 《한국민주화운동사 연표》, 2006, 468쪽.

4   MBC 특별기획 〈이제는 말할 수 있다: 강요된 해방구-86년 건국대 점거농성 사건〉, 2002.2.17.

에 북한 체제를 변혁의 모델로 삼고 김일성의 주체사상을 이념
적으로 추종하는 주사파로 조직되었다. 요컨대 1986년 10월 애
학투련의 건대항쟁은 5공화국의 국가폭력이 절정에 도달하는
시기에 발생했고, 이와 같은 국가폭력이 대학생들이 선도적으
로 제기한 연북聯北적인 관념의 정당성을 '반증'함으로써, 훗날
민족해방NL 정파와 주사파를 사후적으로 정초하는 사건이 되
었던 것이다. 애학투련의 강요된 점거농성에 관해 학생운동의
여러 정파들이 자신들의 노선에 근거하여 전혀 다르게 평가했
던 이유도 여기에 있다.

국가폭력이 '사건들'을 만들어낸 시대

근대 문명화 과정은 국가에 의한 폭력 수단의 독점을 수반한다.
예컨대 엘리아스가 제시한 문명화는 국가의 폭력 독점화와 다
르지 않다. 국가폭력과 관련해서 보자면, "엘리아스의 테제는
다음과 같이 간략히 제시될 수 있다: 근대 문명화 과정은 경쟁
권력 집단들을 무장해제시키고, 그리하여 주어진 영토 및 거
주민들에 대해 폭력 수단을 독점하려는 국가의 형성 및 성장과
직접적인 관련이 있다."[5]폭력 독점을 통해 국가가 목표로 삼는
것은 국내 평정domestic pacification이다. 대중들의 봉기나 폭동만이

---

5 John Keane, *Reflections on Violence*, Verso 1996, p. 26; 노르베르트 엘리아스, 《문
   명화 과정》(전2권), 한길사, 1996/1999 참조.

아니라 소소한 사적 폭력들에 이르기까지, 행정권을 확립하고 다양한 감시체계를 동원하여 국가권력에 도전하거나 저항하는 세력을 행정권을 확립해 잠재우고 '평화'를 성취하는 것이다.[6]

국민국가의 태생적 특징이 폭력의 독점과 국내 평정에 있다면, 그 통치 형태 가운데 하나인 군사독재 내지 파시즘의 경우에는 그 방법과 강도가 정상적인 민주주의보다 훨씬 극단적일 것이다. 예컨대 1980년대 사회구성체논쟁에서 비교적 여러 이론적 계보를 종합했던 '신식민지 파시즘' 개념의 출발점은 이른바 '디미트로프 테제'(코민테른 7차 대회)로서 "권력을 장악한 파시즘은 금융자본의 가장 반동적이며 가장 배외주의적이고 가장 제국주의적인 분파의 공공연한 테러독재이다"라는 데 근거하고 있었다.[7] 즉 5공화국에 대한 당대의 인식은 그것이 "테러독재"라는 '자명한' 판단에 바탕을 두고 있었던 것이다. 더구나 건국 자체가 한국전쟁과 분단체제에 기원을 두고 있는 '대한민국'에서 국민국가의 국내 평정은 내부 냉전Kalter Bürgerkrieg과 쉽게 결합되었다. 내부 냉전은 사회 내부에서 정치적, 이데올로기적으로 다른 진영에 속하거나 그에 속한다고 간주되는 이들과 마치 전쟁을 벌이듯 대립하는 것이다.[8] 대표적인 사례가 '용공' 내지 '빨갱이'라는 낙인이다. 실제로 빨갱이인지와 무관하게, "'전쟁

---

6 앤서니 기든스, 《민족국가와 폭력》, 진덕규 옮김, 삼지원, 1991 참조.

7 한국정치연구회, 〈신식민지 파시즘의 이론 구조〉, 학술단체협의회 엮음, 《1980년대 한국 사회와 지배구조》, 풀빛, 1989, 17쪽.

8 베른트 슈퇴버, 최승완 옮김, 《냉전이란 무엇인가: 극단의 시대 1945-1991》, 역사비평사, 2007, 119쪽; 김정한, 〈한국전쟁의 정치사회적 효과〉, 박헌호 편저, 《한국의 근대 문화장의 동역학》, 소명출판, 2013, 109~110쪽.

이 일어날 수도 있다'는 논리와 명분으로 안보국가, 예외국가를 일상화할뿐더러 지배세력이 내부의 반대세력을 단속하고 자신의 정치적 입지를 지속시키는 체제"는 오늘날까지도 지속되고 있다.[9]

1980년대 5공화국에서도 국가폭력은 일상적인 통치 방식으로 나타났으며, 이는 반공이데올로기와 국가보안법에 기초해 있었다. 반공이데올로기는 '대한민국 헌법'에 명시된 양심의 자유(제19조)는 말할 것도 없고 여전히 헌법에 명문화되지 않은 사상의 자유를 용납하지 않는, 개인의 신념과 가치, 내면의 정신까지 통제하는 관념적, 물질적 힘이었다. 또한 "국가보안법은 기본적으로 분단의 법제이자 '적'에 대한 공격과 섬멸의 의지를 담은 법률"이며, "국가폭력의 작동에 따른 죽음과 고문, 인권 유린을 넘어 인간 말살의 정치를 '법과 질서'의 이름으로 합리화시켜준 것이 바로 '헌법 위의 법', '악법 중의 악법'인 국가보안법과 그 체계"이다.[10]

결국 사건이 발생할 때마다 불법 연행→장기 구금과 고문→자백→국가보안법의 적용이라는 과정이 되풀이되었고, 남산, 보안사, 치안본부 대공과, 시경 대공과 및 요원들의 경쟁적 수사로 체포된 피의자에게는 자신의 '죄'를 자백할 때까지 구타와 잠 안 재우기는 물론이고 물고문, 전기고문, 비녀 꽂기, 통닭구이 같은 살인적

9   김동춘, 〈한국전쟁 60년, 한반도와 세계〉, 《역사비평》 91호, 2010, 178쪽.
10 조현연, 《한국 현대 정치의 악몽: 국가폭력》, 책세상, 2000, 26쪽.

인 고문이 가해졌다. 여기서 헌법과 법률상의 인간의 존엄과 가치, 불법 연행이나 고문 금지, 묵비권 보장 등 신체의 자유 조항 및 형사소송법상의 피의자, 피고인의 권리 등은 한낱 휴지조각에 불과했다. 고문과 죽음의 공포 속에서 나온 자백을 근거로 검사의 기소가 행해지고, 검사의 공소장을 몇 문구만 수정해 판사가 유죄를 언도하는 이른바 '정찰제 판결'이 내려졌다.[11]

이와 같이 합법적인 통치와 불법적인 폭력이 적나라하게 결합하는 구조에서 법의 이름으로 자행되는 '법살', 집회와 시위 과정에서 공권력에 의해 일어나는 폭행치사, 수사 과정에서의 고문치사, 정치적 의문사 등은 일상적으로 발생할 수밖에 없었다. 이를 담당하는 억압적 국가장치들이 대표적으로 '남산'으로 통칭되던 국가안전기획부(현 국가정보원)와 국군보안사령부(현 국군기무사령부)의 용산 서빙고 분실, 그리고 치안본부 남영동 대공분실 등과 같은 검찰과 경찰의 공안기관들이었으며, 그에 속한 요원들은 빈번히 자신들의 조직적, 개인적 이익을 위해 경쟁적으로 사건 자체를 조작하거나 관련자들의 인권을 잔혹하게 유린했다.

이런 맥락에서 보자면, 1980년대는 무수한 사건들의 시대였다. 5·18과 관련된 '김대중 내란음모 사건'부터 시작해서 1980년대의 10대 조직사건이라 불리는 1981년 6월 전국민주노동자연맹·전국민주학생연맹(학림) 사건, 1985년 5월 민주화운동청년

---

11 같은 책, 27쪽.

1980년대 국가폭력과 대학생들의 저항

연합(민청련) 사건, 1985년 8월 구미유학생 간첩단 사건, 1985년 10월 서울대 민주화추진위원회(민추위) 사건, 1986년 4월 구국학생연맹(구학련) 사건, 1986년 5월 서울노동운동연합(서노련) 사건, 1986년 10월 반제동맹당 사건, 1986년 10월 마르크스·레닌주의당 결성기도 사건, 1986년 11월 제헌의회그룹 사건, 1987년 1월 남부노동자연맹(남노련) 사건 등이 대표적인 사례들이다.[12]

특히 조직사건은 1985년 하반기부터 1986년 하반기까지 집중적으로 나타난다.[13] 그리고 이것이 1985년 민청련 사건과 관련한 김근태 고문 사건, 1986년 5·3인천항쟁에 대한 수사와 관련해 6월에 일어난 권인숙 성고문 사건, 1985년의 민추위 사건에 대한 수사와 관련해 발생한 1987년 1월 박종철 고문·타살 사건 등과 같은 고문과 타살로 이어지는 것은 당시 공안기관들의 불법적인 수사 관행에 따라 거의 필연적인 일이었다.

그러나 '사건들'은 반독재민주화운동이나 좌파적인 활동에 국한되지 않았다. 대표적인 것이 삼청교육대이다. 삼청교육대는 1980년 8월 국가보위비상대책위원회가 '불량배소탕계획'(삼청계획 5호)을 입안하여 사회 정화를 명목으로 군부대에 설치·운영했던 것으로, 이곳은 민간인들을 불법 구금하고 구타와 폭언 등 가혹행위를 하며 강제 노역에 종사시키는 인권침해 사건들의 본거지였다. 순화교육 과정에서 가혹행위로 인해 정신적, 신

---

12 민주화실천가족운동협의회·민족민주운동연구소,《1980년대 민족민주운동 10대 조직사건》, 아침, 1989 참조.

13 1986년 10월 17일 새벽에 유성환 의원(신한민주당)은, 14일 국회 본회의에서 대한민국의 국시가 반공이 아니라 통일이어야 하지 않는가 하는 질의를 한 것과 관련한 일명 '국시론 파동'으로 구속되기도 했다.

체적 장애와 후유증을 앓거나 심지어 사망하는 경우도 다반사였다. 하지만 이는 '불량한' 민간인들만을 대상으로 한 것이 아니라, 사실상 반정부적인 언론과 노동운동을 탄압하는 수단이기도 했다. 1980년 11월 언론사 통폐합과 관련하여 사이비 기자를 정화한다는 명목으로 비판적인 언론인을 해직시키고, 충주문화방송 사장을 삼청교육대에 강제 입소시켰으며, 이를 전거로 삼아 주요 언론사 대표들을 협박하여 언론사와 개인 재산에 대한 포기 각서를 작성하도록 했다.[14] 또한 노동조합 정화를 명목으로 노동조합 간부를 불법 구금하고 퇴사를 강요하거나 삼청교육대로 입소시켜 노동조합을 와해시켰으며, 관련 노동자들의 명단을 작성해 이 '블랙리스트'를 관계 기관과 사업장에 배포하여 취업 자체를 차단시켰다. 강제 연행과 구금, 해고와 블랙리스트 작성, 폭행 등의 가혹행위에 그치지 않고 노조 간부들을 삼청교육대에 강제 입소시킨 사례로는 반도상사 노조, 한일 도루코 노조, 무궁화 메리야스 노조, 원풍모방 노조 등이 있었다.[15]

사회 정화, 노동조합 정화 외에도 학원 정화는 별도의 계획으로 추진되었다. 이를 지칭하는 녹화사업은 학원 소요와 관련해 학사징계를 받고 1981년 11월에서 1983년 11월 사이에 강제 징집된 447명에 대한 정훈교육계획을 가리키는 것으로, 군 복무 중 녹화사업이라는 이름으로 보안부대로 불려가 가혹행

---

14 진실·화해를위한과거사정리위원회, 《종합보고서 4: 인권침해 사건》, 2010, 256~257쪽.
15 같은 책, 260~264쪽.

1980년대 국가폭력과 대학생들의 저항

위를 당하며 운동권 선후배를 지목하게 하거나, 휴가 또는 제대 후 학내 활동과 관련한 프락치 활동을 강요했다. 예를 들어계명대 변대근은 1980년 4~5월 학원민주화 과정에서 국가원수를 모독했다는 이유로 기소유예 처분을 받고 학사징계로 제적되었고 1981년 5월 강제 징집되어 12사단에서 복무했으며, 1983년 3월 12사단 부안부대에 끌려가 국군보안사령부 장교에게 녹화사업을 당했다. "녹화사업 중 학생운동을 하게 된 경위 등에 대한 진술서 작성을 강요받았으며, 구타 및 가혹행위를 당하였고, 휴가 또는 제대 후 대구 시내 보안대에서 '프락치 활동' 할 것을 강요받았다."[16] 녹화사업 기간에 군복무를 했던 김두황(고려대), 이윤성(성균관대), 최온순(동국대), 한희철(서울대), 한영현(한양대) 등 6명의 의문사는 살인적 정훈교육의 실체를 짐작케 한다.[17] 하지만 녹화사업은 그와 같은 명칭을 사용하지 않더라도 노태우 정부 시기까지 지속된 것으로 알려져 있다. 예를 들어 최홍기(군산대, 평양축전 참가를 위한 군산대 준비위원장)는 군복무 중 탈영하여 1991년 4월 "6공화국의 파렴치하고 조직적이며 체계적인 녹화사업을 폭로한다"라고 하는 양신선언문을 발표하기도 했다.[18]

녹화사업에서도 드러나듯이 공안기관들이 정보를 얻기 위해 대학과 각종 단체들에 프락치를 심고 주요 인물들을 사찰

---

16 같은 책, 334쪽.
17 〈녹화사업 피해자들, 진실을 말하라〉, 《오마이뉴스》, 2002.11.13.
18 최홍기, 〈양심선언문: 6공화국의 파렴치하고 조직적이며 체계적인 녹화사업을 폭로한다〉, 민주화운동기념사업회 오픈 아카이브즈(http://archives.kdemo.or.kr/isad/view/00364523).

학생운동, 1980

하는 감시체계는 주도면밀했다. 그 일단은 1984년 서울대 프락치 사건에서 알려진 바 있지만, 1990년 10월에는 보안사에 파견 복무를 하던 윤석양 이병이 보안사에서 여야 정치인을 비롯해 사회 각계에 걸쳐 1,311명의 민간인을 사찰하고 동향을 파악했다고 폭로했으며, 2007년 7월에는 노태우 정부 시기인 1989년에 보안사가 용산 서빙고분실에 비밀사무소를 차리고 민주인사 923명을 사찰하면서 유사시 비상계엄령을 내리고 전원 구속한다는 '청명계획'을 작전했던 것으로 밝혀졌다.[19] 1987년 6월항쟁 이후에도 계획적인 감시체계가 작동하고 있었던 것이다.

이외에도 5공화국에서 억압적 국가장치들이 반국가단체 사건을 조작하거나 간첩 사건을 조작하는 일은 매우 빈번했다.[20] 전두환을 비방했다는 것을 빌미로 서로 친분이 있던 교사, 학생, 직장인, 군인, 주부 등을 반국가단체구성으로 '엮었던' 아람회 사건, 시국에 관해 나눈 대화에 근거해 비판적 의식을 가진 교사들을 이적단체구성과 찬양고무 등으로 '묶었던' 오송회 사건이 대표적이다.

1981년 7월 아람회 사건

"대전경찰서는 대전고등학교 학생 라○○의 제보를 받고 같은 학

---

19 민주화운동기념사업회, 《한국민주화운동사 연표》, 2006, 563쪽; 〈보안사, 노태우 정권 때 친위쿠데타 기도, 노무현 대통령 등 923명 '예비검속' 대상〉, 《오마이뉴스》, 2007.4.25.

20 이하 사건들은 진실·화해를위한과거사정리위원회, 《종합보고서 4: 인권침해 사건》, 해당 부분 참조.

1980년대 국가폭력과 대학생들의 저항

교 교련 교사가 전화 신고를 한 것을 계기로 피해자들이 주거지, 식당 등에서 전두환 당시 대통령에 대해 비난하거나 미국에 대해 비판적인 발언을 한 것을 빌미로 수사에 착수하여 이들을 불법 연행하였다. 그 뒤 구속영장이 발부될 때까지 약 10일 내지 35일 동안 가족 및 변호인의 접견을 차단한 채 피해자들을 충남도경 대공분실과 여관 등에 불법 감금한 상태에서 고문 등 가혹행위를 가하여 허위자백을 받았고, 이 자백을 근거로 이들을 대전지검에 송치하였다."

1983년 1월 오송회 사건

"오송회 사건은 5공 시절 현실 비판적인 문제의식을 갖고 있던 교사들에게 강제 연행, 장기 구금, 고문 등을 가하는 방법으로 자백을 받아 다수의 교사들을 처벌한 전형적인 사건이다. 전북도경은 군산경찰서에서 입수한 시집《병든 서울》을 계기로 군산제일고등학교 교사 이광웅 등이 산책 중에 시국 관련 대화를 하였다는 이유로 피해자들을 불법 연행한 뒤 구속영장이 발부될 때까지 각자 23일 내지 10일 동안 가족 및 변호인의 접견을 차단한 채 대공분실과 여인숙 등에 불법 감금하였다. 또한, 불법 구금한 상태에서 피해자들에게 고문 등 가혹행위를 가하여 대화 내용을 자백받았고, 이를 근거로 하여 피해자들이 이적단체를 구성하고 반국가단체 등을 찬양고무하였다는 이유로 전주지검에 송치하였다."

또한 북한에 월북한 가족이나 친척이 있다는 이유로 간첩으로 조작된 경우도 흔한 일이었다. 석달윤 사건, 김기삼 사건,

박동운 사건, 이준희·배병의 사건 등이 여기에 해당한다.

1980년 5월 석달윤 사건

"1980년 8월 중앙정보부는 남파공작원 오○○을 통하여 박양민이라는 공작원이 남파되어 공작활동을 하였다는 내용을 북한에서 전해들은 바 있다는 막연한 진술을 확보하고, 이를 근거로 위 박양민의 고향 진도를 중심으로 내사를 하여 위 박양민의 외조카 김정인, 고종 10촌 석달윤, 친구 장제영, 여동생 박공심 등을 강제 연행하여 불법 감금한 상태에서 조사 중 자백을 받았다."

1980년 12월 김기삼 사건

"본 사건의 범죄 사실과 관련한 증거로는 김기삼이 1966년 3월경부터 한국전력 인천지점에 입사하여 군사시설 및 국가기밀을 탐지하였다는 허위자백뿐이며, 1976년 3월 및 1978년 3월 반국가단체의 지령에 따라 활동했다는 '동심친목계' 가입 및 '한국전력노조 부평분회 복지부장'에 대한 증거로는 피해자 김기삼의 안기부, 검찰에서의 자백 외에 아무런 보강 증거가 없다."

1981년 3월 박동운 일가 사건

"안기부는 1981.7.31. 언론을 통해 '24년 동안 전남 진도 지역을 중심으로 암약해온 고정간첩 일당 7명을 검거했다'면서 '6·25 때 월북한 박영준이 대남 간첩으로 선발돼 고향인 진도에 침투하여 큰 아들 박동운을 두 차례 대동하는 등 가족 및 친척들을 포섭하여 지하망을 구축해왔다'고 발표하였다. 그러나 이 사건을 조사한 결

과, 안기부가 박영준의 남파 사실에 대한 명확한 증거가 없는 상태
에서 박동운과 그의 가족들을 남파하였을 시 접선 가능성이 있는
접선 혐의자로 임의로 선정하여 1981.3.9.경부터 안기부로 강제 연
행하여 60여 일 동안 불법 구금한 상태로 수사……"

1985년 7월 이준호·배병희(모친) 사건

"이 사건의 발단은 서울시경에서 공작원이었던 홍○○가 북한에서
박모 공작원이 남파되어 경기 지역의 가족을 만난 사실을 들었다
고 제보한 데서 비롯된 것이다. 공작원 이○○가 잠깐 동안 가족
을 만나고 간 사실을 빌미로 간첩방조 및 간첩행위로 허위 조작한
사건으로서, 전향한 공작원의 막연한 제보만을 근거로……"

여러 공안기관들이 경쟁적으로 사건을 조작하는 과정에서
간첩 혐의자와 어울렸다는 이유만으로 일가족이 간첩으로 몰
린 경우도 있었다.

1985년 2월 홍종열·박희자(부인)·변두갑(부친) 간첩 조작 의혹 사건

"이 사건은 1985년에 안기부 수사관들이 제보에 의해 1970년대
초반에 북한에서 내려와 활동하던 김○○와 배○○를 인지하고,
이들과 어울렸던 사람들을 대상으로 간첩 사건을 수사하던 과정
에서 홍종열과 박희자, 변두갑을 안기부에 영장 없이 수십여 일간
구금한 채 고문, 가혹행위를 통해 진술을 강요하였고……"

이 모든 사건들의 특징은 아무런 실정적 증거가 없는 가운

데 공안기관이 입수한 간접적 정보에 근거하여 불법으로 체포·구금하고 고문과 가혹행위로 자백을 받아냄으로써, 이 자백을 유일한 증거로 삼아 반국가단체구성이나 간첩행위로 처벌했다는 것이다.

이와 같은 과정에서 고문과 가혹행위를 견디지 못해 사망하는 경우가 발생할 것임은 충분히 예견할 수 있는 일이다. 간첩으로 조작하기 위해 자백을 받아내는 과정에서 사망에 이르자 자살로 위장하거나 변사체로 발견된 경우로는 1986년 6월 신호수 의문사 사건, 1985년 7월 안상근 의문사 사건, 1985년 7월 보안대의 가혹행위로 인한 임성국 사망 사건 등이 있었다. 하지만 1986년 1월 김진희 불법 구금 및 가혹행위 사건, 1986년 6월 김영옥 불법 구금 및 고문치상 의혹 사건 등에서처럼 자백을 하지 않아 혐의를 입증할 수 없어서 풀려난 경우에도 불법 구금, 고문, 가혹행위의 후유증으로 정신적, 신체적 장애를 얻거나, 보안수사대에 한번 끌려갔다는 이유로 주변인들로부터 간첩이라는 오명을 받아 사회생활의 기반이 무너지기도 했다.

이와 같이 조작된 수많은 사건들, 은밀하게 진행되면서도 공공연히 알려지는 체포와 수사, 고문과 가혹행위, 실종과 의문사, 그리고 이를 실제로 겪거나 가까운 친인척이나 이웃이 당하는 것을 지켜보며 살아야 했던 평범한 사람들은 무엇을 느끼고 생각했을까? 어쩌면 그것은 '폭력의 예감'이었을지도 모른다.

법의 내부에 있으면서 자신이 이제껏 폭력에 노출되어왔고 앞으로도 노출될 위험에 처해 있다는 것, 다시 말해서 자신이 국가의

1980년대 국가폭력과 대학생들의 저항

폭력과 테러에 의해서 살해된 존재, 또는 살해당하려 하는 존재라는 것을, 법의 내부에 있으면서 자기 속에서 발견해내는 일이기도 하다. 그것은 감옥 속에 있으면서 감옥 밖에서 살해된 타자를 찾아내서, 자신도 그렇게 되었을지 모른다는, 또는 앞으로 그렇게 될지도 모른다는 것을 예감하는 '폭력의 예감'이다. 그 속에서 살해당할지도 모르는 미래와 살해당했을지도 모르는 과거가, 예감한다고 하는 현재 속에서 교차된다.[21]

'폭력의 예감'은 1945년 오키나와에서 전개된 미군과 일본군의 전쟁 상황에서 오키나와 주민들이 '집단자결'한 상황을 이해하기 위한 개념이다. 언제든 국가폭력에 의해 테러를 당하거나 살해될 수 있다는 예감, 자신도 그렇게 되었을지 모르고 앞으로 그렇게 될지 모른다는 예감이다. 아마 "공공연한 테러독재"의 시대를 살았던 1980년대의 대학생들 또한 이와 같은 '폭력의 예감'에 사로잡혀 있었을지도 모른다.

건대항쟁 전후 대학생들의 저항

1980년대 사회운동을 정초한 사건은 5·18광주항쟁이다. 국방부과거사진상규명위원회의 조사에 따르면, "10일간의 광주민주화운동 기간 사망자는 군인 23명, 경찰 4명이었다. 민간인 사

---

21 도미야마 이치로, 《전장의 기억》, 임성모 옮김, 이산, 2002, 224~225쪽.

망자는 166명으로 파악됐다. 부상자는 군인 108명이었고, 민간인은 852명이다. 2007년 7월 광주시청 민주선양과에 등록되어 있는 5·18 유공자는 5,064명이며, 사망행불 318명, 부상 2,267명, 기타 희생 2,479명이다".[22] 1980년대 사회운동은 5·18의 학살과 그에 대한 시민군의 저항에서 새롭게 시작해야 했다. 반면에 5공화국은 "정권 창출의 정당성조차도 확보하지 못한 상태였기 때문에 정권의 자기 유지 및 체제의 안정화는 폭력적인 탄압 구조를 통해서만 가능하였다".[23] 앞서 살펴본 것처럼, 국가폭력을 사회 전체에 적용하고, 공안기관들과 요원들이 반공 이데올로기와 국가보안법을 무기로 삼아 반독재민주화운동과 좌파운동, 심지어 평범한 사람들의 삶을 향해 온갖 조작 사건을 경쟁적으로 생산해내고 불법행위를 자행하는 체제였다.

1980년 5·18광주항쟁에서 1986년 10·28 건국대 점거농성에 이르는 시기는 1983~1984년의 이른바 '국민화합조치'를 중심으로 전반기와 후반기를 구분할 수 있다. 1983년 2월부터 구속자 석방이 이루어지고, 같은 해 12월에는 사면·복권, 제적생 복교, 학원에 상주하던 경찰의 철수, 해직교수 복직 등 학원자율화조치와 정치인 해금 등을 단계적으로 시행하는 제한적인 자유화 국면이 열리게 되었고, 그에 따라 학원자율화추진위원회(학자추)를 건설해 학도호국단을 폐지하고 학생회 부활을 기획하는 학생운동을 비롯해 반독재민주화운동이 서서히 활성

---

22 국방부과거사진상규명위원회,《12·12, 5·17, 5·18사건 조사결과보고서》, 2007, 123쪽.

23 한국산업사회연구회, 〈1980년대 한국 사회의 지배구조의 변화〉, 학술단체협의회 엮음, 《1980년대 한국 사회와 지배구조》, 풀빛, 1989, 54쪽.

1980년대 국가폭력과 대학생들의 저항

화될 수 있었다.[24]

1980~1983년의 전반기에 5공화국의 학생운동에 대한 기본 방침은 '초동初動 진압'이었다. 누군가 구호를 외치거나 시위를 벌이려 하면 상주하는 경찰 병력을 통해 단번에 체포하고 대열을 깨뜨린다는 것이다. '초동 진압'을 위한 감시망도 구축되어 있었다. "경찰은 대학 내의 수위실 등을 이용하여 CPcommanding post를 설치하고, 대학 곳곳에 사복경찰을 심어놓았다. 또한 시위가 발생할 경우 초동 단계에 신속히 대응하기 위해 진압경찰력을 이른바 '전진기지'라 불리던 대학 내부 또는 바로 인근에 배치했다. 뿐만 아니라 시위 예방 및 진압을 위한 교수 및 직원의 동원 체제도 만들었다. 전두환 정권은 학생운동 탄압을 위해 경찰, 안기부, 보안사, 문교부 및 대학 당국 등 모든 기관을 동원하여 삼엄한 감시망을 구축했다. 이른바 '지도휴학제' 등을 실시하여 회유와 협박으로 학생운동에 참여한 사람들의 신분을 변동시켜 곧바로 강제 징집하여 군대로 끌고 갔다."[25]

이런 상황에서 학생들은 약간의 시간이라도 벌기 위해 도서관 유리창을 깨고 유인물을 뿌리거나 옥상이나 고층에서 자신을 밧줄로 묶고 구호를 외치는 방법을 사용하기도 했다.

---

24 "국민화합조치가 단행된 이유로는, 전두환 정권이 상대적인 안정기에 접어들면서 집권의 자신감이 생겼고, 반독재민주화운동에 대한 강압적인 탄압의 효력이 감소했으며, 1983년 11월 레이건 대통령의 방한 과정에서 미국 행정부가 유화조치를 취하도록 정치적 압력을 행사했으며, 1986년 아시안게임과 1988년 올림픽 개최를 대비해 대내외적인 정당성을 확보할 필요가 있었기 때문이라고 평가되고 있다." 김정한, 〈국민화합조치〉, 《한국민족문화대백과사전》(http://encykorea.aks.ac.kr) 참조.

25 홍석률, 〈최루탄과 화염병, 1980년대 학생운동〉, 《내일을 여는 역사》 28호(여름호), 2007, 73쪽.

학생운동, 1980

82년에는 과학관에서 광목으로 온몸을 두르고 칼로 찢으면서 내려오는 과격한 시위도 했지. 많이 다치기도 하고. 당시에는 거의 산발적인 투쟁이었어. 예를 들어 몇 시에 신촌 어디에서 모이자고 약속하고 한 10분 하다가 깨지고. 그런데 83년에 들어서면서 이른바 언더 티에서 배출된 역량들이 쌓이고 해서 한 40~50명 정도가 조직적인 투쟁을 하기도 했지.[26]

이와 같은 열악한 조건이 학원자율화조치 이후 완화되자 1984~1986년의 하반기에는 대학생들의 시위와 참여 인원이 대폭 증가했다. 1984년에는 1,500여 건의 시위가 열리고 42만 4,000여 명이 참여하여 1983년에 비해 10배 증가했으며, 1985년에는 2,000여 건의 시위에 47만 5,000여 명이 참여했다.[27] 또한 1985년 2·12총선에서 신한민주당이 직선제 개헌을 내세워 승리하자 반독재민주화운동은 더욱 활력을 되찾았다.

특히 1985년에는 역사적 상징성을 지닌 두 개의 운동이 발생했다. 하나는 서울 미문화원 점거농성이고, 다른 하나는 구로동맹파업이다. 서울 미문화원 점거농성은 5월 23일부터 26일까지 서울 지역 5개 대학의 학생 73명이 미문화원을 기습적으로 점거하고, "광주학살 책임지고 미국은 사죄하라" "미국은 군사독재에 대한 지원을 즉각 중단하라" "미국 국민은 한미관계의 올바른 정립을 위해 진지하게 노력하라"는 구호를 외치며 농성

---

26 김원, 《잊혀진 것들에 대한 기록: 1980년대 대학의 하위문화와 대중정치》, 이매진, 2011, 134쪽.
27 홍석률, 〈최루탄과 화염병, 1980년대 학생운동〉, 앞의 책, 77쪽.

을 전개한 것이다. 점거농성자들은 이후 자진 해제하고 연행되었지만, 광주학살의 책임을 미국에 묻는다는 것 자체가 대내외적으로 큰 파장을 일으켰다. 구로동맹파업(구동파)은 6월 22일부터 29일까지 6일 동안 구로공단에서 서로 다른 사업장의 노조들(대우어패럴, 효성물산, 가리봉전자, 선일섬유 노조, 부흥사)이 동맹파업을 전개하고 재야와 학생운동이 지지와 연대투쟁에 참여한 것이다. "임금동결정책 포기와 최저생계비 보장" "부당해고자 전원 즉각 복직" "정책적 어용노조 설립 즉각 중단"과 같은 생존권과 노조의 권리만이 아니라, "민주노동운동을 짓밟는 모든 악법(집회시위법, 언론기본법, 노동악법 등) 즉각 철폐" "민주노동조합 파괴에 앞장서온 조철권 노동부 장관 사퇴" 등 상당한 수준의 정치적 요구를 함께 내세웠으며, 이후 정치적 성격의 노동조합운동이 전개되는 계기가 되었다.[28]

1985년 하반기부터 1986년 하반기에 국가폭력에 의해 조직 사건들이 집중적으로 만들어진 이유도 학생운동이 학생회를 중심으로 조직적으로 성장하고 반독재민주화운동과 노동운동이 분출하는 사정과 무관하지 않을 것이다. 특히 1986년은 1987년 대선을 앞두고 있는 중차대한 시점이었다. 이와 같은 흐름 사이에 10·28 건대항쟁이 자리하고 있다. 요컨대 당시 경찰 병력이 애학투련 결성식을 '빨갱이 점거농성'으로 몰아간 것은 5공화국의 국가폭력이 학생운동을 비롯한 반독재민주화운동

---

28 민주화운동기념사업회,《한국민주화운동사 연표》, 439쪽; 유경순,《아름다운 연대: 들풀처럼 타오른 1985년 구로동맹파업》, 메이데이, 2007 참조.

을 탄압하는 정점에서 발생했던 것이다.

전두환은 대통령선거가 있는 1987년에 개헌과 대통령선거 문제를 둘러싸고 여야 간에 사생결단의 대격돌이 벌어질 것으로 예상하고, 사전 정지 작업으로 특히 10월부터 재야·학생운동권과 야당에 대한 초강경 탄압에 나섰고, 학원에 대해서 초토화 작전을 폈다. 10월 중순에 이미 유성환 의원을 감옥에 보냈는데, 건국대 집회가 열린 것이다.[29]

건대항쟁 이후에는 1985~1986년에 전개된 소수 대학생들의 선도적이고 전위적인 투쟁에 대한 비판 및 반성과 더불어 학생운동이 대중노선을 강조하는 방향으로 전환되고, 투쟁위원회와 같은 투쟁체가 아니라 서클주의를 극복하는 학생회를 대중적으로 건설하는 데 집중한다. 또한 조직적으로 보자면, 전국적인 투쟁체 연합을 구상했던 애학투련은 1986년 3월 39일 결성된 구국학생연맹(구학련), 4월 10일 결성된 구학련의 공개 투쟁체인 반미자주화반파쇼민주화투쟁위원회(자민투)의 연장선상에 있었고, 노선상으로도 반미자주화를 중심에 두는 반제투쟁론을 견지했지만, 건대항쟁 이후 반미·반제가 아니라 장기 집권을 저지하는 직선제 개헌으로 선회한다. 이에 관해 당시 학생운동 진영에서 나온 한 문건은 다음과 같이 평가하고 있다.

---

29 서중석, 《6월항쟁》, 돌베개, 2011, 213쪽.

1980년대 국가폭력과 대학생들의 저항

당시의 정세는 전두환의 장기적 집권을 위한 반공이데올로기 공세를 주관적으로 해석하여 반공이데올로기 분쇄에 투쟁의 중점을 맞추는 것이 아니라 장기 집권을 반대하는 투쟁을 중심으로 하고 '반공이데올로기 분쇄투쟁'을 부차적으로 배합했어야 했다고 반성되고 있다. …… 대중의 정서와 수준을 고려하지 못하고 주관적으로 정세를 파악하여 전개한 반공이데올로기 분쇄투쟁은 오히려 사회대중으로부터 고립되어 정권 탄압의 빌미를 주고 말았을 뿐 아니라 '애학투'의 잘못된 조직 위상(학생회와 투쟁위원회의 분리·이분화 - 인용자)은 '애학투'를 학생대중에 기반하지 못한 선도적 정치투쟁체로 만들어 학생대중들로부터 고립되게 하여 진압 과정에서의 그 엄청난 폭력을 학생대중의 공분으로 받아칠 수 있는 투쟁까지를 어렵게 만들고 말았다. …… 역설적이지만 그동안 학생운동이 가져왔던 오류들을 극대화시켜 뼈저리게 느끼게 함으로써 이후 투쟁에서 타산지석으로 삼을 수 있게 하였다는 점이다. 대중에 기반하지 못한 투쟁이 얼마나 무력한가를 보다 확실하게 보여주어 정치노선상, 조직노선상에서 대중 주체의 관점을 명확히 할 수 있는 밑거름이 되었다.[30]

다시 말해서 건대항쟁은 학생운동이 대중적 학생회를 중심으로 민주화운동에 초점을 맞추도록 하는 일종의 '반면교사' 역할을 했던 셈이다.[31] 이와 같은 전환은 1987년 6월항쟁을 경

---

30 강신철 외, 《80년대 학생운동사: 사상이론과 조직노선을 중심으로(80-87)》, 형성사, 1988, 264~267쪽.

학생운동, 1980

과하면서 학생회의 활성화와 학생운동의 대중화로 일정한 결실을 맺지만, 이것이 건대항쟁의 역사적 의의라고 볼 수는 없다. 대중적 학생회운동도 건대항쟁이 직면했던 것과 유사한 곤경과 한계를 반복했기 때문이다.

건대항쟁의 역사적 의의?

1986년 10·28 건대항쟁 직후 대학생들의 저항은 크게 위축되었다. 11월 5일 경성대 행정학과 진성일은 건대항쟁에 대한 정부의 탄압과 빨갱이로 매도하는 언론에 항의하며 "대한민국 대학생으로서 진실을 외면하여서는 안 된다"는 유서를 남기고 분신했지만 침체된 정세를 돌이킬 수는 없었다.[32] 1987년 봄 새로운 학기가 시작되었어도 학생운동에서는 아무런 움직임이 없었

---

31 건대항쟁에 대한 학계의 평가도 크게 다르지 않다. "학생운동의 경우 1986년 10월에 건국대에서 열린 '전국반외세반독재애국학생투쟁연합(애학투련)' 결성식에서 대중의 의식 수준에 맞는 투쟁 구호와 방법이 필요하다는 '대중노선'이 제기되었지만, 정작 대중노선은 '건국대 사태'에 대한 학생운동 내부의 반성으로 정착되어갔고, 이후 애학투련 계열은 학생들은 신민당 개헌현판식 서울대회(11.29)에 '개헌 지지'를 내걸고 적극 참여하기도 했다. 1987년에 들어서면서 학생운동은 민족해방(NL) 그룹을 중심으로 대중노선에 서서 학원민주화투쟁 등으로 총학생회를 강화하고 지역별로 대학 간 연합조직을 건설하게 되는데, 이러한 변화들이 훗날 6월 민주화운동을 이끌어내는 데 결정적 역할을 했다고 평가되고 있다." 윤상철, 《1980년대 한국의 민주화 이행과정》, 서울대학교출판부, 1997, 151쪽. "('건국대 사태' 이후 학생운동의 침체에 대한-인용자) 이러한 타개책으로 대중노선이 강조되었다. 구학련도 자신을 혁명적 대중조직으로 규정하고 대중노선을 강조했지만, 정예 또는 전위들의 모임이었지 대중조직이 아니었다. 선도투쟁과 연결되어 화염병 사용을 당연시했던 과감한 투쟁 대신에 비폭력이 강조되었고, 학생운동의 중심을 총학생회·과학생회·동아리를 중심으로 한 대중적 학생회 조직에 두었다." 서중석, 《6월항쟁》, 219쪽.

다. 건대항쟁 과정에서 분명하게 드러난 공권력의 폭력과 언론의 상징적 폭력 자체가 대학생들에게 깊은 좌절감과 무력감을 던져주었고, 또한 대학생들의 반미를 비롯한 연북職北적 구호들도 한국 사회에 커다란 충격이었다. 건대항쟁으로 구속되었다가 풀려난 대학생들의 삶도 순탄할 수 없었다. 예컨대 애학투련 사건으로 구속되었다가 출소한 한신대 곽현정은 진압 과정의 폭력과 고문에 따른 정신적 후유증으로 수년 동안 고통을 겪다가 1988년 4월 10일에 자결했다.[33]

건대항쟁 이후 얼마 동안 강조되었던 비폭력 노선은 6월항쟁에서 지속되지 않았다. "국본(국민운동본부 - 인용자)이나 학생들이 비폭력을 주장한 것은 전두환 정권이 운동권의 폭력성을 사실과 다르게 왜곡해서 5·3인천사태 이후 특히 심했지만, 수년 동안 텔레비전과 신문을 통해 계속해서 과장 보도해 일반 사람들이 부지불식간에 '운동권=폭력'이라는 사고를 가지고 있는 것을 불식시키기 위해서였다. 또 비폭력을 강조함으로 전두환 정권의 폭력성을 폭로하자는 의도도 강했다. 그와 함께 광범위하게 시민들이 참여하는 시위가 되려면 비폭력이어야 한다는 사고가 강하게 자리 잡고 있었다." 그러나 6월항쟁에서 학생지도부는 "비폭력을 기계적으로 적용해 명동성당 농성시위의 경우처럼 해산을 주장하거나 시위대의 투지를 감퇴시킨 측면이

---

32 진성일 열사의 유서로 살펴볼 수 있는 1980년대의 정치적 주체성에 관해서는 김정한, 〈1980년대 운동사회의 감성〉, 박헌호 편저, 《백 년 동안의 진보》, 소명출판, 2015, 660~662쪽.

33 민주노총 열사추모 홈페이지(yolsa.nodong.org) 참조.

없지 않았"으며, 오히려 "시위대가 경찰을 포위하고 무장해제시키고, 시위대에 의해 경찰서나 파출소, 경찰 차량, 민정당 당사, MBC·KBS 같은 언론기관이 표적이 되어 공격당하고 불타는 일이 도처에서 비일비재했다. 더구나 열차나 전철 운행이 중지되고, 고속도로나 간선도로가 점거되는 사태에 이르렀으며, 더 나아가 시청을 비롯한 정부의 주요 기관이 점거되거나 점거될 뻔했고, 큰 도시가 마비되는 상황에 처하기까지 했다."[34] 사실상 대중들의 대규모 항쟁 과정에서 지도부가 원하는 그대로 비폭력을 관철시키는 것은 불가능에 가깝다. 이 때문에 국가폭력에 맞서기 위해 대항폭력이나 저항폭력이 불가피하고 정당하다는 주장에 휘말리기도 한다. 하지만 비폭력과 대항폭력은 거울처럼 서로가 서로를 반사하는 반쪽 정치에 불과하며, 이런 이분법적 논리에서 벗어나 반反폭력의 관점에서 봉기한 대중들의 역량을 확대하는 흐름을 만들어내는 것이 중요하다.[35]

　마찬가지로 건대항쟁 이후 학생운동의 내부적 반성을 거쳐 출현한 대중적 학생회 중심의 학생운동도 온전히 구현되지 못했다. 1987년 6월항쟁의 경험에도 불구하고, 1990년대 초까지도 학생회와 정파 조직 사이의 갈등, 학생회를 둘러싼 정파 조직들 간의 충돌은 결코 해소되지 않았다. 아래의 증언들은 대중적 학생회와 특정 정파의 대립, 그리고 여러 정파들 간의 충돌이 운동사회에 감정적인 좌절과 증오를 만들고 조직적일 뿐

34　서중석, 《6월항쟁》, 647~650쪽.

35　비폭력, 대항폭력, 반폭력에 대한 자세한 분석은 김정한, 〈폭력과 저항〉, 《1980 대중 봉기의 민주주의》, 소명출판, 2013 참조.

1980년대 국가폭력과 대학생들의 저항

만 아니라 인간적인 '편 가르기'로 나타났던 과정을 여실히 보여 준다.[36]

　학생회 간부와 조직 상층 간부 간의 갈등이 많았지. 조직 상층에 서는 중요 정치 이슈에 대한 기조를 잡고 지침을 때리는데, 학생회 간부는 이걸 수용하면서도 대중들에게 이런 내용이 먹힐까에 대 해서 회의가 많았지. 이러다가 제대로 집행이 안 되면 조직의 상층 부는 학생회 간부의 능력 부족을 탓하거나 그러지.

　이런 갈등이 참 '감정적'이었어. 논리적으로는 서로 자신의 것이 옳 다고 생각했기 때문에 논리를 통한 설득은 안 되고, 서로 사투를 해 봤자 소용이 없다는 생각을 했지. 단적인 예로 학생회장은 NL, 부학생회장은 CA, 부서장은 AF로 나뉠 정도로 과 학생회조차 혼 란했지. 하다못해 MT 하나를 놓고도 그 내용을 가지고 싸우고.

　편 가르기가 되는 것은 대부분 1학년 후배 애들이 그 선배를 얼마 나 많이 만났느냐에 따라 결정되는 경우가 많이 있었거든. 예를 들 면 오늘 내가 얘를 만났어, 그러면 또 누가 얘를 만나. 그리고 내가 또 만나고 또 만나고 하다보면 마지막으로 만난 사람에게 낙찰이 되는 거거든. 그러면서 지쳐서 나가떨어지는 후배들도 많이 있었지.

36　이하 인용문들은 김원, 《잊혀진 것들에 대한 기록: 1980년대 대학의 하위문화와 대중정 치》, 179, 185, 187, 189쪽.

결론적으로 보면 한 애를 선배들이 찍어서 돌아가면서 만나고, 그러다 얘가 한 라인으로 정리를 하고 나면 만나던 선배들이 더 이상 만나지도, 사람같이 보지도 않는 거야. 여기서 얘는 인간적으로 상처를 받는 거지.

요컨대 건대항쟁 이후에도 학생회 중심의 대중노선은 사실상 실현되지 못했으며, 부정의하고 불평등한 사회와 정치에 대한 '저항'이라는 학생운동의 의의는 특히 NL과 PD와 같은 정파 조직들 사이의 대립이 격화할수록 서로 학생회를 '장악'하려 하고 신입생을 '편 가르기'하려는 행태 속에서 비틀거렸다. 1980년대 말과 1990년대 초에 애학투련과 건대항쟁에 대한 평가가 특정 정파의 이해관계에 따라 갈렸던 이유도 여기에 있을 것이다. 아니, 그것은 1980년대 학생운동을 대표했던 NL과 PD라는 정파운동이 사실상 무력해진 오늘날까지도 지속되고 있다. 1986년의 건대항쟁이 처해 있던 시대적 한계, 그리고 건대항쟁을 반성하며 정립되었던 노선들의 한계를 넘어서는 사유와 운동이 가능해진다면, 바로 그곳에서 우리는 건대항쟁의 역사적 의의를 다시 발견할 수 있을 것이다.

건대항쟁 전후 대학생의
저항적 자살

5·18 애도를 중심으로

임미리

해방 이후 이승만 파쇼에 대한 반독재 민주화투쟁은 4·19 민중봉기로 유신철폐투쟁, 부마민중항쟁은 독재자 박정희 군사파쇼의 죽음을 가져왔고, 이어 80년 5월에 광주 민중봉기로 타오르는 반독재민주화투쟁의 역사는 피로써 항쟁하고 있습니다.

건대항쟁에서는 모두 6건[1]의 문건이 제작·배포됐는데 이중 5·18이 등장하는 것은 위의 〈전두환 일당 장기집권 음모분쇄와 민주 제 권리 쟁취투쟁 선언문〉이 유일하고 이마저도 투쟁의 목표와는 무관하게 4·19에서 이어져온 민주화투쟁의 일환

---

1 〈전국반외세애국학생투쟁연합 발족 선언문〉, 〈조국의 자주적 평화통일 촉진을 위한 투쟁 선언문〉, 〈미일 경제침략 저지를 위한 백만 학도 투쟁 선언문〉, 〈반공이데올로기 분쇄 투쟁 선언문〉, 〈전두환 일당 장기집권 음모분쇄와 민주 제 권리 쟁취투쟁 선언문〉, 〈신민당에 보내는 공동투쟁 시안〉(10·28건대항쟁20주년기념사업준비위원회, 《10·28 건대항쟁 20주년 기념 자료집》, 2006.)

건대항쟁 전후 대학생의 저항적 자살

으로만 언급됐다. 5·18이 1980년대 한국 사회변혁운동의 출발점이고 건대항쟁이 그러한 변혁운동의 전국적 연대투쟁 조직인 전국반외세반독재애국학생투쟁연합(애학투련)의 결성식에서 발생했다고 했을 때 의외가 아닐 수 없다.

이 연구는 이처럼 건대항쟁에서 왜 5·18이 사라졌는가 하는 의문을 바탕으로 건대항쟁 전후의 저항적 자살을 비교해보았다. 저항적 자살은 여러 저항 행위 가운데 사회적 충격이 가장 클 뿐만 아니라 세계 전체와의 인위적 절연이라는 자살행위의 극단성 때문에 자살자가 갖는 저항의 목표, 그리고 추구하는 이념 및 가치가 가장 순수한 형태로 드러날 수 있다. 따라서 건대항쟁 전후 저항적 자살의 변화는 거꾸로 건대항쟁에서 5·18이 사라진 의미를 무엇보다 적나라하게 드러낼 것이라 생각했다.

'저항적 자살'은 뒤르켐이 《자살론》에서 정의한 네 가지 자살 중 '이타적 자살'에 해당하는데 '희생적 자살', '정치적 자살'도 유사한 의미로 쓰인다. 희생적 자살과 이타적 자살이 소속 집단에 대한 헌신에 초점이 맞춰졌다면 저항적 자살과 정치적 자살은 적대 집단과의 관계를 드러내는 용어이다. 그리고 이 모두는 '사적' 또는 '개인적'에 반대되는 것으로서 '공적'인 자살을 의미한다. 이 연구에서 유사한 여러 개념 가운데 '저항적 자살'을 사용하는 것은 폭력에 대한 반反폭력, 즉 지배세력의 억압에 대한 저항세력의 반작용이라는 의미를 강조하기 위해서다. 저항적 자살은 지배와 피지배세력의 대립을 전제로 해 피지배세력인 저항세력에서 일어나는 공적, 이타적, 희생적, 정치적, 저항적 성격을 갖는 자살이라 할 수 있다. 이 연구는 저항적 자살의 이 같은 성격에 따라 건대항쟁 전후 자살 내용의 변화를 애도 대상을 중심으로 분석했다.

건대항쟁 전후의 저항적 자살

1970년 11월 13일 평화시장 노동자 전태일의 분신자살과 1975년 4월 11일 서울대 학생 김상진의 할복자살 이후 한동안 나타나지 않았던 저항적 자살은 1980년 5·18 이후 비약적으로 증가하기 시작했다. 물론 두 사람 외에 약 10년간 지배세력에 대한 저항을 목적으로 한 자살이 전혀 없었다고는 할 수 없으나 저항운동 진영에 의해 지속적으로 기억되고 추모돼온 자살은 전태일과 김상진을 제외하고는 1980년 5·18 직후부터 본격화됐다.

1980년 5·18 이후 건대항쟁 직전까지 저항적 자살로 수용돼 열사로 호명된 대학생은 모두 7명[2]이며 건대항쟁 이후에는 1997년까지 24명[3]이다.

건대항쟁 이후 첫 자살은 사건이 나고 불과 며칠 만에 발생했다. 1986년 11월 5일 부산산업대(현 경성대) 학생 진성일이 〈건국대학교 농성에 즈음하여〉와 〈산대 학우들에게〉라는 제목의

---

[2] 김태훈(1981.5.27., 서울대), 박관현(1982.10.12., 전남대), 송광영(1985.9.17., 경원대), 김세진(1986.4.28., 서울대), 이재호(1986.4.28., 서울대), 이동수(1986.5.20., 서울대), 박혜정(1986.5.21., 서울대).

유서를 남기고 교정에서 분신자살했다. 진성일은 "운동권 학생이 아니었으며 염세주의 성향이 짙었다"[4]는 부친(당시 부산산업대 장학과장)의 말을 비롯해 그의 죽음을 우울증 등에 의한 개인적 자살로 치부하려는 시도들이 있었으나 유서를 비롯해 동료 학생들의 말을 감안하면 지배세력인 전두환 정권에 저항해 학생들의 궐기를 촉구하는 자살임을 부인하기 어렵다.

1982년 부산산업대 행정학과에 입학해 군에 입대한 진성일은 1985년 말 마지막 휴가 때 민정당 부산시당을 찾아가 군인들의 부재자투표 비리에 항의하다 폭언을 뒤집어쓴 채 쫓겨났다. 1986년 봄, 복학한 뒤에는 학교 근처 '산수글방'에 다니며 사회과학 공부를 했으며 '민민투' 또는 '자민투' 중 어느 쪽이었는지는 명확하지 않지만 동아대 투쟁조직과 관계를 맺고 있었던 것으로 추정됐다. 7월에는 공장생활을 하기 위해 집을 나갔으며 여름방학이 끝나갈 무렵에는 '양담배 수입 개방 반대' 및 '산대 학우들의 각성을 촉구'하기 위한 유인물을 제작했으나 학생회 간부의 밀고로 부친에게 유인물을 모두 빼앗긴 경험도 있다.

---

3   진성일(1986.11.5., 부산산업대), 박선영(1987.2.20., 서울교대), 표정두(1987.3.6., 호남대), 장재완(1987.3.27., 부산대), 박태영(1987.12.9., 목포대), 곽현정(1988.4.1., 한신대), 조성만(1988.5.15., 서울대), 최덕수(1988.5.18., 단국대), 박래전(1988.6.4., 숭실대), 양영진(1988.10.1., 대구대), 남태현(1989.4.7., 서울교대), 최응현(1990.11.8., 한양대), 박승희(1991.4.29., 전남대), 김영균(1991.5.1., 안동대), 천세용(1991.5.3., 경원대), 손석용(1991.8.18., 대구대), 이경동(1993.9.8., 광주교대), 한상용(1993.11.1., 광주교대), 장현구(1995.12.14., 경원대), 진철원(1996.4.6., 경원대), 황혜인(1996.4.16., 성균관대), 오영권(1996.4.19., 여수수산대), 이상희(1996.9.18., 경원대), 한상근(1997.2.1., 용인대). 이중 표정두는 호남대를 자퇴한 뒤 전남 광산에서 노동자로 일하던 중 자살했고, 장재완과 양영진은 군인 신분으로 자살했다.

4   〈부산대생 분신자살〉, 《동아일보》, 1986.11.6.

아래는 그가 남긴 유서로 자살의 목적이 건대항쟁을 용공으로 몰아가려는 시도를 비난함과 동시에 동료 학생들의 궐기를 촉구하는 데 있음을 알 수 있다.[5]

> 우리 학우들이 용공이니 공산혁명분자로 몰리고 있다. …… 저 비록 미약한 존재지만 격분을 참을 수 없어 여러 친구들보다 먼저 갑니다. 부디 흔들리지 말고 끝까지 싸우십시오. 승리할 그날까지. 건국대 농성사건 진상 보고하라, 군부독재 물러가라, 파쇼 타도!
>
> – 〈건국대 농성사건에 즈음하여〉 중에서

> 10월 29일 서울에 있는 대학가 특히 건국대와 부산의 부산대, 동아대 모두 민주를 위해 민중을 위해 투쟁하고 있는 시점에 우리 산대는 대동제나 하면서 희열에 빠져 있었다. …… 산대인이여! 여러분의 다정한 친구가 여러분 곁을 떠납니다. 왜? 무엇 때문에 목숨을 버리는가 여러분 우리 모두 앞장서서 나갑시다. 민족분단 영구화하는 군부독재 물러가라, 민족의 피 빨아먹는 미제국주의 물러가라!
>
> – 〈산대 학우에게〉 중에서

진성일의 분신자살을 출발로 건대항쟁 이후의 자살은 이전

의 자살들과 다른 모습을 보이는데 가장 큰 차이는 자살 배경이나 목적에서 5·18 광주학살에 대한 규탄 또는 희생자에 대한 애도가 사라진다는 것이다. 건대항쟁 이전에는 김세진·이재호, 그리고 박혜정을 제외하고는 5·18 광주에서 학살당한 죽음에 대한 애도가 구호나 유서 등의 자살 메시지, 또는 자살 상황을 통해 드러나고 있다. 김태훈은 5·18 1주기를 맞아 열린 침묵시위 도중 "전두환 물러가라"를 연속 세 번 외친 뒤 학교 도서관에서 투신했으며, 5·18 항쟁 당시 전남대 총학생회장이었던 박관현은 옥중 단식투쟁 끝에 사망했다. 박관현의 단식은 표면적으로는 교도소의 부당한 처우에 항의한 것이었으나 혼자만 광주를 탈출해 살아남았다는 자책감이 단식을 중단하지 않은 이유로 짐작되고 있다. 또 송광영은 1985년 학원안정법 철폐시위 도중 "광주학살 책임지고 전두환은 물러가라"고 외친 뒤 분신했으며, 이동수는 민통련(민주통일민중운동연합) 의장인 문익환 목사가 서울대 교정에서 〈광주항쟁의 민족사적 재조명〉이라는 제목으로 연설하고 있던 도중 "미제는 물러가라" "경찰은 물러가라"는 구호를 외친 뒤 분신했다.

한편 김세진·이재호의 분신은 사고사에 가까운 우발적 자살이었다는 데서 나머지 자살과 차이가 있다. 또 김세진·이재호와 이동수의 연이은 죽음 뒤에 한강에서 투신한 박혜정은 자살 당시에는 저항적 자살로 수용되지 않다가 1990년대에 가서야 죽음의 저항성을 인정받아 열사로 호명됐다. 따라서 "준비된 결단"[6]으로 투쟁과정 속에 감행된 자살들은 모두 5·18과 직접적인 관련이 있으며 '5·18 민중에 대한 애도와 복수'로써 감행됐다고 볼 수 있다. 그러나 진성일의 죽음에서는 5·18이나 광주와 관련한 단어가 전혀 등장하지 않으며 이런 모습은 이후 대부분의 대학생 자살에서도 마찬가지이다.

진성일 이후 저항적 자살 중 자살 배경이나 목적에서 5·18 과의 관련성이 드러나는 경우는 표정두, 최덕수, 박래전 3명이 전부이다. 표정두는 호남대를 자퇴한 뒤 전남 광산의 하남공단 노동자로 일하던 중 1987년 3월 6일 슐츠 미국 국무부 장관의 방한을 앞두고 서울 미대사관 앞에서 분신했다. 그는 분신 직 전 "내각제 개헌 반대" "장기집권 음모분쇄" "박종철을 살려내 라" "광주사태 책임져라"고 외쳤으며 가방에는 슐츠의 방한이 대대적으로 보도된 신문 뭉치가 들어 있었다. 최덕수와 박래전 은 1988년 통일운동의 물꼬를 틔운 서울대 학생 조성만의 투신 자살 직후 잇달아 분신자살했다. 최덕수는 단국대 천안캠퍼스 의 대동제 기간 중 총학생회실을 찾아가 "오늘이 5·18 여덟 돌 인디 학교 분위기가 왜 이런대요? 광주항쟁의 뜻을 되새겨야 하는 날인디"라고 말한 뒤 "광주항쟁 진상규명, 국조권 발동" 을 외치고 분신했다.[7] 박래전은 최덕수가 망월동 묘역에 묻히고 나흘 뒤 "광주는 살아 있다, 청년학도여 역사가 부른다. 군사파 쇼 타도하자"고 외친 뒤 분신했다.[8] 1988년 5월 당시 학생운동

---

6 조현연은 분신투쟁에 관한 연구에서 분신자살을 "누적된 분노의 응축된 폭발 혹은 돌발 적 표출"이거나 아니면 "암울한 시대 상황의 돌파와 민주화투쟁의 확산을 위한 염원을 담은 일종의 '준비된' 극한적 저항"으로 나뉜다고 했다. (조현연, 〈한국의 민주주의 투쟁 과 역사적 희생-'분신투쟁'을 중심으로〉, 《저항, 연대, 기억의 정치 1》, 2003, 257-259쪽.)

7 〈[길을찾아서] 최덕수·박래전의 잇단 분신…… '광주를 잊지 말라'/박정기〉, 《한겨레신 문》, 2012.2.19.

8 같은 기사.

은 NL계열의 서울지역총학생회연합건설준비위원회(서총련)와 CA(제헌의회)계열의 서울지역대학생총연합건설준비위원회(서건추)로 나뉘어 있었는데 명동성당에서 투신한 조성만이 요구한 "양심수 석방, 남북공동 올림픽 개최"가 서총련 측에서 제안한 것이었다면 최덕수와 박래전은 서건추 소속이었다.

대학생 이외의 자살자 중에는 1988년 10월 18일 자살한 전남 장성 출생의 건설노동자 김병구만이 유일하게 5·18이 자살의 주요 배경으로 드러났다.[9] 김병구는 연세대 학생회관에서 "광주학살 원흉 처단, 노태우 정권 퇴진"을 외친 뒤 투신했다. 이에 따라 건대항쟁 이후 저항적 자살 중 자살 메시지나 자살 상황에서 5·18이 드러나는 경우는 CA계열 학생운동을 하던 대학생과 학출 노동자를 포함해 노동자 일부에 국한됐다고 할 수 있다.

지배세력 규탄에서 궐기의 촉구로

저항적 자살은 지배폭력에 대한 저항의 한 수단으로써 발생한다. 이에 따라 저항적 자살의 배경을 지배와 저항의 두 측면에서 도식화하면 각각 '지배세력 – 폭력(학살) – 분노'와 '저항세력 – 희생 – 슬픔(애도)'으로 연결할 수 있다. 이것은 지배세력과 관련해서는 지배폭력 또는 그 폭력의 극단적 형태인 학살에 대한

---

9   김병구는 당시 생명을 구했으나 1990년 9월 2일 목을 매 자살했다.

분노가 저항적 자살의 배경이고, 저항세력과 관련해서는 지배 폭력에 의한 희생과, 그 희생에 대한 슬픔과 애도가 배경이라는 것이다. 또 지배와 저항의 관계에서 본 자살 목적에서 지배세력은 타도의 대상이자 투쟁의 객체이고 저항세력은 보호의 대상이자 투쟁의 주체이다. 자살 배경에서 분노의 대상인 지배세력은 자살 목적에서 공격의 대상이자 투쟁의 객체가 되고, 슬픔의 대상인 저항세력은 보호의 대상이자 투쟁의 주체가 된다. 여기서는 건대항쟁 이후 저항적 자살에서 5·18이 직접적으로 드러나지 않는 것의 의미를 애도 대상, 보호이익, 자살 메시지 수신인, 추모 및 계승, 네 가지 측면에서 살펴보았다.

5·18 시민에서 대학생으로 애도 대상의 변화

저항적 자살에서 5·18의 소멸은 자살자가 죽음으로써 애도하는 대상이 변화했다는 것을 의미한다. 진성일 자살의 가장 직접적인 목적은 건대항쟁을 용공으로 매도하는 것에 대한 규탄이었다. 이전까지 자살자의 애도 대상이 학살당한 광주 시민이었다면 진성일에 와서는 그 자리에 '건대항쟁에서 용공으로 매도된 대학생들'이라는 동료 집단이 들어서게 된 것이다.

동료 집단인 대학생이 자살의 애도 대상으로 등장하는 것은 1991년 '5월투쟁'에서 가장 분명하게 확인할 수 있다. 5월투쟁에서 백골단 폭력으로 사망한 명지대생 강경대는 5월투쟁의 첫 번째 분신자살자인 박승희의 죽음에서 애도의 대상이 됐다. 그리고 박승희의 죽음 이후 발생한 일련의 분신자살은 강경대를 비롯해 앞선 분신자살자들이 자살의 이유로 등장했다.

건대항쟁 전후 대학생의 저항적 자살

5월투쟁에서는 박승희, 김영균, 천세용 세 명의 대학생이 분신한 뒤, 이어서 김기설(1991.5.8., 사회운동가), 윤용하(1991.5.11., 노동자), 이정순(1991.5.18., 노동자), 차태권(1991.5.18., 노동자), 김철수(1991.5.18., 고교생), 정상순(1991.5.22., 무직) 등 6명이 분신했는데 이들의 죽음에서 앞선 3명의 대학생 자살자가 애도의 대상이 된 것이다.

저항적 자살에서 애도의 대상은 지배세력의 폭력에 의한 희생자에 해당한다. 따라서 대학생이 애도 대상이 됐다는 것은 대학생들이 그 같은 희생자의 지위에 놓이게 됐다는 것을 의미한다. 그리고 진성일의 자살에서 용공세력으로 몰린 건대항쟁 참여자들이 지배세력에 의한 희생자였다면 1991년 5월투쟁에서는 타살당한 강경대뿐 아니라 스스로 죽은 3명의 자살자도 희생자가 된 것이다.

보호이익의 이원화 및 추상화

자살 배경에서 애도 대상인 희생자는 자살 목적에서는 보호의 대상, 다시 말해 자살의 보호이익에 해당한다. 건대항쟁 이전 5·18 광주 시민들은 애도의 대상이면서 동시에 자살을 통해서라도 폭도라는 누명을 벗기고 명예를 회복시켜야 할, 자살의 보호이익이었다. 그러나 진성일의 자살에서는 건대항쟁 참여자들이 지배폭력에 의한 희생자이자 용공 매도에서 벗어나야 할 보호이익이 됐다. 즉 진성일의 자살 목적은 건대항쟁 참여자들, 크게는 학생운동권을 정권의 탄압으로부터 보호하고자 하는 것이었다.

진성일 이후 자살의 보호이익으로서 대학생의 지위가 두드러지는 자살로는 1987년 3월 27일 장재완의 죽음을 들 수 있다. 방위병으로 근무 중이던 장재완은 조직 관련 문건이 든 가방을 분실하고 그것이 보안대에 넘겨진 사실을 알고는 조직 보위를 위해 자살했다. 유서에는 "본인의 중대한 과오로 인해 조직을 보위하고자, 나의 육체적 생명을 단절합니다. …… 나의 죽음이 우리 혁명과 조국통일을 조금이라도 앞당기는 계기가 된다면 조금이나마 그 의미를 찾을 수 있겠지요"라고 되어 있다.

1991년 5월투쟁의 대학생 자살자들 또한 이후 연이은 노동자와 시민들의 자살에서 애도 대상임과 동시에 자살의 보호이익이었다. 전남 보성고 학생 김철수는 "박승희 분신 이후 죽음을 각오했다. 이제 전국의 고등학생들이 일어나 투쟁해야 한다"고 했으며[10] 광주 전일여객 버스기사 차태권은 "고등학생이 분신하는 마당에 우리가 살면 무슨 의미가 있겠느냐"[11]고 했다. 연세대 앞 철길에서 분신한 이정순은 "국가와 민족을 위해 자랑스런 자녀에게 나를 바친다"고 했다. 또 3일 뒤인 5월 22일 전남대병원에서 분신한 정상순은 "승희와 철수 열사의 뒤를 이어 젊음을 태웁니다"[12]라며 앞선 죽음에 정당성을 부여하며 계승의 뜻을 밝혔다.

보호이익의 이원화와 추상화도 시작했다. 건대항쟁 전에 자

---

10 한국고등학생기독교운동 서울연맹, 〈김철수 학생 분신속보〉, 《마당》, 1991.6.1., 45쪽. (양돌규, 같은 논문, 116쪽에서 재인용.)

11 〈군사독재 물러가시오 유서〉, 《한겨레신문》, 1991.5.19.

12 〈20대 영안실 옥상서 분신〉, 《한겨레신문》, 1991.5.23.

살의 보호이익이 5·18 광주 시민으로 단일했다면 이후에는 대학생이 구체적 보호이익이 되면서 추상적 보호이익도 별개로 등장했다. 진성일의 두 유서 중 〈건국대 농성사건에 즈음하여〉에서는 대학생들이 구체적 보호이익이었던 반면 〈산대 학우들에게〉에서는 추상적 보호이익으로서 '민족'이 나타났다. 그 뒤 자살에서는 민족·민중 같은 추상적 공동체나 민주·통일 같은 개념들이 보호이익으로 등장했는데 구체적인 사례는 다음과 같다.

> "양심수 석방하라, 조국통일 가로막는 미국 놈들 몰아내자."(조성만, 1988.5.15., 서울대)
>
> "자주, 민주, 통일을 위해 미제와 독재의 가슴을 찔러 총."(남태현, 1989.4.7., 서울교대)
>
> "현 정권과 독점자본가들이 노동자·농민을 착취하는 것에 맞서 새로운 민중의 나라를 위해 노력합시다."(천세용, 1991.5.3., 경원대)
>
> "미국의 용병이 되어 동포의 가슴에 더 이상 총부리를 겨눌 수 없었다."(손석용, 1991.8.18., 대구대, 군복무 중)
>
> "나의 죽음으로 …… 보다 많은 이들이 노동해방을 위해, 정권 타도를 위해, 자본가 타도를 위해 투쟁하기만을 바랄 뿐."(황혜인, 1996.4.16., 성균관대)
>
> "김영삼 타도, 미제 축출, 조국통일."(오영권, 1996.4.19., 여수수산대)

위 사례에서 점선은 자살 목적 중 타도 대상인 지배세력, 실선은 보호 대상인 저항세력에 해당한다. 지배세력에 대한 언급은 자본가를 제외하고는 건대항쟁 이전에도 꾸준히 나타났으나 보호이익으로 민중, 민족, 조국통일 등의 추상적 개념이 등장한 것은 진성일의 자살에서부터다.

메시지 수신인의 전환 및 구체화[13]

자살은 외부로 향한 소통의 목적을 갖는다.[14] 그리고 그 같은 소통의 대상은 자살 메시지의 수신인에 해당한다. 5·18 학살 주범의 규탄에 주요 목적이 있었던 건대항쟁 전의 자살들에서 자살 메시지의 수신인은 학살 주범, 즉 군사정권이었다. 저항적 자살에서 지배세력에 대한 규탄은 그 자체로 이미 저항세력의 궐기를 촉구하는 것이라고 할 수 있다. 그러나 진성일 전의 자살에서는 그 같은 촉구가 간접적으로 암시되는 데 그쳤다. 또 저항세력의 투쟁을 촉구하더라도 "파쇼의 선봉 전두환을 처단하자"(이동수), "내 작은 몸뚱이를 불사질러서 국민 몇 사람이라도 용기를 얻을 수 있게 된다면"(김종태)처럼 그 대상을 구체적으로 지시하지 않거나 추상적인 데 머물렀다. 그러나 건대항쟁 이후에는 저항세력을 대상으로 투쟁이나 궐기를 촉구하는 일이 갈수록 많아졌으며 투쟁의 대상도 동료 집단으로 구체화됐다. 진성일은 "산대인이여! 여러분의 다정한 친구가 여러분 곁을 떠납니다. 왜? 무엇 때문에 목숨을 버리는가 여러분 우리 모두 앞장서서 나갑시다"라는 말로 동료 학생들의 궐기를 촉구

13　임미리, 〈한국 학생운동에서 대학생의 저항적 자살에 관한 연구〉,《기억과 전망》34호, 2016.

14　박형민,《자살, 차악의 선택》, 이학사, 2010.

했다. 이후 자살에서도 마찬가지로 동료 학생들의 투쟁과 궐기를 촉구하는 메시지가 드러나고 있는데 대표적으로는 박승희를 들 수 있다.

> "2만 학우 단결하라."(분신 당시 외친 구호)
> "사랑하는 용·편 식구들에게 …… 2만 학우 한 명 한 명에게 반미의식을 심어주고 정권 타도에 함께 힘썼으면 하는 마음에 과감히 떠납니다. …… 살아남은 자의 의무를 다해주십시오."(교지《용봉》편집부원들에게 남긴 글)
> "적들에 대한 증오와 불타는 적개심으로 전선의 맨 앞에 나서서 투쟁해야 하리. 그 싸움이 네 혼자만의 싸움이 아니라 2만 학우 한 명 한 명의 손을 잡고 하는 함께하는 싸움이어야 하리."(분신 뒤 가방에서 발견된 유서)[15]

박승희 외에는 아래의 사례들이 있는데 박래전을 제외하고는 모두 소속 대학의 학생들을 대상으로 투쟁을 호소하고 있다. 박래전의 유서에서 언급된 '백만 학도'도 건대항쟁 이전에 비하면 더욱 구체화된 것이라고 할 수 있다.

> "백만 학도 일치단결 군사파쇼 타도하자."(박래전 유서 중)[16]

---

15 《해방의 코스모스 창간호》, 민주화운동기념사업회 오픈 아카이브즈, 등록번호 00158443, 99/101.
16 《동트는 그날까지-고 박래전 열사 추모자료집》, 민주화운동기념사업회 오픈 아카이브즈, 등록번호 00530098, 8/40.

"6천 경원대 단결투쟁 노태우 정권 타도하자."(천세용, 구호)

"학우들이여, …… 제 몫까지 여러분이 투쟁하여준다면 편안히 눈을 감을 수 있을 것입니다."(천세용 유서 중)[17]

"조국의 자주·민주·통일을 위해 교대인이여 깨어나라."(남태현, 분신 직전 남긴 메모 글)[18]

"이 세상의 변혁을 위해 투쟁하기만을 난 지금 바랄 뿐이다. …… 이제 그 실천을 동지들이 해주길."(황혜인)[19]

메시지 수신인의 구체화는 학생운동의 성장과 상대적 침체를 동시에 이유로 들 수 있다. 우선 학생운동의 성장은 자살자에게 자살 목적을 수용해줄 집단의 존재를 의미한다. 1982년과 1985년 각각 한 명(김태훈, 송광영)에 그쳤던 대학생 자살자가 1986년에는 김세진·이재호, 이동수, 박혜정, 그리고 진성일까지 5명으로 대거 늘어났다. 이 기간 중 지배폭력에 명확한 변화가 있었다고 볼 수는 없다. 거꾸로 저항세력 측면에서는 유화국면 이후 학생운동이 급격하게 대중화하는 시기이다. 이것을 저항적 자살과 연결하면 학생운동의 성장으로 자살 메시지를 수신할 대상이 강화됐다는 것으로 해석할 수 있다.[20] 그러나 진성일

---

17 〈천세용-91년 5월 불꽃으로 지다〉, 민주화운동기념사업회 오픈 아카이브즈, 등록번호 00126625, 32/170.

18 〈속보-서울교대 남태현 학우 분신 사망〉, 민주화운동기념사업회 오픈 아카이브즈, 등록번호 00883979, 1/1.

19 성공회대 민주자료관, 인물사전번호 DEMOS-P181.

20 이창언은 〈분신자살의 구조와 메커니즘 연구〉(《기억과 전망》 21호, 2009, 164쪽)에서 "인지·문화적 담론 형성을 촉진하는 연결망과 공간의 존재 또한 분신자살의 빈도에 영향을 준다"고 했다.

건대항쟁 전후 대학생의 저항적 자살

전의 4명에서 보이지 않던 '투쟁 촉구' 메시지가 진성일에 와서 등장하게 된 것은 학생운동의 전반적인 성장 속에 부산산업대의 상대적인 침체 때문이다. 진성일이 유서에서 서울과 부산에 소재한 다른 학교의 투쟁에도 불구하고 부산산업대가 대동제 분위기에 빠져 있는 것을 비판한 것이 여기에 해당한다. 진성일 이후에도 소속 대학 또는 전체 학생운동의 침체를 배경으로 하여 투쟁을 촉구하는 자살들이 계속해 등장했는데 구체적 사례는 다음과 같다.

"오늘이 5·18 여덟 돌인디 학교 분위기가 왜 이런가, 광주항쟁의 뜻을 되새겨야 되지 않겠냐."(최덕수)[21]

"오늘의 우리는 비겁과 안일과 무감각의 늪에 빠져 있다. …… 들리지 않는가. 광주 영령들의 울부짖음이. 들리지 않는가. 세진이 재호, 윤범, 성만, 덕수의 함성이."(박래전)[22]

"우리와 같은 학우들이 쇠파이프에 맞아죽고 꽃다운 청춘을 불사르는 동안 우리는 과연 무엇을 했습니까."(천세용)[23]

"분노하라 외쳤지만 분노하는 학우는 보이지 않고, 투쟁하라 외쳤지만, 투쟁하는 학우는 보이지 않았다."(황혜인)[24]

---

21 〈최덕수 학우 분신 전후 활동 경과보고〉, 민주화운동기념사업회 오픈 아카이브즈, 등록번호 00837563, 1/1.

22 《동트는 그날까지-고 박래전 열사 추모자료집》, 민주화운동기념사업회 오픈 아카이브즈, 등록번호 00530098, 7/40.

23 〈천세용-91년 5월 불꽃으로 지다〉, 민주화운동기념사업회 오픈 아카이브즈, 등록번호 00126625, 32/170.

24 황혜인이 동아리방 날적이에 적은 글. 성균민주기념사업회, 민동자료실, 황혜인 열사(95 물리) 약력. http://cluster1.cafe.daum.net.

이상과 같이 학생운동의 상대적 침체 속에 자살자가 동료 학생 집단을 향해 궐기를 촉구한다는 것은 자살자가 자신의 죽음을 '선도투쟁'으로 '규정'했다는 의미이다. 5·18의 애도와 학살정권의 규탄을 주요 목적으로 하는 자살도 남은 자에 의해 선도투쟁으로 인식될 뿐만 아니라 자살자 역시 동일한 인식을 바탕으로 하고 있다. 그러나 진성일에 와서 달라진 것은 자살자 스스로 자신의 죽음에 그러한 의미를 부여한다는 것이다. 이것은 또 자살자가 스스로를 '투사'로 선언했다는 것과 같은 의미이다.

추모·계승의 구체화

진성일의 경우 이전 자살자와 추모 방식에서도 차이를 보였는데 자살 다음해 1주기를 맞는 1987년 11월 4일 제막식을 가졌다.[25] 반면 김세진·이재호의 추모비는 자살 2년 뒤인 1988년 4월 28일에 건립됐고 5·18 이후 최초의 대학생 자살자인 김태훈의 추모비는 1990년 9월에 건립됐다.[26] 그리고 이동수의 추모비는 서울대 '민주화의 길' 조성 사업의 일환으로 2009년 11월 17일에 건립됐다. 그 밖에 송광영은 1990년 10월 17일, 박혜정은 1989년에 각각 건립됐고,[27] 또 1975년 할복자살한 서울대생

---

25 《그대의 피흘림은-고 진성일 열사 추모자료집》, 민주화운동기념사업회 오픈 아카이브즈, 등록번호 00035733, 40/44.

26 민주화운동기념사업회, 《민주화운동 관련 기념시설(물) 조사사업 결과보고서》, 2009.

27 서울대학교 민주화의 길 추진위원회, 〈서울대학교 '민주화의 길' 조성 기념식 초청장〉, 2009.11.9.

113   건대항쟁 전후 대학생의 저항적 자살

김상진의 추모비도 1988년 11월 20일에야 건립됐다.[28]

진성일의 죽음 후에 〈그대 화한 이 계절에〉[29]와 〈불길로 각인시킨 사랑이여〉[30]라는 두 곡의 추모가도 곧이어 만들어졌다. 김세진·이재호의 추모가인 〈벗이여 해방이 온다〉[31]도 분신 직후 만들어졌는데 저항적 자살자를 위한 최초의 추모가에 해당한다. 그러나 추모가의 경우 창작행위의 개인성이 두드러진다면 추모비는 집단적 의지와 행동을 필요로 한다.

진성일의 조속한 추모비 건립은 그의 자살이 '선도투쟁'이었고, 그가 '투사'라는 것이 명확하게 수용됐기 때문에 가능한 일이었다. '준비된 결단'이라고 할 수는 없으나 투쟁성이 가장 두드러지는 죽음은 김세진·이재호의 분신이다. 왜냐하면 그 둘은 죽기를 각오하고 투쟁에 임한 끝에 결국 죽음을 맞이했기 때문이다. 그럼에도 둘의 죽음은 당시에는 투쟁의 일환으로 수

---

28 〈서울대 농대 동문 김상진 씨 추모비 모교에 건립〉, 《한겨레신문》, 1988.11.20.

29 가사 전문: "그대 화한 이 계절에 통곡으로만 지새울 수 없음은 차디찬 그대의 넋이 해방의 그날로 향했음이라. 그대 화한 이 땅에 피 묻은 자유가 움터옴은 아 그대 던진 고귀한 정신의 빛나는 귀향이어라. 벗이여 들려온다 투쟁의 벅찬 함성이. 벗이여 열리운다 해방 통일의 새 땅이. 이토록 찢겨버린 그대 생명의 노래를 피 끓는 노여움에 목 놓아 부른다. 그대 화한 이 계절에."

30 가사 전문: "십사 미터 죽음의 계단길을 올라 타오르는 투쟁의 불길로 그대 여기 오는구나. 분열의 깊고 깊은 늪에서 압제를 태워 죽음으로 살아오는 횃불이여. 분노의 슬픔으로 영원히 살아오는 그대 생명의 정당성은 우리를 태우리라. 스물넷의 실팍한 몸으로 외로이 분노와 비애로 가득 찬 시대를 거역 않고 더러운 압제의 사슬을 보며 억압을 불사르며 새날이 올 때까지 바위로 뭉쳐 두 눈 부릅뜨고 영원히 살아오는 그대 생명의 정당성은 우리를 태우리라."

31 가사 전문: "그날은 오리라. 자유의 넋으로 살아 벗이여 고이 가소서 그대 뒤를 따르리니. 그날은 오리라 해방으로 물결 춤추는 벗이여 고이 가소서 투쟁으로 함께하리니. 그대 타는 불길로 그대 노여움으로 반역의 어두움 뒤집어 새날 새날을 여는구나. 그날은 오리라. 가자 이제 생명을 걸고. 벗이여 새날이 온다. 벗이여 해방이 온다."

용되지 않았다. 그들의 분신 직후 구국학생연맹(구학련) 중앙위원들은 "우리가 동지를 죽였다"며 총사퇴했는데[32] 이것은 두 사람의 분신을 투쟁이 아니라 '희생'의 측면으로 더욱 크게 수용했다는 것을 의미한다.[33]

저항운동 과정에서 건립된 기념물들은 '추모' 또는 '계승'의 서사를 가진다. '추모'의 서사는 '죽은 자를 그리워하고 잊지 않는다'는 의미이고 '계승'의 서사란 기념공동체의 향후 활동 방향·각오·다짐과 이를 호소하는 것이다.[34] 저항적 자살과 관련해서는 추모는 희생, 계승은 투쟁과 맥락을 같이한다. 그리고 후자는 전자에 비해 능동성과 적극성이 강하다. 따라서 진성일의 경우에 이전의 어느 자살자보다 추모비가 빨리 건립될 수 있었던 것은 자살과 자살자가 갖는 선도투쟁과 투사로서의 의미가 산 자들에게 추모에 더해 계승이라는 더욱 적극적인 의지를 불러왔기 때문이라고 할 수 있다.

진성일의 추모비는 저항적 자살자 가운데 최초이자 가장 빠른 시간 내에 건립된 것으로 이후 추모비 건립에 미친 영향은 확인되지 않았지만 죽음의 기억을 곧바로 물질화한 최초의 사건임에는 분명하다. 추모비는 집단기억을 재구성하고 환기·보

---

32 월간 말 편집부, 〈민민투와 자민투〉, 《월간 말》 49호, 1990, 180쪽.

33 김태훈, 송광영, 이동수는 유서 없이 지배세력을 향한 구호만 외침으로써 저항세력을 향한 메시지가 구체적으로 드러나지 않았고, 이동수는 유서를 남겼지만 "'아니오'라고 할 수 없을 때 인간은 노예가 된다"나 "예수 그리스도에게처럼 나에게 십자가가 허락된다면 괴로웠던 모가지를 드리우고 꽃처럼 피어나는 피를 어두워가는 하늘 밑에 조용히 흘리겠다"처럼 자기성찰적 내용이 주를 이뤘다.

34 정호기, 〈시민사회의 사회운동 기념물 건립과 표상〉, 《경제와 사회》 제94호, 2012, 329·331쪽.

존하는 기제, 즉 '기억의 터'에 해당한다.[35] 즉 추모비를 건립한 공동체는 추모비라는 물질화된 상징을 통해 기억의 왜곡과 망각을 방지하고 추모비가 표상하는 내용을 집단기억과 정체성의 원형으로 보존하게 된다. 거꾸로 한국 사회 저항운동에서 저항적 자살을 집단기억과 정체성의 원형으로 삼고자 하는 능동적인 노력은 진성일의 자살에서부터 시작됐다고 할 수 있다.

시원의 슬픔과 공감으로 돌아가야

건대항쟁 직후 진성일의 자살은 학생들의 자살이 5·18의 죽음에 이은 또 하나의 희생이자 동시에 그 희생 자체가 일종의 투쟁으로서 추모 및 계승의 대상이 됐음을 의미한다. 진성일의 자살은 대학생들이 지배폭력에 의한 피억압자 또는 희생자의 지위에 놓이게 됐다는 선언이고, 그의 죽음 이후 자살이라는 극단적 양태의 희생은 투쟁의 일환으로 수용되었다.

1980년대 학생운동의 급격한 성장은 5·18에서 학살당한 광주 시민에 대한 슬픔과 그들의 투쟁에 대한 깊은 공감에서 출발했다. 그리고 5·18 광주 시민에 복수하고 동시에 그 정신을 계승하기 위해 일신의 안녕을 버리고 저항운동에 투신한 학생들의 희생은 광주의 학살에 뒤를 이어 부당한 폭압의 증거가 되었다. 건대항쟁에 이르러 학생들의 희생은 정점에 이르게 되

---

35 전진성, 《역사가 기억을 말하다》, 휴머니스트, 2005, 57쪽.

었으며 진성일은 자신의 죽음으로써 학생들의 희생이 부정한 정권의 부당한 폭력에 의한 것임을 선언하며 그 같은 희생을 방기하지 말라고 호소했다.

진성일은 또한 5·18 광주의 죽음이 단순히 억울한 죽음에 머무는 것이 아니라 부당한 폭력에 저항한 투쟁의 결과였듯이 자신의 죽음도 더 큰 투쟁을 불러일으키기 위한 투쟁이라고 선언했다. 5·18 광주학살이 1980년대 반독재민주화운동의 도덕적 명분이었듯이 진성일의 죽음과 뒤이은 대학생들의 자살이 바야흐로 5·18 광주 시민을 대신해 투쟁의 도덕적 상징이 된 것이다. 이것은 학생운동이 그간의 투쟁과 희생을 바탕으로 물리적 힘에서뿐 아니라 정신적 측면에서도 저항운동 진영의 중심이 되었음을 의미한다.

진성일의 죽음 이후 대학생 자살은 투쟁의 도덕적 상징으로서 "급진적 이념으로부터 멀어지려는 대중들이 일상으로의 후퇴하는 것을 막고"[36] 더 큰 투쟁을 불러일으키기 위한 수단으로 사용되었다. 그러나 1991년 5월투쟁에서 확인했듯이 자살을 통해 학생운동을 재활성화하려는 노력은 실패로 돌아갔고 학생운동의 주장과 요구는 대중으로부터 외면당하고 말았다. 학생운동은 5·18 광주 시민의 복수를 위한 투쟁과 희생의 과정에서 한국 저항운동의 중심에 서게 되었으나 스스로를 운동의 명분이자 목적으로 삼으면서 다수 국민의 동의를 얻기는커녕

---

36 이창언, 〈신자살(焚身自殺)의 구조와 메커니즘 연구: 학생운동을 중심으로〉, 《기억과 전망》 제21호, 2009, 168쪽.

건대항쟁 전후 대학생의 저항적 자살

내부의 이탈과 분열 속에 점차 힘을 잃어가게 된 것이다.

　학생운동을 포함해 전체 저항운동에 대한 불신이 깊어지고 커져가고 있는 지금 초발심으로 돌아갈 필요가 있다. 많은 대학생들의 투쟁과 희생을 낳고, 그 결과 학생운동을 다수 국민의 동의 속에 저항운동의 중심으로 서게 한 것은 5·18 광주 시민에 대한 슬픔과 억압받는 민중에 대한 공감이었다. 그 슬픔과 공감을 다시 상기하는 것만이 여전히 계속되는 억울한 죽음에 복수하고 대학생을 비롯한 지식인들의 저항운동이 다시금 다수 국민의 동의를 얻는 길이다.

1980년대 학생운동과
한국 사회의 반미주의[1]

강진웅

---

1   이 글은 《사회와 역사》 105집(2015년 3월)에 게재된 〈한국 사회의 반미를 생각한다: 사회사적 이해와 현대적 성찰〉이란 논문에서 중요한 내용과 자료의 일부를 재인용했다.

한국 사회의 반미와 10·28 건대항쟁

1980년대 이전까지 한국은 아시아에서 유례를 찾아볼 수 없는 반미의 무풍지대 국가였다. 36년간 일제의 식민통치에서 벗어나 해방되었지만 좌우익의 대립과 한국전쟁을 거쳐 한국 사회는 주한미군의 핵우산 아래 고요한 친미국가로 탈바꿈했다. 그러나 1980년 5월 광주항쟁을 기폭제로 하여 1986년 5월 28일 건국대에서 점화된 반미의 불꽃은 하나의 이데올로기로 구현되어 잊혀진 역사로서의 반미를 한국 사회의 저항담론으로 끌어올렸다. 운동사의 관점에서 10·28 건대항쟁은 1,288명이 구속되어 단일 사건으로는 최다 구속자를 낳아 학생운동 역량을 심각히 훼손했던 사건이다. 그러나 표면적인 결과 이면에서 건대항쟁은 1987년 민주주의 체제 이행과 함께 1980년대 후반 이후 학생들의 반미운동과 일반 대중의 대미 인식에 중요한 변화를 일으킨 사건이었다. 1980년대의 전투적인 학생운동은 이후 통일운동의 물꼬를 트는 데 기여했고 평등한 한미관계를 희원하는 대중들의 대미 인식 변화에도 긍정적인 영향을 끼쳤던 것이다. 한국의 일반 대중은 친북 노선을 달렸던 학생운동권의 이념적 반미에는 동의하지 않았지만 1980년대 후반 이후 미국의 대한 정책, 한국의 군사외교적 주권 및 경제적 종속에 대해 합리적인 비판정신을 견지해왔고 21세기에 들어서는 젊은 네티즌을 중심으로 인터넷과 문화적 일상에서 새로운 저항운동을 벌이기도 했다. 국권 상실로부터 해방 공간에서의 이념적 균열과 한국전쟁 이후 반미의 무풍지대에 이어 1980년 광주항쟁 및 1986년 건대항쟁에 의해 분출되어 현재의 합리적 반미와 문화적 방식의 표출에 이르기까지 한국 사회의 반미주의는 1980년대를 변곡점으로 그리면서 일상 속에서 대중들과 교류하며 재구성되고 있다. 이 글은 장기적으로 변화되어온 한국 사회의 반미에 대한 사회사적 성찰과 함께 광주항쟁과 건대항쟁을 중심으로 한 1980년대의 반미주의가 어떠한 역사적, 사회적 의미를 갖는가를 분석하고 이러한 분석을 통해 1980년대 후반 이후 변화된 반미적 현상들을 살펴보고자 한다.

반미의 역사적 배경

역사적으로 한국이 미국과 처음으로 맞닥뜨린 것은 서구 열강들이 식민지를 개척하는 시기였고 따라서 한국과 미국의 만남은 '신미양요'라는 불미스런 사건을 통해서 이루어졌다. 북한에서는 반미항쟁으로까지 기록되고 있는 신미양요를 계기로 조선은 서양 국가와는 최초로 맺은 '조미수호통상조약'을 통해 1882년 공식적인 한미관계를 수립했다. 비록 미국이 을사보호조약 체결 직전 일본과 '카츠라-태프트 밀약'을 맺어 조미수호통상조약에 명시된 '거중조정' 의무를 외면했지만, 국권 강탈 이후에도 조선인들은 미국을 일본의 침략에서 구원해줄 우방으로 생각했고 근대의 최강 민주주의 국가로 발돋움하고 있었던 미국에 대한 기대를 저버리지 못했다. 이러한 대미 인식은 해방 정국에서도 크게 변하지 않았다. 오히려 미국은 일제 치하에서 우리를 구원해준 해방군으로 인식되어 '혈맹'이란 이름으로 분단 반세기 이상 한국의 친미화를 지탱했다. 해방군이 아닌 점령군으로 진주한 미군정의 많은 실정에도 불구하고 미국에 대한 한국인의 우호적 평가는 바뀌지 않았고 한국전쟁을 거쳐 친미반공주의는 한국 사회의 지배 이념으로 고착되었다. 1925년 조선공산당 창건에 참여했고 1948년 초대 농림부 장관을 역임하여 개혁적인 농업 정책을 펼쳤던 조봉암 역시 "어쨌든 미국의 존재는 20세기 자유주의자들의 희망의 원천이 되고 있으나 크레믈린의 세계 침략의 야망은 날이 갈수록 도를 가할 것이며 그자들의 평화의 '탈'은 내부 정리와 전쟁에의 시간 쟁취에 불과한 것으로서 정치적 해결이 요원할 것임은 자명한 일"이라며 반공적 친미주의의 관점에서 우방으로서의 미국의 존재를 인정했다.[2]

　　　　　　　　　　　　　　　　　학생운동, 1980

따라서 해방 정국에서 외세의 지배에 부정적이었던 지식인들과 대중들조차 반미를 반소와 같은 반외세의 차원에서 궁극적인 개혁의 대상으로 평가했을 뿐 미군정과 미국을 부정하는 혁명 노선을 발전시키지는 못했다. 반공을 국시로 한 미군정과 이승만 정권의 탄압으로 좌파 조직이 궤멸되고 일부 좌파 지식층 중심의 반미주의는 북한과의 연계 속에서 지하로 스며들게 되었다. 더욱이 한국전쟁으로 인한 남북 간 이념 대립의 구조에서 전쟁에 관한 김일성의 원죄론이 부각되고 남한 내 좌익이 몰락함에 따라 공산주의를 옹호하거나 미국을 부정, 비판하는 것은 금기의 대상이 되었다. 그야말로 한국 사회는 한국전쟁 이후 아시아에서 유례를 찾아볼 수 없는 반미의 무풍지대로 변화되었고 이로써 맹목적인 친미주의가 태동했던 것이다. 1965년 5월 서울 거주 500명의 한국인들을 대상으로 주한미공보원이 조사한 결과에 따르면, 선호하는 국가를 묻는 질문에 68퍼센트가 미국을 꼽았고 미국이 싫다는 반응은 단지 1퍼센트에 불과했을 정도였다.[3] 이러한 상황에서 1950년 한국군의 군사작전권 이양에 이어 1954년 '한미방위조약'과 1966년 '한미행정협정 SOFA'이 체결됨으로써 한국 사회의 친미화는 구조적인 안정성을 보장받게 되었다.

이러한 배경에서 한국의 역대 정권들은 자신들의 정통성의 기반으로 반공과 친미를 내세웠고 반미운동은 용공 내지 친북

---

2 조봉암, 《우리의 당면과제》, 범우, 2009, 21~22쪽.
3 김진웅, 《한국인의 반미감정》, 일조각, 1992, 19쪽.

한국 사회의 반미주의

과 동일시되어 탄압받았다. 반정부 세력들 또한 민주화를 위해 미국의 도움을 필요로 했고 1960~1970년대의 반정부운동은 미국을 모델로 한 입헌민주주의 체제를 선호했다. 실제로 4·19 혁명이 일어났던 1960년 말까지 재야 학생운동권 사이에서도 반미적인 움직임은 뚜렷하게 보이지 않았다. 오히려 이승만의 하야에 도취된 한국인들에 의해 파고다공원의 이승만 동상은 끌어내려진 반면 광화문의 맥아더동상은 꽃다발로 장식되기도 했다.[4] 1970년대 박정희의 유신독재 반대투쟁의 선봉에 섰던 장준하마저도 미국의 후원을 받은 박정희의 초기 집권을 지지 했을 정도로 한국의 친미주의는 뿌리 깊은 것이었다. 미국 역시 박정희의 군사쿠데타를 반공의 논리 속에서 후원했지만 카터 의 인권외교를 통해 독재에 제동을 걺으로써 민주주의와 인권 의 수호자로서의 위상을 부각시켰다. 따라서 미국은 한국의 '영 원한 혈맹'으로 자리매김했고 이러한 미국의 위상은 1980년 광 주항쟁이 일어날 때까지 지속되었다.

1980년대의 반미주의: 광주항쟁과 건대항쟁

1979년 박정희의 사망으로 1980년 한국 사회엔 '민주화의 봄' 이 도래했다. 그러나 전두환을 주축으로 한 신군부의 쿠데타 로 시민사회와 학생운동권의 민주화 요구는 묵살되었고 1980

---

4   MBC 특별기획 〈이제는 말할 수 있다: 맥아더와 한국전쟁 1부〉, 2003.5.11.

년 5월 18일 광주 시민들의 투쟁은 대량 학살로 이어졌다. 이러한 시민항쟁은 신군부의 무력 진압에 의해 실패로 돌아갔지만 이후 반독재민주화투쟁의 도화선이 되었고 더욱이 한국전쟁 이후 금기시되었던 반미주의가 폭발한 계기가 되었다. 사실 광주항쟁 초기 시민군은 군사쿠데타를 억제할 힘으로 미국에 대한 막연한 기대를 걸었고 친미반공의 이념에 그 기초를 두었다.[5] 그러나 박정희의 군사독재를 견제하고 주한미군 철수까지 검토했던 민주주의 국가 미국에 대한 기대와 환상은 신군부의 학살과 이에 대한 미국의 방조를 계기로 급격한 반전을 맞게 되었다. 1980년 12월 9일 광주미문화원 방화사건이 최초로 일어났고 이후 광주미문화원은 1989년 5월까지 학생들로부터 28번의 공격을 받아야 했다. 1982년 3월 8일 발생하여 주동자인 문부식, 김현장이 사형을 언도받은 부산미문화원 방화사건 역시 광주학살에 대한 미국의 묵인, 방조의 책임을 묻는 학생운동권의 전투적 반미투쟁의 대표적인 실례였다. 이에 대해《뉴욕타임스》가 "한미 양 국민에게 있어 가장 큰 손실은 미국이 한국에서 민주주의를 옹호할 것이라는 희망에 종말을 고했다는 점이다. 이제는 악의 화답만이 남아 있을 뿐이다"라고 보도했던 것이다.[6] 실제로 1985년 서울대 대학생들을 대상으로 행한 '미국에 대한 인식 조사' 결과에서도 응답자들의 80.9퍼센트가 한미

---

5   신진욱, 〈광주항쟁과 애국적 민주공화주의의 탄생〉, 《한국사회학》 45집 2호, 2011년 4월, 68쪽.

6   《뉴욕타임스》, 1982.7.6.

관계에 대해 부정적인 평가를 내렸다.[7]

이렇듯 광주항쟁은 학생운동권 내에서 민주주의와 인권을 수호하는 미국이란 이미지를 불식시키는 결정적인 계기가 되었고,[8] 1980년대 중반을 기점으로 학생운동권은 반미자주화를 기치로 주체사상을 수용하며 반미주의를 공고화하기 시작했다. 구미 유학생 간첩단 사건으로 사형이 선고되었던 김성만이 1984년 작성한 《예속과 함성》은 "모든 불행과 고통의 근원은 미국에 있으며 신식민지체제에 있다. 우리 민족은 미국으로부터 해방되어야 한다"고 강조한 뒤 "민족해방과 민주화는 하나이다. 민족해방 없이는 결코 민주화가 이루어질 수 없다"고 주장했다.[9] 이러한 노선을 이어받아 1985년 건립된 전국학생총연합(전학련) 산하 상설 투쟁기구인 '민족통일민주쟁취민중해방을위한투쟁위원회(삼민투)'가 결성되었고 5월 23일에는 삼민투 소속 73명의 대학생들이 서울미문화원을 점거하고 72시간 동안 농성을 했다. 이 농성 사건에서 삼민투 집행부는 "광주학살 지원 책임지고 미 행정부는 공개 사과하라! 미국은 전두환 군사독재정권에 대한 지원을 즉각 중단하라! 미국 국민은 한미관계의 올바른 정립을 위해 진지하게 노력하라!"고 주장하며 군부독재를 지원하는 미국을 겨냥했다. 이에 1985년 미문화원 점거농성 사건 이후 학생운동권은 1986년 3월 29일 서울대의 '구

---

7 김진웅, 《한국인의 반미감정》, 24쪽.
8 허은, 〈한국 학생운동의 '주권' 인식 변화와 반미자주화운동〉, 《기억과 전망》 15호, 2006년 가을, 253쪽.
9 《예속과 함성》, 1984, 44쪽.

국학생연맹', 9월 8일 고려대의 '애국학생회', 9월 15일 연세대의 '반미구국학생동맹'을 결성하며 반미자주화투쟁을 전면화해나 갔고, 구국학생연맹을 이끈 김영환은 〈강철서신〉을 통해 주체 사상을 이론적으로 확산시켰다. 이러한 투쟁의 연장선상에서 1986년 10월 28일에는 건국대에서 '전국반외세반독재애국학생 투쟁연합(애학투련)'이 결성되었고, 이로써 삼민투의 미문화원 점 거농성과 애학투련의 결성을 통해 민족해방 계열이 학생운동 의 주류로 들어서게 되었다.[10]

사건사의 관점에서 광주항쟁은 기본적으로 반미운동의 성 격을 띠지 않았지만 한국 사회에서 학생운동을 중심으로 급진 적인 반미주의를 잉태한 사건의 모티브였다. 전두환의 폭압적 권력과 동료 시민의 죽음에 대한 분노로부터 시작된 시민들의 절대적 운명공동체가 자발적으로 생성되어 반독재민주화운동 의 기폭제가 되었고 한미관계를 둘러싼 한국의 사회적 성격을 다시금 성찰하게 해준 지식사의 변환점이었다.[11] 광주항쟁이 비 록 실패로 돌아갔지만 1980년대 민주화운동과 반미주의의 시 발점이 되었다는 점에서 이를 실패한 운동이라고 부르는 사람 은 없을 것이다. 마찬가지로 삼민투와 전국의 핵심 역량이 건국 대에 집결하여 반외세 자주 노선과 함께 전두환의 폭정에 대항 한 3박 4일 66시간 50분의 애학투련의 참사를 단지 1,000명 이 상의 구속자를 낳은 역사적 패배이자 수치로만 볼 수는 없는

---

10 허은, 〈한국 학생운동의 '주권' 인식 변화와 반미자주화운동〉, 앞의 책, 259~260쪽.
11 최정운, 《오월의 사회과학》, 오월의봄, 2012.

한국 사회의 반미주의

것이다.

 광주항쟁과 마찬가지로 10·28 건대항쟁 역시 북한에 동조하는 '공산혁명분자'의 소행으로 날조되어 탄압받았지만,[12] 이 사건에서 광주항쟁 이후 전열을 가다듬고 투쟁해온 학생운동권이 반독재, 반외세의 기치를 내걸고 총집결한 운동이었다는 측면은 재평가되어야 한다. 이것은 물론 반대급부로 핵심 역량의 대부분이 검거됨으로써 조급한 급진주의와 미숙한 운동 방식이 탄압과 궤멸의 부메랑으로 돌아왔다는 반성과 함께해야하는 것이다. 일반적으로 건대항쟁은 '반외세 자주화' '반독재민주화' '조국통일' 등 3대 구호를 내걸고 건국대에서 전개된 학생들의 민주화운동으로 알려져 있다.[13] 다수 학생대중의 의견에대한 평가는 별개로 "압박과 설움에서 해방된 민족, 싸우고 또싸워서 찾은 이 나라, 쪽발이 양키 놈이 남북을 갈라, 매판 파쇼 앞세운 수탈의 나라, 이 땅의 민중들은 피를 흘린다, 동포여일어나라 해방을 위해, 손잡고 광화문에 해방기 휘날리자"라는 〈민족해방가〉가 농성 4일간 학생들의 대표적인 주제곡이었다는점 역시 그러한 3대 구호의 의미를 간과할 수 없게 한다. 그러나북한과 반미자주화에 대한 관점의 이견은 당시부터 현재에 이르기까지 여전히 논쟁이 되고 있다. 다수 항쟁 참가자들이 회고하듯이, 항쟁의 시작과 전개과정은 우연적인 요소와 예측 불가능한 것이 많았다. 주도 세력의 역량과 의지는 물론 주도 세력

---

12 《조선일보》, 1986.11.4.
13 10·28건대항쟁20주년기념사업준비위원회, 《10·28 건대항쟁 20주년 기념자료집》, 2006, 21쪽.

과 일반 학생들 간의 연계와 결속력 역시 밖에서 보는 시각과는 달리 그리 견고하지는 못했던 것으로 보인다. 당시 애학투련 의장이었던 김신이 지적했듯이, 1985년 미문화원 점거농성 이후 반미자주화반파쇼민주화투쟁위원회(자민투)와 반제반파쇼민족민주투쟁위원회(민민투)로 나뉘어 있던 학생운동권이 공동 투쟁기구를 발족해 집결한 애학투련은 조직화와 투쟁 목표 등에서 구체적인 상이 설정되지 못했고 미국과 북한에 관한 내용에서는 더욱 그러했다.[14] 10·28 건대항쟁의 역사적 의미를 회고한 애학투련 조국통일분과 위원장 정현곤 역시 "사실 반공이데올로기 분쇄투쟁은 당시 애학투련 지도부나 성원 모두에게 공유된 전술은 아니었고 그 의미가 깊이 있게 검토되지는 못했습니다"라고 말하며 "20대 초반의 학생운동가들이 정면으로 제기하기에는 역사적 깊이나 시대적 인식에는 부족함을 인정하지 않을 수 없는 것"이었다고 밝힌 바 있다.[15]

그러나 이러한 성찰들은 10·28 건대항쟁이 반미자주화투쟁의 본격적인 신호탄이 되었음을 알려주는 것이기도 하다. 건대항쟁을 경험했던 김석의 표현대로 1985년 미문화원 점거농성 때는 반미를 표면화하지 못했지만 건대항쟁에서는 '미제 타도'라는 주장으로 반미의 이념들이 급진화되어 쏟아졌던 것이다.[16] 다음은 애학투련의 발족 선언문 내용의 일부이다.

---

14 《한겨레 21》 633호, 2006년 11월.
15 10·28건대항쟁20주년기념사업준비위원회, 《10·28 건대항쟁 20주년 기념자료집》, 272쪽.
16 《한겨레 21》 633호, 2006년 11월.

한국 사회의 반미주의

미제와 그 앞잡이 무리들은 무려 40년간이나 우리 조국 우리 민족을 억압 착취해왔습니다. 6,000만 우리 민족의 생존을 위협하는 한반도의 군사핵 기지화, 아름다운 우리 조국 신성한 우리 민족을 반쪽으로 갈라놓은 분단 및 그 고착화, 식민지 남한을 보다 확고히 지배하기 위한 파쇼체제 재편, 안정화, 우리 민중을 기아에서 허덕이게 하는 광란적인 경제침략 등 미제와 그 앞잡이 무리들의 식민통치는 오늘도 계속되고 있으며 우리 민족, 우리 민중이 떨치고 일어섬이 없다면 앞으로도 영원히 계속되어질 것입니다. 이에 우리 애국학도는 미제와 그 앞잡이에 의한 식민통치를 까부수고 우리 민족을 해방시킬 투쟁의 선봉대로서 전국반외세반독재애국학생투쟁연합을 결성하게 되었습니다.[17]

당시 애학투련 지도부의 인식은 한국을 '미국의 식민지'로 인식했고 '미제' '앞잡이' '까부수고' 등의 북한식 표현을 쓰며 반미주의를 선도적으로 제기했다. 그러나 건대항쟁에 참여했던 이상근이 지적하듯이, 일반 참여 학생들은 반외세의 차원에서 미국 놈을 몰아내자 정도의 인식에 머물렀을 뿐 다양한 지도부가 의도했던 것만큼 반미주의가 견고하게 합의되지는 못했고 북한에 대한 관점에서에서는 더욱 그러했던 것이다. 이러한 학생운동의 급진적 반미주의는 1986년 11월 3일 검찰이 "진달래꽃 머리에 꽂고 온 민족이 하나가 되어 한라에서 백두까지 해방춤을 흐드러지게 추게 될 그날까지!!"라는 애학투련의 유

---

17 10·28건대항쟁20주년기념사업준비위원회, 《10·28 건대항쟁 20주년 기념자료집》, 59쪽.

　　　　　　　　　　　　　　　　학생운동, 1980

인물을 북한의 '피바다'와 연계시켜 용공으로 모는 계기가 되었다.[18] 이에 항쟁 지도부의 급진성은 "무분별한 상황 판단으로 이데올로기에 대한 인식조차 제대로 안 된 다수의 학생들을 희생시킨 소수의 애학투 지도급들" "소수의 학생들이지만 북괴찬양구호 등을 외치는 것을 보면 무언가 잘못되었다는 생각이 든다" 등의 형태에서 학생과 일반인들에 의해 비판을 받았고,[19] 이러한 분위기에서 "그럼 평양으로 보내줄게. 다시는 건대 옥상에 올라가지 말라"는 김동길의 독설도 나올 수 있었던 것이다.[20] 이러한 내용들에 대한 회고에서 김신은 반미, 북한 등의 구호에 대해 일반 학생들이 충격을 받았을 것이라고 이야기하면서도 "학살 원흉에 대한 분노, 적개심으로 대화의 여지가 없었다"고 주장했고, ML당 사건 총책으로 구속되었던 김선태는 학생들의 적개심과 정권의 폭력적 진압으로 인해 건대항쟁이 "반대 극단으로 치달았다"고 회고했다.[21]

이처럼 건대항쟁은 외형적으로는 3박 4일간의 일시적인 역량 집결을 시도한 학생운동권과 운동권의 일망타진을 노린 전두환 정권의 폭압적인 진압이 만난 우발적인 사건이었다. 단기적으로는 항쟁 지도부가 선도적으로 제기했던 투쟁의 구호들이 공안정권의 탄압의 빌미가 되었지만 장기적으로는 광주항쟁

---

18 MBC 특별기획 〈이제는 말할 수 있다: 86년 건국대 점거농성 사건 '강요된 해방구'〉, 2002.2.17.

19 10·28건대항쟁20주년기념사업준비위원회, 《10·28 건대항쟁 20주년 기념자료집》, 111~112쪽.

20 《조선일보》, 1986.11.8.

21 MBC 특별기획 〈이제는 말할 수 있다: 86년 건국대 점거농성 사건 '강요된 해방구'〉, 2002.2.17.

과 마찬가지로 항쟁의 의의들이 1987년 이후에 되살아날 수 있었다. 김석이 주장했듯이 당시 반미를 선도적으로 제기해야 한다는 강박관념 때문에 건대항쟁이 이념 공세와 탄압의 빌미가 되었지만 항쟁 이후 반미와 통일이 주요한 사회 이슈로 빠르게 확산되었던 것에 주목해야 한다. 건대항쟁은 이념적 극단성과 무모한 조급성으로 인해 학생운동 역사상 최대의 역량 손실을 가져온 사건이었지만 1987년 민주주의 체제로의 이행, 학생운동의 대중화 및 1980년대 후반 통일운동의 성장에 발판을 마련해준 사건이기도 했다.[22]

먼저 반독재민주화와 반미자주화운동의 관점에서 학생운동 핵심의 대량 검거로 타격을 입은 애학투련은 1986년 11월 14일 중앙의장단 명의의 시국선언문에서 "독재 지원 내정간섭 미국 놈들 몰아내자"라는 구호와 함께 '직선제 개헌투쟁'으로 전환하여 '범애국민주세력'의 단합을 주장했다. 삼민투와 애학투련을 계승한 전국대학생대표자협의회(전대협)의 모체가 된 서울지역대학생대표자협의회는 직선제 개헌을 대중들에게 전파하면서 박종철 고문치사 사건과 이한열 사망 사건 시위를 주도하며 6월항쟁을 이끌었고 이를 통해 학생운동의 대중화에 부응하며 전대협을 출범시켰다. 또한 애학투련에서 전대협으로의 이행은 반미통일운동이 학생운동의 주류 노선으로 정착되는 과정이면서 건대항쟁 이후 언더서클 중심의 선도투쟁에서 대중

---

22 김석, 〈6월항쟁의 서곡, 10·28 건대항쟁〉, 6월민주항쟁계승사업회, 《6월항쟁을 기록하다 3》, 민주화운동기념사업회, 2007.

노선으로 전환되는 과정이기도 했다. 애학투련의 발족 선언문은 "우리 전국반외세반독재애국학생투쟁연합은 과거 우리 투쟁조직의 오류를 극복할 것을 선언합니다. 지난 85년의 전학련, 삼민투는 백만 학도들에게 일방적으로 따라줄 것을 강요하여 고립되어버렸으며, 진정 우리 백만 학도 모두와 함께 부대끼며 살아야 하는 대표부로서의 역할을 제대로 수행하지 못했습니다"[23]라며 학생운동의 대중화를 본격적으로 제기했다. 이러한 배경에서 이상근도 그의 수기에서 "출소 후에 잠시 집에 다녀와 학교에 나가니 세상이 많이 변해 있었다. 건쟁항쟁의 경험은 투쟁의 모습을 크게 변모시켰다. 먼저 전위적이고 투쟁적인 그동안의 모습에 대한 반성이 요구되었다. 민중과 함께하는 비폭력적이고 온건한 대중투쟁으로의 전환은 낯설었다. 그러나 운동 방식의 변화에 순응하며 6월항쟁의 거리에 나섰다"고 진술했다.[24]

이에 건대항쟁 이후 학생운동의 대중화를 표방하며 1987년 민주화 시위를 이끈 전대협은 출범 선언문에서 자주적 민주정부 수립, 조국의 평화통일, 민중연대, 학원자주화, 백만 학도의 통일단결 등을 활동 목표로 내걸었다. 그러나 전대협은 학생운동 및 통일운동의 대중화라는 구호를 내세웠음도 불구하고 대학가 인공기 게양 및 1989년 임수경 방북 사건 등 통일운동에 매몰되어 공안정국의 탄압을 받았다. 1993년 전대협을 계승한

---

23 10·28건대항쟁20주년기념사업준비위원회, 《10·28 건대항쟁 20주년 기념자료집》, 60쪽.
24 같은 책, 266쪽.

한국대학총학생회연합(한총련)의 반미투쟁 역시 문민정부, 국민의정부, 참여정부 출범 등 정권 교체로 인한 변화된 정세에도 불구하고 급진적인 반미 노선을 고집했고 1996년 연세대 점거 농성 사건을 기점으로 시민사회 내에서 고립되어갔다. 문부식이 회고했듯이, 군사정권의 용공 조작과 보수언론의 매도와는 별개로 학생운동권의 반미주의는 대중과는 절연되어 과격하고 추상화된 이념에 매몰되었던 것이다.[25] 이러한 반미주의는 1990년대 통일운동의 확산이라는 의의를 가졌음에도 정권의 탄압과 대중과의 괴리를 낳으며 쇠락하게 되었고 2000년대 들어 '맥아더 동상 철거 시도' 'RO 사건' '리퍼트 미대사 테러 사건' 등에서 돌출되어 나타나기도 했다. 그러나 여기서 이러한 반미운동이 1980년대 후반 이후 시민사회의 성장과 함께 평등한 한미관계를 요구하는 대중들의 합리적 비판의식의 밑거름이 되었다는 점에 주목할 필요가 있다. 학생운동의 급진적 반미주의는 시민사회의 민주화와 일반 대중들의 비판적인 성찰 속에서 제한된 맥락에서 연착륙한 것이라고도 볼 수 있다. 5·18 광주항쟁에서 비롯되어 10·28 건대항쟁을 통해 전투화된 한국 사회의 반미주의와 1980년대 후반 이후 대중들의 합리적인 정책 비판으로 이어지는 미국에 대한 인식 변화는 이러한 역사적 명암 속에서 이해되어야 한다.

---

25 문부식,《잃어버린 기억을 찾아서: 광기의 시대를 생각함》, 삼인, 2002.

학생운동, 1980

1990년대 이후 반미의 흐름

신기욱은 세계적 차원에서 '반미주의'의 개념을 크게 근대적 자본주의 문화에 대한 비판, 정치경제적 지배에 대한 분노, '거대한 사탄'으로서의 이데올로기적인 거부로 유형화하여 설명한 바 있다.[26] 비교의 범위는 다르지만 학생운동을 중심으로 한 1980년대 한국 사회의 반미주의는 이데올로기적 거부로서의 반미주의에 해당한다고 볼 수 있다. 이슬람의 근본주의와 북한의 반미주의와 유사하게 한국의 주류 학생운동 역시 미국의 정치경제적 지배를 비판하면서 미국식 문화, 제도, 이데올로기 전체를 부정하려는 경향을 나타냈기 때문이다. 그러나 광주학살과 폭압적 실정에 대한 분노로부터 비롯된 학생운동의 반미주의는 이념적 급진성만큼 반미의 폭과 깊이는 크지 않았고 일시적인 사회운동 차원에 머물렀던 한계가 있었다. 이는 1980년대 반미주의가 학생운동이 비정상적으로 과도한 역할을 부여받았을 때 성장한 탓에 기인하는 것이기도 했다. 이러한 급진성과 함께 대중과의 괴리도 또 다른 딜레마였다. 실제 국민/대학생의 여론조사 결과에서 이데올로기적 반미주의는 다수 국민의 정향과는 거의 무관한 것으로 드러났다.[27] 선도적 투쟁으로 정당화된 소수의 급진적 반미주의는 주한미군 철수에 대한 대중들의 일관된 여론조사 결과에서도 드러나듯이 다수 대중의 정

---

26 G. Shin, "South Korea's Anti-Americanism: A Comparative Perspective", *Asian Survey* Vol.36, No.8, August 1996, pp.787~803.

27 Ibid., pp.792~802.

서와는 괴리되었고 이러한 한계는 민주화투쟁의 의미가 약화되는 1990년대 이후 반미주의에 대한 대중적 반감을 극대화했다. 그러나 1980년대의 급진적 반미주의가 대중들의 반감만을 자극했던 것은 아니다. 그랬던 것이라면 한국의 역사가 과거의 반미의 무풍지대를 재연해야 했을 것이다. 1989년 '전환기의 한국 사회: '89 국민의식조사'에서 미국에 대한 대중의 감정 평가를 보면, '매우 호감'은 6퍼센트에 그친 반면 '약간 호감'이 29.9퍼센트, '감정 무'가 29퍼센트, 약간 거부감 26.3퍼센트, '매우 거부감'이 7.2퍼센트에 이르는 등 일반 대중들 사이에서도 1965년의 조사와는 상이한 대미 인식이 드러났다. 1980년 광주항쟁을 촉발로 확산된 한국 사회의 반미주의는 전두환, 노태우 정권에 대항하며 민주화를 촉진시키고 주한미군 철수 등 미국의 존재 의미를 재확인하는 기폭제가 되었던 것이다.[28] 1980년 광주항쟁에서 이어진 1986년 건대항쟁과 1987년의 국민적 저항은 군사독재를 종식시키고 민주화를 촉진했으며, 자민투, 애학투련, 전대협, 한총련의 급진적 반미주의가 대중적 반감과 남남갈등의 부작용을 낳았지만 동시에 시민사회의 성장 속에서 시민들의 대미 인식 변화에 영향을 주었다.

먼저 학생운동으로부터 점화된 이데올로기적 반미는 1980년대 후반 들어 농수산물 시장 개방과 보호무역을 실현하려 했던 미국의 경제 정책에 대한 비판과 함께 이전부터 지속되어온 주한미군 범죄와 불평등한 한미행정협정 등 군사외교적 주권에

---

28 브루스 커밍스, 〈한국 '반미주의'의 구조적 기반〉, 《역사비평》 62호, 2003년 봄.

대한 정치경제적 비판으로 확장되었다. 1980년대 들어 강화된 미국의 보호무역 정책과 한국에 대한 경제적 압박은 전통적인 우방에 대해 선의의 정서를 품고 있었던 일반 한국인들을 당황시키기에 충분했다. 더욱이 1988년 서울 올림픽에서 대중들에게 일었던 반미감정은 학생운동권의 반미주의와 더불어 한국의 반미 현상을 고조시키는 데 일조했다. '들쥐 새끼들'로 한국인을 비하하고 한국을 자신의 속국으로 치부했던 미국(인)의 행동은 올림픽 내내 미국 선수단의 인종적 오만으로 표출되었고 이는 한국인들의 광범위한 반미감정을 불러일으켰다. 이렇게 변화된 사회적 분위기에서 이전까지 필요악으로 묵인되거나 간과되었던 주한미군의 범죄와 한미행정협정의 모순 등 불평등한 한미동맹과 군사외교적 주권에 대한 대중적 비판이 일기 시작했다. 1988년 용산 미8군 기지 불법 점유 이용, 1992년 윤금이 씨 살해 사건, 1995년 충무로 지하철 난동 사건을 거쳐 2002년 미군 장갑차 여중생 사망 사건 등에 이르기까지 한미행정협정의 전면 개정을 요구하는 국민들의 요구가 거세졌다. 또한 1990년대 이후 시민사회의 반미운동은 친북적, 급진적 반미주의보다는 불평등한 한미행정협정의 개혁과 함께 남북 간 군사 긴축과 평화협정 체결, 불법 미군기지 유용과 환경오염 감시, 반핵평화운동 및 농산물 시장 개방에서의 농민들의 생존권 보장 등 경제, 환경, 평화, 인권을 사수하는 '생존권적 반미운동'으로 전환했던 것이다.[29] 이러한 변화는 20세기 말부터 21세기 초반에 이르기까지 대중들의 일상에서 반미의 폭이 확대되고 전문성을 띠는 시민단체들이 연대를 구축하는 등 지식인층과 대중

한국 사회의 반미주의

들 사이의 반미가 결합된 결과로 평가될 수 있다.[30] 이러한 배경에는 많은 시국사건들이 겹쳐 있었다. 1990년대 들어 용산기지 이전 한미기본합의서가 체결되어 평택으로의 이전이 진행되었고, 1999년에는 한국전쟁 당시 미군이 저지른 노근리 양민학살 사건이 공식적으로 확인되어 영화로도 만들어졌으며, 2000년에는 매향리 미군 사격장 문제, 주한미군 독극물 한강 방류 사건, 2001년 한반도의 신냉전을 이끈 부시 정권의 등장, 2002년 김동성의 동계올림픽 쇼트트랙 금메달 판정시비 사건과 미군 장갑차 여중생 사망 사건, 2003~2004년 이라크 파병 반대 시위, 2005년 한총련의 맥아더 동상 철거 시도, 2008년 광우병 파동 및 광범위한 대중들의 촛불시위 등 20세기 후반을 거쳐 21세기 초반은 한국인들의 반미적 정향이 최고조에 이른 시기였다. 2003년 한국갤럽의 여론조사를 보더라도 1993년 조사와 비교해보면 '미국을 좋아하는 한국인의 비율'이 66퍼센트에서 37퍼센트로 크게 감소했다.[31]

이러한 변화를 두고 2000년대 초반 촛불시위를 관찰한 한 보수 월간지는 20세기 후반 학생운동에서 비롯된 반미주의가 21세기에 들어 전 사회적인 담론으로 확장되었고 이것은 '이념적 반미'에서 '논리적 반미'와 '정서적 반미'가 결합되어 변화된

29 이상민, 〈친미의 바다, 반미의 섬: 2003년 미국을 바라보는 시각〉, 《내일을 여는 역사》 12호, 2003, 75~95쪽.
30 전상숙, 〈친미와 반미의 이념 갈등: '반미'를 통해 본 이념 갈등의 역사적 기원과 구조〉, 《동양정치사상사》 10권 1호, 2011년 3월.
31 《조선일보》, 2003.3.9.

것이라고 평가했다.[32] 무엇보다도 이념, 정책, 감성이 결합되어 다양하게 분출된 21세기 한국의 반미 현상은 2002년 효순, 미선이 사망 사건과 2008년 광우병 파동을 계기로 확산된 '촛불 시위'의 변화된 문화 속에서 이해될 수 있다. 미군들의 무죄 평결에 분노한 젊은 네티즌들을 중심으로 인터넷을 통해 2002년 촛불시위가 점화, 전파되었는데 두 여중생의 죽음을 추모하며 검은 리본을 달자는 운동이 인터넷을 통해 제안되자 중·고·대학생들이 검은 리본을 달기 시작했고 이러한 운동은 공중파보다 더 빠르게 대중 속으로 전파되었다. 주한미군의 직접적 범죄 행위에서 비롯된 2002년 촛불시위와는 달리 2008년 광우병 촛불시위는 '아이들의 먹거리'라는 민감한 문제를 건드리면서 이명박 정권의 실정과 부시 정권의 무례함이 부각되어 확산되었다. 〈PD수첩〉의 광우병 보도 이후 미국산 쇠고기 수입을 졸속으로 결정한 이명박 정권의 대미종속외교에 대한 비난 여론이 일었고 쇠고기 문제는 주권, 경제, 외교의 차원을 넘어서 가정의 식단과 아이들 먹거리라는 '일상의 삶'의 문제로 변화되었던 것이다. 더욱이 광우병 파동은 젊은 네티즌의 자발적 참여와 온라인 커뮤니티를 통해 기하급수적으로 확산되었다. 한 설문조사 결과에 따르면 광우병 촛불시위 참가 중고생 응답자들의 71.3퍼센트가 '자발적으로 참여'했고, '친구의 권유로 참가'한 비율은 1퍼센트, '부모의 권유로 참가'한 비율도 6퍼센트에 달했

---

32 《신동아》, 2003년 1월호, 360~368쪽.

한국 사회의 반미주의

고,[33] 네티즌들은 '아고리언'이라는 신조어를 만들 정도로 포털 사이트에서 'e-공론장'을 주도하며 반미를 포함하는 각종 사회 이슈들을 이끌어갔다.

이와 같이, 1980년대 이후 학생운동의 반미주의와 연계, 교류, 긴장, 갈등하며 다양한 얼굴로 드러난 한국 사회의 반미 현상은 그 자체가 반미가 아닐 수 있는 이념, 정책, 감성, 일상의 복합체로 표현할 수 있다. 21세기에 '반미'라는 이름하에 증폭된 두 촛불시위는 그것이 반미냐 아니냐라는 논쟁보다는 이러한 현상이 과거의 반미주의와 어떠한 관련 속에서 어떻게 새롭게 변화한 것이냐를 논하는 것이 더 의미 있을 것이다. 반미의 무풍지대에서 광주 및 건대항쟁을 통해 분출된 1980년대의 반미주의가 이후 한국 사회의 변동에 어떠한 영향을 끼쳤고 이로써 현재의 반미적 현상은 어떠한 사회적 의미를 갖는 것인가를 성찰할 필요가 있는 것이다. 무엇보다도 반미의 탈이념화와 과잉 성장된 학생운동의 쇠락 속에서 문화와 일상이라는 영역과 코드에서 새로운 운동 주체와 방식이 만들어질 수 있으며 반미 역시 이러한 사회운동의 한 영역으로 발전할 수 있는 것이다. 화염병이 아닌 촛불의 점화, 유모차 부대의 등장, 아이들의 손을 잡고 나온 부모들, 깃발 대신 윤도현밴드의 〈아리랑〉과 함께하는 광장문화의 축제 분위기 등 2002년 이후 한국 사회의 저항문화는 반미를 포함하여 정부 정책 등 다양한 사안들에 대

---

33 윤성이·유석진·조희정,《인터넷 정치참여와 대의민주주의: 2008년 촛불집회를 중심으로》, 국회입법조사처, 2008, 16쪽.

한 정치경제적 비판의 형식을 띠면서 이러한 정책 비판을 촛불을 통해 일상의 문화로 전환시키는 변혁을 일구었고 반미운동역시 이러한 가능성 속에서 성찰되고 실천되어야 한다. 따라서반미가 주요한 한 영역으로 부각되는 사회적 현상과 관계 속에서 기존 운동권의 이념적 반미의 특성과 방식을 뛰어넘어 다원화된 주체, 자발적인 조직화, 인터넷을 통한 교류와 전파, 온라인과 오프라인을 연계하는 아래로부터의 확산의 정치가 반미와 다른 영역의 운동을 품고 발산하고 있는 것이다.

2부

운동권을 말하다

1980년대 학생운동의
이념논쟁

박영균

1980년대 학생운동의 자화상: 현실과 이념의 분열

한국 사회에서 학생운동은 일제강점기에서부터 현재까지 엄혹한 불의에 저항하는 정의로, 시대의 정신으로 자리를 잡아왔다. 1960년 4·19혁명과 1964년 6·3항쟁(한일협상 반대운동), 그리고 1970년대 반反유신투쟁 등 학생운동은 한국 현대사에서 그 시대를 규정하는 매우 중요한 역할들을 수행해왔다. 흔히 사람들이 말하는 '4·19세대' '6·3세대' '유신세대' '민주화세대'와 같은 말들이 그 당시 대학생들과 관련되어 있다는 점에서 한반도에서 학생운동이 차지하는 역할과 비중은 상징적이다. 1980년대 학생운동 또한 이와 같은 사회역사적 맥락 속에 있다. 하지만 그렇다고 '1980년대 학생운동'이 일제강점기의 학생운동이나 1960년대, 1970년대 학생운동과 같다는 것은 아니다.

모든 학생운동은 그 당시 각 시대가 처한 상황의 산물이듯이 1980년대 학생운동 또한 '1980년대'만의 특징을 가지고 있다. 1980년대 학생운동 세대를 그 이전 세대인 '4·19세대'나 '6·3세대'와 달리 '86세대'라고 일컫는 것은, 그것이 이전 세대와 다른 특징을 가지고 있기 때문이다. 예를 들어 '4·19세대'나 '6·3세대'는 모두 그 시대를 특징지었던 굵직한 사건을 따라 그 명칭이 부여되었다. 하지만 1980년대는 그렇지 않다. 1980년대에도 '4·19'나 '6·3'처럼 그 시대를 대표하는 사건인 '6·10민주항쟁'이 있었지만 그 세대를 '6·10세대'라고 말하지는 않는다.

　　그들을 칭하는 '86세대'라는 말은, 현재 나이가 30대이면서 1980년대에 대학을 다녔고 1960년대에 태어났다는 의미에서 붙여진 '386세대'에서 시작하여 그들이 나이가 들어감에 따라 40대에는 '486세대'로, 50대에는 '586세대'로 바뀌어온 과정 전체를 통칭하고 있다. 따라서 '86세대'라는 명칭 자체가, 유신체제하에서 대학을 다녔던 세대에게 붙여진 '유신세대'라는 닉네임처럼 1980년대에 대학을 다녔던 세대 전체를 통칭하는 말이라고 할 수 있다. 즉, 이 세대에게는 '4·19세대' '6·3세대'처럼 특징적인 사건이 아니라 그들이 살았던 시대 전체를 따라 명칭이 부여되었던 것이다. 물론 그렇다고 해서 '유신세대'와 '86세대'가 동일한 것은 아니다. 유신세대는 그들이 싸웠던 체제에 의해 역으로 규정된 반면 '86세대'는 그렇지 않기 때문이다.

　　'86세대'는 그들의 또 다른 닉네임인 '민주화세대'라는 말이 보여주듯이 '6·10민주항쟁'을 통해서 한국 민주주의를 향한 초석을 놓았다. '4·19세대'와 '유신세대' 또한 독재에 저항하고 '민주화'를 위해 싸웠다. 하지만 '4·19혁명'은 5·16쿠데타에 의해 무산되었으며 '유신세대'는 분기점을 만드는 '사건'을 창출하는 데 실패했다. 따라서 1980년대 학생운동 세대에게 붙은 닉네임이 보여주는 특징은 첫째 '유신세대'처럼 그들 또한 1980년대라는 시대 전체를 아우르는 방식으로 인지되고 있으며 그럼에도 불구하고, 둘째 '유신세대'와 달리 그들은 '6·10민주항쟁'이라는 사건을 만들어냄으로써 '민주화'에 성공한 세대라는 점이다.

그렇다면 '6·10민주항쟁'이 성취한 민주화는 무엇인가? 그것은 사실 기존의 대통령 간선제를 직선제로 바꾼 것이다. 박정희 정권은 1972년 '한국적 민주주의'를 내세우면서 '간선제'를 골간으로 하는 유신헌법을 제정함으로써 18년 장기 일인독재체제를 구축할 수 있었는데, 이것은 국민들이 대통령을 직접 뽑는 것이 아니라 대표자를 뽑아서 그들이 대통령을 선출했기 때문이다. 1972년 유신헌법이 제정된 이후, 박정희는 무효표 한두 개를 제외하고는 반대표가 하나도 없는 100퍼센트에 가까운 찬성률로 대통령에 당선되었다. 하지만 1979년 당시 박재규 중앙정보부장이 박정희를 암살한 이후 등장한 당시 전두환 보안사령관은 1980년 '5·18광주민중항쟁'을 총칼로 진압하면서 박정희와 동일한 방식으로 '간선제 대통령'이 되었다.

게다가 전두환 정권은, 단일 구속사건으로 일일 최대 인원을 구속한 '10·28 건대항쟁'을 통해 공포정치를 구축하고 1987년 4월 3일 기존의 헌법을 바꾸지 않겠다는 '호헌'을 선언했다. '6·10민주항쟁'은, 바로 이런 '호헌' 선언에 대한 반격이자 1970년대 이후 이루어졌던 독재정권의 제도적 보루였던 '간선제'를

1980년대 학생운동의 이념논쟁

'직선제'로 바꾸는 투쟁이었다. '호헌 철폐 직선제 쟁취'를 내걸고 1987년 6월 10일 시작된 가두시위는 당시 민주정의당의 노태우 대표가 '직선제 개헌'을 수용하는 '6·29선언'을 발표한 6월 29일까지 전국의 도시에서 일상적으로 벌어지는 하루 일과가 되었다. 따라서 1980년대＝민주화라는 등식은 단적으로 말해서 '대통령 직선제 개헌' 때문이라고 할 수 있다.

하지만 바로 그렇기 때문에 1980년대 학생운동이 가지고 있었던 이념과 현실 사이에는 건널 수 없는 분열과 엄청난 괴리가 존재했다. 1970년대와 비교하여 1980년대 학생운동의 가장 고유한 특징은 매우 자기-의식적이었고 조직적이었을 뿐만 아니라 그 스스로 이념화를 추구했다는 점이다. 그들은 독재정권의 폭력성과 반민중성을 규탄하고 이에 저항하는 데 머무르지 않았다. 그들은 그 스스로를 '혁명가'로, 마키아벨리가 이야기하는 '무장한 예언가'로 만들고자 했다. 그들은 현재의 지배권력을 뒤집어엎고 새로운 세상을 건설하는 주체가 되고자 했다. 그들은 새로운 세상의 비전을 제시하고자 했으며 특정한 이념에 따라 그 스스로를 무장했다. 그들은 일상적인 토론과 학습을 통해 그 자신과 동료들을 의식화했으며 조직했다.

하지만 직선제 개헌은 역사적으로 보았을 때, 1970년대 반유신투쟁의 연장선 위에 존재했으며 이런 점에서 1980년대 민주화는 1970년대의 반유신투쟁의 완성이라고 할 수 있다. 바로 이런 점에서 '호헌 철폐 직선제 쟁취'를 내걸고 싸웠던 6·10민주항쟁이 '6·29선언'을 통해서 직선제 개헌을 이끌어냈음에도, 이념과 현실 사이의 분열은 이전보다 더 본격적으로 드러날 수밖에 없었다. 왜냐하면 '직선제 쟁취=민주화'라는 매우 낮은 단계의 정치적 요구에 대한 실현은 현실적으로 동력을 상실한 그들의 이념적 급진성을 더욱더 성마르게 만들었기 때문이다. 그렇다면 이것은 1980년대 학생운동이 이념적으로 과대망상에 시달렸다는 것을 의미하는 것일까? 아니면 1980년대의 정신은 아직 실현되지 않은 미완의 과제로 남아 있다는 것을 의미하는 것일까?

최장집은 '민주화 이후의 민주주의'를 주장하면서 1980년대 학생운동의 이념은 여전히 미완의 과제로 남아 있다고 말한다. 하지만 그렇다고 해서 1980년대 학생운동이 가지고 있었던 이념적 급진화에 '자기기만'이 없었다고 말할 수 있을까? 1980년대 '남조선 해방'을 위해 '수령론'을 받아들이고 '주체사상'을 전파했던 '구국학생연맹'의 김영환과 '반미청년회'의 조혁 등은 오늘날 '북한 민주화'의 선봉장이 되었으며, 과거에 그들이 비판했던 극우보수의 지배 담론을 생산하는 이론가가 되었다. 따라서 '6·10민주항쟁' 이후 진행된 '민주화 이후의 민주주의'가 보여주는 1980년대 학생운동의 자화상은 이념적 급진성의 상반된 두 얼굴이었다. 과거의 극단적인 주체사상 신봉자는 오늘날 가장 보수적인 극우가 되었고 1980년대에 그들이 가장 증오했던 극우보수집단 세력은 이제 그들의 동지가 되었다.

오늘날 더 많은 '민주화'를 원하는 사람들은 이들의 '개종'을 '변절'이라고 비난하면서 그들을 민주화의 역사에서 지우고 싶어한다. 하지만 이 극적인 반전 드라마가 1980년대 학생운동이 가지고 있었던 본래적인 자기 분열의 표현이라면 어찌할 것인

1980년대 학생운동의 이념논쟁

가? 따라서 오늘날의 시점에서 1980년대 학생운동을 되돌아본다면, 무엇보다 먼저 1980년대 학생운동이 가지고 있었던 분열적 자화상에 주목할 필요가 있다. 1980년대 학생운동의 분열적 자화상은, 그 당시 그들의 이념적 급진성이 현실의 급진성에서 나온 것이 아니라 오히려 그와 정반대로 나아가는 현실, 더 폭압적이고 더 보수화하는 정치 현실에 대한 반작용에서 나온 것이다. 그리고 그런 점에서 그들의 이념적 급진성은 애초부터 비극적이었다.

이념적 급진화의 토양: 광주민중항쟁과 분단국가주의

1980년대 중반 이후 학생운동의 논쟁은 '혁명'이라는 관념적 급진성에 의해 지배되었으며 논쟁의 주요 잣대는 '혁명'과 '개량'이라는 이분법이었다. "좌파운동에 참여한 사람들은 곧 '혁명주의자'가 되는 것이 정상적이었고, 혁명주의자의 주요한 사상적 과제의 하나는 모든 일탈적 사상에 대하여 '개량'의 낙인을 부여하고 그것의 확산을 저지하는 것이었다. 임박한 지배체제의 파국을 전제로 하면서 혁명적 사상으로 무장하여 혁명적 정세를 예비하여야 하는 것, 이것이 당시 운동세력을 감싸고 있던 1980년대 논쟁의 정서였다."[1] 하지만 1980년대 학생운동의 이념적 급진성, 이분법적 단죄, 혁명주의자로의 발전은 그 당시 한

---

1   조희연, 《한국의 민주주의와 사회운동》, 당대, 1998, 126쪽.

국 사회가 낳은 것이기도 했다.

첫째, 1980년대 한국 사회에서 '정의'는 '5·18광주민중항쟁'의 진실을 밝히는 데 있었다. 하지만 당시 지배권력은 이와 같은 진실을 밝히는 모든 행위를 철저하게 탄압했다. 그것은 전두환 정권이 1980년 5월 18일 광주 시민들을 총칼로 무자비하게 도륙하고 들어선 군부정권이었기 때문이다. 학생들은 대학에 오기 전에는 광주에서 일어난 학살을 알지 못했다. 하지만 1980년대 학생들이 대학에서 맨 처음 접하는 것은 5·18 관련 외신 보도들과 그 당시 살육현장을 찍은 사진들, 총칼에 찢긴 시신들과 그 당시 상황을 찍은 비디오였다.[2] 그들에게 그것은 결코 잊을 수 없는 엄청난 충격이 되었다. 1980년대 학생들은 당시 지배자들을 '살인마 전두환' '살인마 노태우' '광주학살 오적五賊'이라고 불렀으며 광주 시민들을 도륙한 군부대의 이동을 허용하고 군부정권을 지원하는 미국을 비판했다.

하지만 그 당시 한국의 언론은 철저하게 정권의 주장만을 보도하는 '정권의 나팔수들'이었다. 각 신문사에는 안기부 직원이 상주했으며 안기부는 매일 보도지침을 내리고 편집 방향을 결정했다. 진실은 철저하게 은폐·왜곡되었다. 김동춘이 말했듯이 "'광주'의 기억을 환기시키려는 세력과 그 기억을 지워버리려

---

2 "최초의 충격은 뭐니 뭐니 해도 5·18 비디오였어. …… 그때까지만 해도 난 정부 말대로 간첩이 광주 시민을 선동해서 그렇게 된 건 줄만 알았는데, 보니까 군인들이 사람을 막 패고 죽이고 또 어떤 아줌마가 아들의 시체를 부여안고 우는 모습 같은 걸 보고 난 너무나 충격적이었어. …… 내 대학생활 전반에 엄청난 충격이었고, 그 이후 거의 내 모든 것을 좌우했지. …… 도서관에서 일본 NHK 비디오를 보고 거의 2박 3일 동안 계속 울었어. 그동안 속고 살아온 것도 억울하고 속고 공부만 하면서 산 내가 부끄럽기도 하고."(김원, 《잊혀진 것들에 대한 기억: 80년대 대학의 하위문화와 대중정치》, 이매진, 2011, 104쪽.)

1980년대 학생운동의 이념논쟁

는 세력 간의 역사적 고지를 점령하기 위한 투쟁"[3]이 진행되었다. 학생들은 진실을 밝히고자 했으며 군부정권은 각종 언론매체를 통해 학생들을 '좌익·용공세력'으로 몰아갔다. 특히, 1987년 6·10민주항쟁의 도화선이 되었던 '박종철 고문치사 사건'은 몇몇 고문 형사들의 일탈적 행위가 아니라 1986년 '부천 성고문 사건'처럼 일상적으로 자행되었던 통제 방식이었다. 따라서 탄압이 더 심할수록 그들은 더 급진적으로 '혁명화'될 수밖에 없었다. 왜냐하면 군부독재에 의한 탄압이 강하면 강할수록 현실의 모순과 부조리, 부정의를 해결할 수 있는 길은 '혁명'밖에 없는 것처럼 보였기 때문이다.

그럼에도 불구하고 둘째, 당시 군부독재정권은 이와 같은 반인륜적 범죄에 근거한 통제의 정당성을 '좌익·용공세력'→'친북·반미'와 같은 분단국가주의적 이데올로기화를 통해서 확보했다. '분단국가주의'는 "분단국가 권력이 다른 한쪽의 권력에 대해 적용하는 적대성·배타성", 그리고 "제 권력의 최고성"을 통해서 작동한다.[4] 분단국가주의는 대한민국과 자신을 일체화시키지 않는 모든 자들을 '북'이라는 적의 이름으로 호출했다. 여기서는 오직 '남이냐 북이냐'의 이분법만이 작동한다. 친미가 아니면 반미이고, 반북이 아니면 친북일 수밖에 없다. 5·18광주민중항쟁도 이와 같은 분단국가주의의 함정을 벗어나지 못했다. 따라서 1980년대 학생운동은 5·18광주민중항쟁의

---

3   김동춘, 〈1980년대 민주변혁운동의 성장과 그 성격〉, 한국학술단체협의회, 《6월 민주항쟁과 한국 사회 10년 I》, 당대, 1997, 99쪽.

4   강만길, 《21세기사의 서론을 어떻게 쓸 것인가》, 삼인, 2002, 215쪽.

진실을 밝히기 위해서라도 '분단국가주의'에 맞서 싸워야 했다.

하지만 분단국가주의의 극단적 이분법은 둘 사이에 그 어떤 여백도 허용하지 않았기 때문에 어느 누군가가 남쪽의 정부를 비판하는 순간, 그는 자동적으로 '친북' 또는 '용공' 등 '적'을 이롭게 하는 자로 전화되는 구조를 가지고 있다. 그런 상황에 손쉬운 투쟁은 존재할 수 없었다. 오직 목숨을 건 투쟁만이 존재했다. 1980년대 학생운동이 '혁명의 순결성'을 내세우면서 '개량'을 배척했던 것은 바로 이 때문이었다. 1980년대 학생운동은 항상 이 상황에 직면해 있었으며, 그들은 군부독재정권과 투쟁하는 한에서, 이런 이분법적 선택의 '덫'을 벗어날 수 없었다. 따라서 1980년대 학생운동은 독재권력과 싸우기 위해 끊임없이 자기를 버리는 헌신성, 분단국가주의 이데올로기와 비타협적으로 투쟁하는 혁명성을 요구받았다.

셋째, 1980년대 당시 대학생들에게 '5·18광주민중항쟁'은 자신들이 짊어져야 할 역사의 진실이자 실존적 무게였다. 그들은 '5·18광주민중항쟁'을 매우 아프게 기억했다. 왜냐하면 1980년 5월 15일 계엄 해제와 민주화를 주장하면서 서울역 광장에 모였던 10만 명의 학생들이 회군을 하고 난 지 3일 후 광주에서 계엄군에 의한 대규모 학살이 자행되었기 때문이다. 따라서 당시 학생운동을 했던 대학생들은 '5·18광주민중항쟁' 중에 죽은 '광주 영령들'에 대한 원죄 의식뿐만 아니라 당시 대한민국의 지배자였던 전두환 정권에 대한 매우 강렬한 '복수, 원한의 감정'을 가지고 있었다.

그들은 분단국가주의를 작동시키는 '반공·반북이데올로기'

에 주눅이 들기는커녕 오히려 이 금단의 영역을 '선에 대한 열정'으로, 자신의 혁명적 순결성으로 간주하기 시작했다. 군부독재를 지원하는 미국에 대한 항의 차원에서 진행된 1980년 광주미문화원 방화는 1982년 부산미문화원 방화, 광주미문화원 2차 방화, 1985년 '서울미문화원 점거농성'을 거쳐 1985년 말에는 '미제국주의'에 대한 직접적인 투쟁을 주장하는 '반제직접투쟁론Anti Imperialism Direct Struggle, AIDS'으로 발전했다. 따라서 군부독재 정권에 대한 적대적 감정이 커갈수록 군부독재를 지원하는 미국에 대한 반감도 커져갔다. 진실을 밝히고 민주화를 요구하는 학생운동을 '빨갱이'로 모는 언론매체와 정부에 대항하여 그들은 오히려 '그렇다면 난 반미다' '난 친북이다'는 식으로 대항했다. 하지만 그것은 분단국가주의가 강요한 이분법적 선택을 '선에 대한 열정'으로 바꾸어놓은 것에 불과했다.

"구체제의 지배구조가 권위주의적이고 억압적이었던 것만큼 그에 대응하는 민주화운동의 비전과 이념은 안티테제적이었고, 나아가서는 운동의 이념 속에는 혁명적 급진성을 포함하게 되었다."[5] 1980년대 중반 학생운동은 한편은 마르크스-레닌주의로, 다른 한편은 주체사상을 자신의 사상이나 이념으로 조직하기 시작했다. 1984년 가을, MT그룹은《깃발》을 창간하고 운동의 과학화·계급화를 주장했고, 1985년 대학가에서는 러시아혁명 및 레닌 서적에 관한 '학습 붐'이 일어났다. 또한 1985년

---

5 최장집, 〈해방 60년에 대한 한 해석: 민주주의자의 퍼스펙티브에서〉, 《다시 대한민국을 묻는다-역사와 좌표》, 참여사회연구소 주최 해방 60주년 기념 심포지엄 발표 자료집, 2005.10.21, 10쪽.

말 '강철(김영환)'은 〈한 노동운동가가 청년 학생들에게 보내는 편지〉(일명 '강철서신')를 통해서 주체사상을 전파했다. 1986년에는 한국 학생운동사에서 '최초의 비합법 주체사상파 조직'으로 평가받고 있는 '구국학생연맹'이 출범하게 된다.

하지만 그렇다고 해서 1980년대 학생운동 이념논쟁이 군부 독재정권의 탄압이라는 '객관적 상황'에 의해 떠밀리고 적대적인 '원한 감정'이라는 정서에 의해 생산된 시대착오적이고 해악적이기만 한 것은 아니었다. 비록 그들이 5·18광주민중항쟁에 대한 '원죄 의식'과 광주학살 주범들에 대한 '원한 감정'을 가지고 있기는 했지만 그것은 다른 한편으로 그들의 삶을 더 실천적이고 변혁적으로 만든 동력이기도 했다. 이것은 1980년대 전 기간에 걸쳐 한국의 학생운동에 지속적인 자기 성찰과 반성의 계기를 제공했던 것이 '서울역 회군'과 그 직후 일어난 '5·18광주민중항쟁'이었다는 점에서도 드러나고 있다.

1979년 박정희가 죽고 난 이후, 전두환 당시 보안사령관을 중심으로 한 신군부의 쿠데타 음모를 감지한 학생들은 1980년 5월 15일 서울역 광장에 모여들었다. 하지만 10만 명이나 되었던 그들은 자진 해산했고, 사흘 후 광주에서는 계엄군에 의한 대대적인 학살이 자행되었다. 그것은 신군부에 의한 쿠데타의 시작이었으며 그 당시 학생들은 이를 막지 못했다는 엄청난 자책감에 빠져들었다. 그들은 서울역 회군을 반성하면서 5·18 광주민중항쟁의 비극을 자기 성찰의 역사적 계기로 삼았다. 1980년 봄의 '단계적 투쟁론(주화론) 대 전면적 투쟁론(주전론)'을 시작으로 1981년까지 진행된 '무림 대 학림', 그리고 1982년에 제기된 '야학운동 비판 대 학생운동의 전망' 간의 논쟁이 진행되었다.

이들 논쟁은 모두 서울역 회군과 5·18광주민중항쟁에 대한 자기 비판적인 성찰에서 나온 학생운동의 역할을 둘러싼 논쟁이었으며, 이 논쟁은 이후, "① 선도적 정치투쟁, ② 민중지원투쟁, ③ 전위적 인자 배출이라는 세 가지로 정식화됨으로써 대체로 통일·정리"[6]되었다. 물론 이 논쟁을 '이념적인 것'이라고 규정할 수는 없다. '이념'은 한국 사회 전반에 대한 비전과 가치를 담고 있는 것은 아니었기 때문이다. 그럼에도 이 논쟁은 이후 전개되는 학생운동의 이념화를 불러왔는데, 그것은 바로 이 논쟁이 학생운동의 '선도성'과 '전위적 인자 배출'을 학생운동의 과제로 정식화함으로써, 학생운동의 조직화 및 의식적 이념화를 적극적으로 추진했기 때문이다.

그러므로 1980년대 학생운동이 이념적으로 급진화한 것과 학생운동 당사자들을 '전사'로 만들었던 것은 그 당시 한국 사회의 모순이었다. 그들은 이 모순을 극복하고자 했다. 1980년대 학생운동의 이념논쟁이 '실천적'이었으며 그것이 바로 1980년대 학생운동의 이념논쟁을 더 격렬하면서도 '비타협적인 것'으로 바꾸어놓았던 것이다. 하지만 바로 그렇기 때문에 1980년대 학생운동의 이념적 급진화는 부조리한 현실, 모순적인 현실을 반영하고 있었다. 대표적으로 한국 자본주의 발전이 낳은 폐해인

---

6   조희연, 〈80년대 사회운동과 사회구성체논쟁〉, 박현채·조희연 편, 《한국 사회구성체논쟁 I》, 죽산, 1989, 16쪽.

계급모순과 남북의 분단현실이 그러했으며 1980년대 학생운동의 이념적 출발점이 되었던 '삼민三民'에서부터 시작하여 이념적 급진화가 낳은 NLNational Liberation(민족해방)/PDPeople's Democracy(인민민주주의) 논쟁이 그러했다.

1980년대 학생운동의 이념적 출발선: 민족+계급의 해방

삼민의 이념과 CNP논쟁

1980년대 학생운동의 이념화가 처음으로 대중화된 것은 1985년 4~5월 결성된 '전학련(전국학생총연합)'과 '삼민투(민족통일민주쟁취민중해방을위한투쟁위원회)'의 출범이라고 할 수 있다. 1985년 2·12총선에서 야당인 신한민주당(신민당)이 승리하자 4월 전국의 대학생들은 대학생 대표조직으로서 '전학련'을 결성하고, 그 산하에 삼민 이념의 실현을 목표로 삼는 '삼민투'를 조직했다. 따라서 1980년대 학생운동의 이념이 가장 압축적인 방식으로 대중적인 모습을 드러낸 것은, 1985년 삼민투의 '민족통일·민주쟁취·민중해방'이라는 '삼민三民의 이념'이라고 할 수 있다.

하지만 이 당시 '삼민투'를 통해서 집약적으로 표현되었던 '삼민의 이념'은 1980년대 학생운동이 고유하게 만들어낸 독창적 산물이 아니었다. '삼민'은 1970년대부터 한국의 운동세력 내부에서 암묵적으로 공유되어왔던 이념이기도 했다. 이것은 1974년 '민청학련(전국민주청년학생총연맹)'이 유신독재를 비판하면서 대학가에 유인물을 뿌렸는데, 그 제목이 〈민중, 민족, 민주

선언〉이라는 점에서도 드러나고 있다. 또한, 박정희의 경제개발 정책을 비판하면서 대안적인 경제를 모색했던, 그 당시 진보적인 경제학자였던 유인호, 박현채에게서도 가장 중요한 정신은 '민중, 민족, 민주'라는 삼민의 이념이었다. 하지만 그럼에도 '삼민'은 1970년대를 넘어 1980년대 학생운동의 이념화 및 이념논쟁의 역사적 기원이 되었는데 이것은 우연히 그렇게 된 것은 아니었다. 왜냐하면 '삼민의 이념'은 분단 이후 진행되어왔던 한국 사회의 내적 모순을 집약적으로 반영하고 있었기 때문이다. 따라서 1980년대 학생운동의 이념적 지향성 또한 1970년대 학생운동이 해결하지 못한 한국 사회의 내적 모순을 반영한 '삼민'의 이념에서 시작되었다. 하지만 그렇다고 해서 이들 이념이 1970년대의 삼민을 그대로 반복하기만 한 것은 아니었다. 1980년대 삼민은 1970년대 삼민과 달리 '운동의 과학화 및 전문화'와 결합되어 있었기 때문이다.

1985년 '전학련'과 '삼민투'의 출범 이전인 1984년부터 한국의 학생운동 내부에서는 'MCMain Currents(학생운동 주류) 대 MT(깃발, 민주화투쟁위원회)' 간의 논쟁이 진행되었으며 이중에서도 MT는 운동의 과학화와 전문화를 주장했다. MT는 1984년 10월 '민주화추진위원회(민추위)' 및 산하 조직으로서 '민주화투쟁위원회'를 결성했기 때문에 민주화투쟁위원회의 '민'자와 '투'자의 첫 음을 따서 MT라고 불렀다. 다른 한편으로는 1984년 가을 《깃발》을 창간하고 운동의 과학화·계급화 및 변혁운동의 조직화·전문화를 주장했기 때문이다.

1980년대 한국 학생운동의 최초 이념논쟁이라고 할 수 있는 1985년 'CNP논쟁'은 그 당시 '민추위'-'민투위'로 이어진 일련의 조직들과 연관되어 있는 '민청련(민주화운동청년연합)' 내부 논쟁이다. 그것은 삼민의 이념을 당시 한국 사회의 구조와 관련하여 논의함으로써 1980년대 운동의 과학화와 이념화를 본격화하는 계기가 되었다. 물론 'CNP논쟁'의 기본적인 출발점은 1985년 '2·12총선' 참여라는 현안 문제로, 여기서 쟁점이 되었던 것은 '중산층이나 야당 정치인과 어떤 관계를 맺어야 하는가?'였다. 하지만 이를 위해서는 '당시 한국 사회의 모순이 무엇이며 한국 사회의 구조는 어떠한가?'와 같은 '사회구성체론'에 대한 분석을 필요로 했다.

1984년 4월경 '민청련'의 운동론 세미나에서 사람들은 그 당시 운동권 내에 존재했던 변혁론을 'CDRCivil Democratic Revolution(시민민주주의혁명론)' 'NDRNational Democratic Revolution(민족민주혁명론)' 'PDRPeople's Democratic Revolution(인민민주주의혁명론)'로 구분했는데, 'CNP'는 이들의 영문 첫 글자를 딴 것이다. 이 논쟁은 NL / ND / PD논쟁처럼 조직 간에 이루어진 논쟁의 산물도, 과학-이론적으로 정교화된 논쟁도 아니었다. 하지만 'CNP논쟁'이 1980년대 학생운동을 급진적으로 이념화하는 출발점이 되었던 것은, 이 논쟁이 CDR를 "소시민적 사회관, 낭만적 운동관에 기초하고 있는 것"으로 비판하고 '계급모순'과 '민족모순'이라는 관점에서 한국 사회를 분석함으로써 "변혁의 계급적 전망(탈자본주의적인 변혁)"과 "노동운동의 주도성"을 제기했기 때문이다.[7]

---

7   조희연, 〈80년대 사회운동과 사회구성체논쟁〉, 앞의 책, 19쪽.

하지만 CNP논쟁을 통해 일단락되었던 '민족혁명'과 '민중혁명' '민주혁명'은 동일한 차원에서 병렬시킬 수 있는 것이 아니었다. 왜냐하면 민족모순과 계급모순만 보더라도 그 해결 방향은 각기 서로 다른 주체와 방향을 요구했기 때문이다. 민족해방은 반제국주의라는 차원에서 민족이라는 단위로 묶일 수밖에 없는 주체들의 해방을 요구하지만 계급해방은 같은 민족 내에서도 서로 다른 계급으로 존재하는 한, 계급들 간의 투쟁 및 특정 계급(노동자계급)의 해방을 요구한다. 따라서 이들 세 이념 간의 관계 및 위계, 배치가 규명되어야 했다. 1980년대 학생운동과 사회과학계, 마르크스주의와의 결합은 바로 이와 같은 실천적 목적에 의해 이루어졌다.

민족경제론: 민족모순과 계급모순의 결합

CNP논쟁 이후, 학계에서는 1985년 '창비논쟁(창작과 비평 논쟁)'[8]과 1986년 '산사연논쟁(산업사회연구 논쟁)'[9]이 진행되었다. 이 논쟁들은 1980년대 학생운동의 실천적 문제의식을 반영하고 있었으며 학계 내의 실천적 지식인들에 의해 의도적으로 기획되었다. 이 중심에는 박현채의 민족경제론이 존재했다. 논쟁은

---

8   이대근, 〈한국자본주의의 성격에 관하여-국가독점자본주의론에 부쳐〉, 《창작과 비평》 57, 창작과비평사, 1985; 박현채, 〈현대 한국 사회 성격과 발전단계에 관한 연구 I -한국 자본주의의 성격을 둘러싼 종속이론 비판〉, 《창작과 비평》 57, 창작과비평사, 1985.

9   안병직의 원래 발표 논문은 〈조선에 있어서 (반)식민지·반봉건사회의 형성과 일본 제국 주의〉(한국사연구회, 《한국근대사회와 제국주의》, 삼지원, 1985)였다. 이에 대한 박현채 의 비판과 토론은 〈식민지 반봉건 사회론의 쟁점〉(《산업사회연구》 1집, 산업사회연구회, 한울, 1986)으로, 산업사회연구회를 중심으로 이루어졌기 때문에 당시에 '산사연' 논쟁 이라고 불렀다.

이대근, 안병직의 '식민지반#봉건사회구성체론' 대 박현채의 '국가독점자본주의론'의 대립으로 진행되었다. 이대근, 안병직은 서구 자본주의와 다른 '한국 사회의 주변부적 특수성'을 내세우면서 '제3세계사회구성체' 또는 '식민지반봉건사회구성체'를 주장했다.[10]

반면 박현채는 기존 종속이론의 영향하에서 제기된 식민지반봉건사회구성체론을 전면적으로 비판하면서 '한국 사회에 대한 정치경제학적 분석'이 필요하며 한국 사회는 '국가독점자본주의'라고 주장했다. 하지만 그렇다고 해서 박현채가 한국 자본주의의 특수성 또는 민족모순을 부정하고 있었던 것은 아니다. 박현채는 식민지반봉건사회구성체론에 대항하여 한국을 국가독점자본주의라는 사회구성체로 규정하면서도 다른 한편으로 민족경제론이라는 보다 상위의 범주체계 안에 국가독점자본주의론을 배치함으로써 민족경제론의 한 부분으로 사회구성체론을 바꾸어놓았다.[11] 바로 이런 점에서 박현채의 민족경제론은 기본적으로 자본주의라는 보편성뿐만 아니라 한국이라는 개별성을 결합하여 한국 사회의 특수성을 파악하고자 한

---

10 이대근, 안병직 중심으로 제기되었던 '식민지반봉건사회구성체론'은 다음과 같은 세 가지 주장으로 정리될 수 있다. 첫째, 제국주의 식민지 권력에 대한 직접 지배인 상부구조의 식민지성을 통해 식민지와의 부등가교환을 강제한다. 둘째, 식민지성=상부구조의 지배구조가 생산과정이 아닌 교환유통 영역에서 부등가교환을 강제하기 때문에 '자본화'가 아니라 '반봉건제'를 확대, 온존시킨다. 셋째, 식민지반봉건 사회구성체론의 핵심은 '지주제를 중심으로 하는 반봉건제가 우위를 차지하는 우클라드를 형성한다는 점'이다. 하지만 이와 같은 주장은 1980년대 중반 이후 정립되었던 'NL'의 핵심 논리이기도 하다. 따라서 식민지반봉건사회구성체론은 이후 식민지반봉건사회론→식민지반자본주의론으로 연결되며 NL의 이론적 전거를 이룬다.

1980년대 학생운동의 이념논쟁

것이라고 할 수 있다.

또한 그렇기 때문에 그것은 '자본주의'에서 나오는 계급해방과 '신식민지적 종속성'에서 나오는 민족해방이라는 두 가지 과제에 대한 문제의식 모두를 포함하고 있었다. "민족적 생활양식의 문제는 자본주의 경제에서 자주적 경제발전을 위한 것으로서의 민족자본의 문제와 민중의 문제, 그것을 위한 길로서의 국가자본주의와 경제계획론, 그리고 일정한 사회에 있어서 민족적 생활양식을 둘러싼 총체적 모순관계의 해명인 사회구성체와 발전단계론과 얽혀 있다."[12] 따라서 '창비논쟁'과 '산사연논쟁'으로 본격화하기 시작한 한국의 사회구성체에 대한 논쟁은, 이후 박현채의 민족경제론을 출발점으로 하면서도 '민족모순'과 '계급모순'의 결합을 '반反봉건적인 것'으로 볼 것인가, 아니면 '반反독점적인 것'으로 볼 것인가를 둘러싸고서 전개되었다.

사실, 박현채가 제시한 민족경제론의 합리적 핵심은 '민중적 민족경제'를 표방했다는 점에 있었다. 그러나 '민중적'이라는 말을 빼고 본다면 박현채의 민족경제론은 외국자본과 매판자본의 확대에 따라 축소되는 '본래적인 민족경제의 영역'을 NDNational Democracy(민족민주) 권력의 국가 주도하에서 탈종속화시

---

11 박현채는 선발선진 자본주의와 한국 자본주의를 구분하고 그 특징으로 국민경제와 민족경제의 불일치를 제기하고 있다. "선발선진 자본주의형 전개의 중요한 지표로는 ① 구(舊)사회 태내에서의 사회적 생산력의 발전, ② 경제 외적인 것의 거부, ③ 국민경제의 동일적 통합, ④ 철저한 시민혁명, ⑤ 국민경제와 민족경제의 일치 등을 제시할 수 있다. 그러나 이 가운데서도 민족경제론의 제기와의 관련에서 중요한 의미를 지니는 것은 다섯 번째 지표인 민족경제와 국민경제의 일치이다."(박현채, 《민족경제론의 기초이론》, 돌베개, 1989, 23-24쪽)
12 같은 책, 53쪽.

킴으로써 민족적 자립경제를 만들어가는 것을 목표로 삼고 있다고 할 수 있다. 또한 그렇기 때문에 박현채의 민족경제론이 함축하고 있는 혁명의 성격은 반反자본적인 것이 아니라 반反봉건적인 것으로, '식민지반봉건사회론'을 벗어나 있는 것이 아니었다.[13] 이에 박현채의 민족경제론을 활용한 1980년대 사회구성체논쟁은 두 가지 방향 모두를 가지고 있었다.

하나의 방향은 박현채의 민족경제론이 가지고 있는 이중구조에 근거하여 '사회구성체: 국가독점자본주의, 사회성격: 식민지반#봉건'으로 규정[14]하면서 '식민지반봉건'을 더 규정적인 것으로 설정하고 이에 따라 현 단계 한국의 변혁을 '반제반봉건민주주의혁명'으로 규정하는 것이다. 또 다른 하나의 방향은 '식민지'와 '국가독점자본주의'를 하나로 결합시켜 한국의 사회구성체를 '신식민지국가독점자본주의'로 규정하고 현 단계 한국의 변혁을 '반제반독점민주주의혁명'으로 규정하는 것이다. 전자가 1987년 이전까지 NL의 전사를 이루는 '식민지반봉건사회론'이었다면 후자는 1987년 이후 발전된 '신식민지국가독점자본주의론'이었다.

당시 대표적인 NL 이론가였던 정민은 '사회구성체'를 '일반성-형식-기본모순-자본주의'로, '사회성격'을 '특수성-내용-

---

13 박현채는 〈좌담: 민족통일운동과 민주화운동〉(《창작과 비평》 61호, 창작과비평사, 1988)에서 민족경제론의 변혁론적 함의를 신식민지반봉건사회성격론으로 정식화하면서 반봉건민주주의혁명과 반파쇼민주화의 선차성에 근거한 일반민주주의 투쟁론을 제시하고 있다.

14 박현채의 논문, 〈현대 한국 사회의 성격과 발전단계에 관한 연구 I—한국 자본주의의 성격을 둘러싼 종속이론 비판〉(《창작과 비평》 57호, 창작과비평사, 1985)을 보면 거기에는 이미 사회구성체-자본주의, 사회성격-식민지반봉건이라는 논리가 나타나 있다.

주요모순 – 식민지'로 구분하고 한국의 사회성격을 '식민지반봉건'으로 규정하면서 식민지반봉건사회론을 주장했다.[15] 하지만 이것은 당시 진행되었던 '창비' '산사연' 논쟁의 결과를 제대로 수용한 것이라고 할 수는 없었다. 왜냐하면 "주변부자본주의론이 한국 사회의 종속성과 그로 인한 사회 내적 특수성을 파악해내는 데 있어서 많은 기여를 했으나 종속이론이 정치경제학적 방법론으로부터 이탈된, 소위 리버럴한 혹은 소시민적 성격을 갖는 이론이라는 점에서 비판을 받고 일단락이 되면서, 국가독점자본주의론을 출발점으로 해서 종속성을 국가독점자본주의론의 틀 안에서 수용해야 한다는 식으로 정리가" 되었기 때문이다.[16]

바로 이런 점에서 그 당시 주목을 받았던 것은 1987년 이정로(본명 백태웅)가 쓴 〈한국 사회의 성격과 노동자계급의 임무〉라는 글이었다. 이것은 1987년 대선 당시, '김대중 – 김영삼 후보단일화'를 둘러싸고 '비판적 지지론'이 횡행할 때, '제헌의회 소집'을 외쳤던 CAConstituent Assembly(제헌의회)그룹의 팸플릿이었다. 여기서 이정로는 박현채가 주장했던 '민족경제와 국민경제의 괴리'라는 민족경제론의 문제의식을 받아들이면서도 이와 같은 괴리를 '신식민지성'이라는 특수성에 의해 강제된 '낮은 생산력'으로 개념화하고 "축적의 발전은 곧 예속의 심화"[17]라는 테제

---

15 정민, 〈한국 자본주의의 성격 규정-식민지반봉건성 규정의 방법론을 중심으로〉, 《한신학보》, 1986.8.28일 자, 9.30일 자.

16 조희연, 〈좌담: 현 단계 한국 사회의 성격과 민족운동의 과제〉, 《창작과 비평》 58호, 창작과비평사, 1987, 11~12쪽.

로 표현되는 '신식민지국가독점자본주의'를 내세웠다.

하지만 이 두 이론이 1980년대 학생운동을 양분했던 NL /
PD의 공식적인 사회구성체론과 변혁론이 되었던 것은 아니다.
NL / PD이라는 두 정파를 나누었던 공식적인 사회구성체론과
변혁론은 '식민지반半자본주의 – 반제반봉건민주주의혁명' 대
'신식민지국가독점자본주의 – 반제반독점민주주의혁명'이다. 이
것이 공식적으로 정식화된 것은 1987년 '6·10민주항쟁' 이후인
1988년이었다. 따라서 여기에는 이념적 – 사상적 변화뿐만 아니
라 실천적 – 조직적 변화가 존재했다. 1985년 하반기부터 1987
년까지는 바로 이런 질적 변화의 시기였으며 그것은 '주체사상'
대 '마르크스 – 레닌주의'라는 두 이념으로의 분화였다.

1980년대 학생운동 이념의 분리 정립:
6·10민주항쟁과 NL/PD논쟁

주체사상 대 마르크스-레닌주의의 분화

1985년 MT / MC논쟁 및 CNP논쟁이 진행되는 한편, 다른
한편으로는 지하서클을 중심으로 하여 조잡하지만 마르크스 –
레닌이 쓴 원전들을 발췌 번역한 번역본이 돌아다녔으며 러시
아혁명을 비롯한 각종 혁명론들이 출판, 보급되었다. 또한, 1985

---

17 이정로 〈한국 사회의 성격과 노동자계급의 임무〉, 《신식민지국가독점자본주의 논쟁 I》,
    벼리, 1988, 28쪽.

　　　　　　　　　　　1980년대 학생운동의 이념논쟁

년 하반기부터 지하서클을 중심으로 김정일이 쓴 〈주체사상에 대하여〉 등을 비롯하여 주체사상 및 한국철학사, 현대철학 비판, 계급투쟁사 관련 북한 서적들이 보급되었다. 따라서 1985년 당시 이미 학생운동은 이념적으로 '금단'의 영역에 들어서고 있었다. 이것은 NL/PD 양 정파 모두에서 진행되었는데, NL의 경우는 '반종파투쟁' 및 '대중노선'으로 나타났으며 PD의 경우는 레닌주의 혁명론과의 적극적 결합으로 나타났다.

1987년 제출된 〈한국 사회의 성격과 노동자계급의 임무〉는 1905년 당시 러시아의 변혁론을 담고 있는 레닌의 저작 《사회민주주의자의 두 가지 전술》을 적극 수용하고 있었다. 이것은 레닌의 '노동자·농민에 의한 혁명적 민주주의 독재'라는 변혁론(부르주아 민주주의혁명 후 사회주의혁명이라는 2단계 혁명론)을 한국의 신식민지국가독점자본주의에 적용하고 현 단계 한국의 혁명론을 NDR National Democratic Revolution(민족민주혁명)로 정식화했다. 따라서 1980년대 한국의 학생운동은 1970년대 민주화운동을 넘어서 민주주의 그 자체를 '혁명'적으로 이념화하고자 했을 뿐만 아니라 마르크스-레닌주의를 자기 이념으로 삼고 있었다.

특히 혁명적 마르크스주의를 자기 사상과 이념의 준거점으로 삼기 시작한 것은 1986년 출판된 《사회구성체론과 사회과학방법론》 이후라고 할 수 있다. 당시 사회구성체논쟁에는 한 사회의 사회구성체를 파악하는 방법론, 즉 보편-특수-개별의 변증법과 모순의 주요한 측면과 부차적 측면, 기본모순과 주요모순 간의 관계를 둘러싼 상이한 이해가 존재했다. 따라서 학생운동권을 비롯하여 운동 내적으로는 이에 대한 혼란이 매우 극심했으며 학계에서의 논쟁이 진행됨과 동시에 이에 대한 체계적이고 과학적인 이해에 대한 욕구 또한 증가했다. 1986년 《사회구성체론과 사회과학방법론》이 출판되자 이 책은 《철학에세이》처럼 전국의 대학가를 강타하는 베스트셀러가 되었다.

그 당시 대부분의 대학생들은 이 책을 가지고 있을 정도로 그것이 끼친 영향은 막대했다. 이진경은 이 책에서 《자본》을 중심으로 하여 당시 사회구성체논쟁, 특히 박현채의 민족경제론을 다루면서 기존의 사회구성체논쟁이 지닌 방법론적 오류(의지주의, 주관주의)를 정정하고 있다. 그는 여기서 '계급성' '객관성' '총체성' '특수성'을 사회구성체론의 기본 범주로 제시하고 '자유경쟁→독점→국가독점'이라는 역사에 관한 진화론적 관점을 비판했다. 따라서 《사회구성체론과 사회과학방법론》 발간 이후, 논쟁의 핵심은 마르크스주의라는 이론 그 자체가 되었으며 마르크스-레닌은 사상투쟁의 준거점이 되었다.[18]

하지만 1980년대 학생운동을 주도적으로 이끌면서 대중적으로 재편해갔던 것은 'NL'이었다. 이것은 NL이 학계와 달리 학생운동 진영 내부에서 이론적인 논쟁을 주도했기 때문이 아니다. NL의 승리는 '대중노선'의 승리였다. 1986년 초 학생운동은 '민민투(반제반파쇼민족민주투쟁위원회)'와 '자민투(반미자주화반파쇼민주화투쟁위원회)'로 분화되었는데 그들 상호 간의 대립이 극심했다. 당시 NL은 이를 '종파주의'로 규정하고 이런 해악을 척결하기 위한 '반종파투쟁'을 전개했다. 1986년 '10·28 건대항쟁' 이후, '반미청년회'를 시작으로 '대중노선'을 내세우면서 기존의 학회 중심 학생운동을 학과 중심의 운동으로 만들어가는 '전투

1980년대 학생운동의 이념논쟁

적 총학생회' 노선이 본격화되었다.

'전투적 총학생회' 노선 이후 각 서클의 소조 단위로 조직되었던 학생운동가들은 각 학과 학생회로 결집했다. 이후 학생운동은 몇몇 선도적인 인자들의 운동이 아니라 각 학과 학생회를 중심으로 일반 학우들과 일상생활을 함께하는 학생운동으로 전화하게 되었다. 특히, 전투적 총학생회론 이후 학생운동의 대중적 밀착도가 증가하고 공간적 확장이 이루어졌다. 단과대학까지만 있던 학생회는 각 학과 학생회로 확장되었으며 총학생회의 가장 기본적인 뿌리가 되는 학과 학생회 구조를 갖추게 되었다.

또한 기존에는 더 선진적이면서 투쟁적인 학생들의 공간일 수밖에 없었던 각종 학회들을 중심으로 이루어졌던 학생운동

---

18 《사회구성체론과 사회과학방법론》 발간 이후, 사회구성체논쟁만이 아니라 마르크스주의 '방법론'과 '역사법칙'을 둘러싼 논쟁이 전개되었다. '방법론' 논쟁은 김창호가 《산업사회연구》 2집(한울, 1987)에 〈사회과학이론의 방법론 비판〉이라는 글을 재개하여 《사회구성체론과 사회과학방법론》이 이론 중심(원전 중심)적이며 보편주의에 경도되고 있다고 비판하면서 계급성이란 계급적 사회현실의 반영으로서 가치의식이라고 주장했다. 이에 이진경은 이 논평에 대한 답변 형식으로 《현실과 과학》 1권(새길, 1988)에서 〈사회과학에 있어서 당파성의 문제〉라는 글을 통해 김창호의 가치의식을 역으로 도덕주의라고 비판하면서 가치의식은 변혁의지나 윤리의식에 지나지 않는다고 비판했다. 따라서 이진경은 대중의 가치의식보다는 이론적인 작업에 근거한 과학성을 강조한 반면 김창호는 이진경을 이론 환원주의라고 비판하면서 대중의 가치의식, 즉 대중의 자생성에 근거한 계급성을 강조한 것이다. 또한, '역사법칙' 논쟁은 유재건이 1988년 《창작과 비평》 봄호에 쓴 〈역사법칙론과 역사학〉에서 역사발전 5단계 설에 따른 인식의 문제를 제기하면서 구체적 사실에 대한 구체적 경험에 근거한 과학적인 연구를 주장했다. 이에 김광현은 그해 《창작과 비평》 여름호에 〈역사법칙과 자유주의〉라는 글을 싣고 5단계 법칙은 어떤 개별적 조건에도 관철되는 보편법칙이라고 주장하면서 유재건을 비판했다. 또한, 이청산은 《현실과 과학》 1권(새길, 1988)에 기고한 논문 〈사회구성체론과 사적유물론〉에서 이 논쟁 전체를 총괄적으로 다루고 있으며 이기홍은 이 두 논쟁을 '방법론 논쟁'과 '역사법칙 논쟁'으로 규정하고 이 논쟁들이 철학의 빈곤에서 나온 것으로 규정하고 있는 〈철학의 빈곤, 과학의 빈곤〉(《경제와사회》 창간호, 까치, 1988)이라는 글을 발표했다.

이 각 학과 학생회를 중심으로 한 학생운동으로 바뀌면서 학생운동의 대중화, 대중적 학생운동이 가능하게 되었다. 1987년 '6·10민주항쟁'에서 보여준 학생대중의 폭발적인 투쟁은 바로 이와 같은 학생운동의 대중화, 또는 대중적인 학생운동이 가져온 결과이기도 했다. 각 학과 학생회를 중심으로 대중 속에 뿌리를 내린 NL은 이후 전대협-한총련으로 이어지면서 학생운동의 주류가 되었다. 하지만 이와 같은 NL의 성공은, 다른 한편으로 이론적 무능력과 패권주의를 낳았으며 다른 한편으로 북한에 대한 과도한 추종을 낳았다.

사실, 주체사상이 1985년 말부터 학생운동 내부에서 인기를 얻었던 것은 '반종파투쟁'과 '대중노선' 때문이었다. 주체사상은 대중 중심의 운동, 대중을 통해서 이론을 검증받고 대중을 통해서 자신을 단련시키는 운동가로서의 품성을 제기함으로써 학생 활동가들을 '운동가'로 바꾸어놓았다. 하지만 한국의 분단국가주의 및 당시 군부독재정권에 대한 후견인 역할을 수행했던 미국에 대한 반감이 '원한 감정'과 결합되면서 이들의 운동가적 풍모는 북한의 민족주의에 대한 과도한 추종으로 나아갔다. 따라서 1980년대 이념논쟁은 CNP논쟁에서 시작하여 '마르크스 대 주체사상'이라는 서로 다른 이념을 가진 두 정파 간의 사상투쟁으로 나아갔다.

NL/PD의 분리 정립과 문제의식의 실종

1980년대 학생운동을 돌아보면, 많은 사람들이 착각 또는 오인하고 있는 것 중 하나가 1987년 6·10민주항쟁 이전에 이미 한국의 학생운동이 'NL／PD' 두 정파로 분리되어 있다고 느끼는 것이다. 하지만 이때까지만 하더라도 학생운동 또는 운동권 내부에는 'NL／PD'라는 두 정파가 존재했던 것이 아니라 '마르크스-레닌주의' 대 '주체사상'이라는 두 개의 경향 또는 '민족모순 우선' 대 '계급모순 우선'이라는 두 경향이 존재했을 뿐이다. 이 당시, 이 두 개의 경향은 다양한 방식으로 표현되었으며 아직은 내재적으로 잠복된 상태에서 조직적 대립을 표현하고 있었을 뿐이었다.

하지만 6·10민주항쟁 이후, 마르크스-레닌의 원전 및 주체사상 등 북한의 출판물들이 여러 출판사를 통해 공식적으로 출판되기 시작하면서 '주체사상' 대 '마르크스-레닌주의' 간의 논쟁은 한국의 사회구성체 및 변혁론과 관련하여 본격화하기 시작했다. 1988년 벼리출판사는 《신식민지 국가독점자본주의 논쟁 I》이라는 책에서 NL의 식민지반봉건론에 대응하여 〈한국 사회의 성격과 노동자계급의 임무〉의 계승을 비판적으로 다루는 '벼리논쟁'을 기획했다. 여기서 가장 중요한 비판 대상이 되었던 것은 한국 사회의 신식민지적 특수성을 '낮은 생산력'에 의한 "농공간의 부등가교환"[19] 및 "지주-소작제라는 반봉건적 생산관계를 재생시키는" 것[20]으로 설정한 것이었다.

그런데 이것은 박현채의 민족경제론, 이식된 외자와 매판자본→본래적인 민족경제 영역 축소→농업의 반봉건성과 지

---

19 이정로, 〈한국 사회의 성격과 노동자계급의 임무〉, 앞의 책, 79~80쪽.
20 같은 책, 63쪽.

주-소작제의 재생과 논리적으로 닮아 있었으며 '식민지반봉건사회론'의 영향하에 있었다. 따라서 그 당시 PD이론을 주도했던 윤소영은 이를 "봉건파적 경향"이라고 비판하면서 PD의 신식민지국가독점자본주의론을 "'민족경제론과 국가독점자본주의론의 결합'(혹은 그러한 결합에 의한 민족경제론의 비판적 계승)"으로 규정하고[21] 서관모는 신식민지국가독점자본주의의 보편성을 '국가독점자본주의적 축적양식'에서, 특수성을 '종속성=신식민지성'에서 찾았으며 이를 "독점강화 종속심화 테제"로 정식화했다.[22]

반면 NL은 1988년 '식민지반자본주의론'을 공식적으로 제시했다. 물론 NL의 급진적 이념이 한국의 사회구성체 및 변혁론 논쟁에 최초로 등장한 것은 1986년 《만만세》라는 지하서클 신문에 실린 〈식민지 자본주의론적 경향의 대두〉[23]라는 논문이었다. 게다가 당시 정민·조진경 등의 필명으로, NL의 대표적 이론가였던 정철영은 2008년 한 언론과의 인터뷰에서 '식민지반자본주의론'이 신식민지국가독점자본주의론에 대한 대응으로 나온 것이 아니라 이미 1985년 '한국민족민주전선(한민전)'이 가지고 있었던 것이라고 증언하고 있다.[24] 따라서 NL의 사회구

---

21 윤소영, 〈80년대 한국경제학계의 연구 동향과 신식민지 국가독점자본주의론〉, 박현채·조희연 편, 《남한 사회구성체논쟁 I》, 죽산, 1989, 613쪽.

22 서관모, 〈식반사회론과 신식국독자론의 계급분석〉, 《현실과 과학》 2호, 193쪽.

23 편집부 엮음, 〈식민지 반자본주의론〉, 《팜플렛 정치노선》, 일송정, 1988 참조.

24 그는 당시 자신의 필명으로 발표된 글의 일부는 '지하활동의 성원'이 발표한 것이며, 자신의 '위치'는 출판기획자였다고 하면서 "신식민지국가독점자본주의론에 대한 식민지반자본주의론의 반비판 대부분은 이북에서 나온 것으로 안다"고 증언하고 있다. 이런 점에서 본다면 1980년대 NL/PD논쟁은 남과 북 사이에서 전개된 변혁논쟁이라고 볼 수도 있다(〈한국 사회구성체논쟁, 지금은?〉, 《위클리경향》 801호, 2008.11.25.).

성체론 및 변혁론은 PD의 정립 이전에 이미 존재했다고 볼 수도 있다.

하지만 이것은 그 당시 NL의 헤게모니 아래 있었던 학생운동이 그랬다는 것을 의미하지 않는다. 1987년까지 '전대협'을 중심으로 하는 NL은 '식민지반봉건사회론'의 입장을 견지하고 있었기 때문이다. 게다가 여기에는 PD와 다른 NL만이 가지고 있는 특수한 환경이 존재한다. 그것은 바로 북한과의 연계성이다. 바로 이런 점에서 보자면 NL이 공개적으로 주체사상에 따른 변혁론을 공식화한 것은 '식민지반자본주의론'이라고 할 수 있다. 왜냐하면 '식민지반자본주의론'은 '식민지반봉건사회론'과 달리 주체사상에 의한 입론화, 즉 '사람 중심의 방법론'에 근거하고 있기 때문이다.

'사람 중심의 방법론'은 기본적으로 사회의 기본 단위가 사람이고 사람은 '자주성, 창조성, 의식성'을 가진 존재로, 그 사회의 성격을 반영하기 때문에 한 사회의 성격을 파악하는 데 더 중요한 것은 생산수단에 대한 소유가 아니라 '정권의 소유관계'라고 주장하는 것이다. "오늘 한국에서의 정권은 철저하게 미제국주의자들의 식민지 지배와 식민지적 최대이윤 약탈의 정치적 도구"이다.[25] 따라서 '사람 중심의 방법론'은 '역사유물론 – 경제적 사회구성체론'이라는 마르크스의 입장이 아니라 '주체사상'

---

25 편집부 엮음, 《민족과 경제》, 대동, 1988, 14쪽. 이 책은 북쪽의 논의를 편집해서 발간한 것이다. 식민지반자본주의론은 한국 내에서 이루어진 연구의 성과가 아니라 북쪽에서의 논의를 가져온 것으로, 그 당시 NL의 대표적인 논자였던 정민, 조진경의 글이 《민족과 경제》의 내용을 짜깁기한 것으로, 토씨 하나 틀리지 않은 문장들이 곳곳에 있다는 점에서도 드러나고 있다.

에서 말하는 '주체의 사회역사 원리'를 따르고 있었으며 양자 간의 논쟁은 서로 다른 이념 간의 사상투쟁으로 발전할 수밖에 없었다.

1988년 '벼리논쟁' 이후, 한국에서 사회구성체 및 변혁이론 논쟁을 주도한 것은 PD의 기관지라고 할 수 있는《현실과 과학》(1988~1991년)이라는 잡지였다. 또한, 1988년부터 《주체사상 비판1, 2》를 비롯하여 NL/PD 간의 사상논쟁이 본격적으로 진행되었다. 여기서부터 논쟁은 마르크스 대 주체사상이라는 사상투쟁의 양상을 보였다. 하지만 NL/PD라는 두 정파 간의 논쟁은 그리 오래가지 않았다. 1989년《노동해방문학》(1989~1991년)이 창간되었고 백태웅, 박노해가 주도하는 '남한사회주의노동자동맹'이 결성되면서 사회구성체논쟁은 ND/PD 간의 논쟁으로 비화되었기 때문이다.[26]

그 후 논쟁은 NL/PD 간의 논쟁보다는 신식민지국가독점자본주의론 내부의 논쟁, 즉 국가독점자본주의를 단계로 규정할 것인가 특성으로 규정할 것인가를 둘러싼 '단계론 대 특성론'의 논쟁으로 나아갔다. 게다가 1986년부터 진행된 '저유가, 저금리, 저달러'에 기초한 3저 호황은 한국의 자본주의 역사상 최초의 무역 흑자 기조를 만들어냈으며 한국 자본의 대외 진출 및 지구화가 진행되었다. 따라서 신식민지국가독점자본주의의 핵심 테제인 '독점강화 종속심화' 그 자체가 논란이 되었으

---

26 이와 같은 ND/PD논쟁에도 불구하고 1980년대 이념논쟁은 'NL/PD(ND)'로 규정할 수 있다. 이것은 ND의 경우, PD와 동일하게 마르크스-레닌주의를 이념적 좌표로 삼았을 뿐만 아니라 이후 ND그룹 스스로 자기비판을 통해서 NDR를 철회했기 때문이다.

1980년대 학생운동의 이념논쟁

며 '종속의 심화냐/탈종속이냐'를 둘러싼 '탈종속' 및 안병직의 중진자본주의론, 한국 자본주의의 아亞제국주의로의 성장 가능성에 대한 논의로까지 비화되었다.

하지만 이 당시 이미 마르크스주의를 구현한 국가들인 현실 사회주의권은 몰락, 해체되고 있었다. 소비에트연방에서는 1985년 고르바초프의 '페레스트로이카' 이후, 개혁파에 의한 자본주의화가 추진되고 있었으며 1991년 동독의 몰락과 독일의 통일, 그리고 옐친에 의한 소비에트연방의 해체가 이루어졌다. 1991년 남한사회주의노동자동맹은 그 당시 소비에트연방의 '보수파'가 일으킨 쿠데타를 지지했지만 그것은 3일 천하로 막을 내렸다. 따라서 1980년대 한국에서의 마르크스-레닌주의는 1987년 6·10민주항쟁과 더불어 더욱더 급진화하고 있었으나 그것은 시대에 뒤처진, 이미 '낡은 것'에 불과했으며 1990년대 중반을 거치면서 마르크스-레닌주의는 포스트모더니즘의 유입과 더불어 해체되어갔다.

특히, PD 중 많은 지식인들이 1990년대 '소비사회'로 급성장한 한국 사회에서 '욕망'과 '문화'의 문제를, 더 나아가 '탈계급'과 '탈민족'을 사유했으며 시민사회운동으로 방향을 선회했다. NL은 PD보다 더 대중적이고 오래 살아남았다. 그것은 그들이 분단극복-'통일'을 실천적 의제로 삼았기 때문이다. 하지만 이 또한 '분단국가주의'가 낳은 덫, '반미=친북' '친미=반북'이라는 틀을 벗어나지 못함으로써 통일운동을 대중화하는 데 실패했다. 하지만 NL도, PD도 그들이 빠져든 '분단국가주의의 덫'을 실천적으로 사유하지 않았다. 대신에 'NL/PD'의 실천적 문제의식이 사라진 바로 그 자리에서 'NL/PD'의 망령은 'NL=통일운동' 'PD=노동운동'이라는 이분법적 대립의 틀로 되살아났던 것이다.

미완의 과제로서 NL/PD:
NL+PD 문제의식의 재결합과 문제설정의 변환

오늘날 많은 사람들은 1980년대 학생운동의 이념논쟁을 '실천적 맥락'이 아니라 이데올로기적이고 시대착오적인 성향에서 비롯된 것으로 보는 경향이 있다. 이것은 1987년 민주화 이후, 자신들의 기득권을 수호하고자 했던 보수언론과 극우단체들의 데마고기에 의해 왜곡되어왔기 때문이다. 그들은 지속적으로 분단국가에 살고 있는 국민들의 반공이데올로기 및 '분단의 아비투스'[27]를 자극하면서 1980년대 학생운동을 '화염병과 각목'이라는 폭력, 또는 '붉은 피'와 같은 이미지로 형상화해왔다. 게다가 1990년대 중반, '위로부터 강제된 민주화'와 '현실사회주의

---

27 "분단의 아비투스는 분단이라는 역사가 만들어내는 신체와 사물, 아비투스와 장의 관계를 통해서 이루어지는 '분단질서', '분단구조'의 지배체제가 상징폭력에 의해 '신체'에 아로새겨지는 성향과 믿음들의 체계이다."(박영균, 〈분단의 아비투스에 관한 철학적 성찰〉,《시대와철학》21-3, 한국철학사상연구회, 2010, 378쪽) 분단의 아비투스는 남북의 적대와 부정, 남쪽 또는 북쪽 국가와 민족을 일치시키는 분단국가주의를 통해서 작동한다. 따라서 남에게 북은, 북에게 남은 절멸의 대상일 뿐이다. 또한 분단의 아비투스는 남북의 적대성을 벗어날 경우, 국가보안법과 같은 국가폭력에 직면할 것이라는 공포뿐만 아니라 각종 의례와 행사들을 통해 반복적으로 신체에 각인되며 그것을 통해 무의식적으로 작동된다.

권의 해체' 이후 한국 사회에서 1980년대 학생운동은 대표적인 도그마로 인식되기 시작했다.

특히 1990년대 중반 수입된 푸코의 지식-권력 연계효과뿐만 아니라 2000년대 다문화주의 및 문화상대주의는 1980년대 학생운동의 이념논쟁을 혁명적 비타협성, 혁명과 개량의 이분법에 의한 전체주의로 규정하면서 1980년대 이념논쟁 자체를 시대착오적이거나 무용, 또는 심지어 해악적인 것으로 단죄하는 경향이 있다. 그러나 그것이 낳은 폐해는 역설적이었다. 왜냐하면 '운동권'을 이데올로기적으로 단죄하면서 그와 같은 비판은 정작 더욱 강력한 이분법과 이데올로기적 편협성을 강제하는 분단국가주의를 생산하면서 '뉴라이트' 학생운동의 자양분을 제공했기 때문이다.

그러나 "이념은 이데올로기의 성격보다는 현실을 축약하고, 그 축약 속에 사회의 구성 원리와 가치, 규범, 신념의 요소들을 함축하는 개념"이다. NL/PD는 "국가가 형성되고 경제가 발전되는 과정에서 한국 사회의 내부로부터 제기되었고 민주주의의 근본 가치라고 할 민중성을 관심의 중심에 두는 것"으로, "그야말로 매우 한국적인 해방의 이념"이라고 할 수 있다.[28] 왜냐하면 NL/PD의 문제의식은 기본적으로 해방 후 '강력한 반공권위주의 국가'를 건설하면서 추진한 '권위주의적 산업화'가 낳은 '민주화의 중심적인 두 의제'에서 출발하고 있기 때문이다.[29] 따라서 1980년대 사회구성체 및 변혁론 논쟁은 박현채의

---

28 최장집, 〈해방 60년에 대한 한 해석: 민주주의자의 퍼스펙티브에서〉, 앞의 책, 17쪽.

민족경제론에서 보듯이 애초부터 '민족모순'과 '계급모순'의 결합 및 양자 모두의 극복이라는 문제의식에서 출발하고 있으며 NL/PD 또한 이런 문제설정을 기본적으로 공유하고 있다.

하지만 1987년 6·10민주항쟁 이후에도 한국 사회에서 이 두 가지 과제는 여전히 극복되지 못한 미완의 과제로 남아 있을 뿐만 아니라 오히려 그 모순은 더욱더 극심해지고 있다. 이에 최장집도 민주화 이후의 민주주의 문제를 다루면서 "앞으로 한국 사회가 어디를 지향해 나아가야 할 것인가 하는 문제"는 "오늘 한국 민주주의가 당면한 과제를 통하여 조망"되어야 한다고 하면서 "NL/PD의 문제를 다시 불러"들일 것을 요구하고 있다.[30] 특히, 그는 "민주화 이후 상황의 한 중요한 특징은, NL/PD의 두 구성 요소가 분리되고 PD적 문제의식이 약화 또는 소진되었다는 사실"[31]이라고 하면서 PD적 문제의식을 중심으로 하여 NL적 문제의식을 결합시킬 것을 주장하고 있다.

하지만 그는 NL/PD의 핵심 쟁점이 어디에 있으며 그들이 어디에서 실패하고 있는지를 다루지 않고 있다. 1990년대 이후, 특히 2000년대 이후 학생운동이나 사회운동을 하는 사람들 중에는 NL과 PD를 'NL=통일운동=주체사상/PD=노동운동=마르크스-레닌주의'라는 이분법으로 나누어 생각하는 사람들이 많다. 하지만 이것은 1980년대 NL/PD논쟁의 진정한 핵심 논

---

29 같은 글, 12쪽.
30 같은 글, 16~17쪽. 하지만 그가 생각하는 NL/PD의 이념은 1980년대의 이념과 동일한 것이 아니다. 오히려 그가 말하는 이념은 "NL/PD의 이념에서 혁명적 급진성을 제거하고 현실에서 실현 가능한 이념으로 재구성"된 것이라고 할 수 있다(같은 글, 13쪽).
31 같은 글, 14쪽.

점을 놓치고 있다. 이들 사이의 논쟁에서 핵심 쟁점이 되는 것은 '민족해방이냐 계급해방이냐'에 있지 않다. 많은 사람들이 'NL' 'PD'라고 부르기 때문에 이 둘의 변혁론이 매우 다른 것처럼 생각하는 경향이 있다.

그러나 NL도 PD도 양자 공히 내세우고 있었던 변혁론은 'NLPDR National Liberation People's Democratic Revolution(민족해방인민민주주의혁명)'이었다. 그들의 핵심 쟁점은 사람들이 생각하듯이 'NL(민족해방)'에 있었던 것이 아니라 'PDR(인민민주주의혁명)'에 있었다. NL도, PD도 모두 'NL'과 'PDR'를 주장했다. 하지만 NL에게서 'PDR'는 '반反봉건인민민주주의혁명'인 반면 PD에게서 'PDR'는 '반反독점인민민주주의혁명'이었다. 사회구성체논쟁에서 양 정파가 그렇게 싸웠던 것은 바로 이와 같은 변혁론의 차이가 '한국 사회'를 '식민지반봉건'으로 볼 것인가 아니면 '신식민지국가독점자본주의'로 볼 것인가에 의해 결정되기 때문이다.

NL은 한국의 자본주의가 미국의 지배 속에서 진행됨으로써 정상적인 자본주의 발전이 이루어지지 못한 반半봉건사회라고 주장한 반면 PD는 한국 자본주의가 미국의 경제적 종속 속에서 이루어졌지만 그것이 오히려 조속한 독점의 강화를 낳았다고 주장했던 것이다. 바로 이런 점에서 NL / PD논쟁의 핵심은 한국 자본주의의 '종속성'에 대한 긍정 또는 부정이 아니라 이와 같은 '종속성'이 한국 자본주의에서 '봉건적인 것으로 나타나는가, 아니면 독점적인 것으로 나타나는가?'에 있었던 것이다. 그들은 종속성 자체를 의심하지는 않았던 것이며 그렇기 때문에 NL과 PD는 동일한 오류를 범하고 있었다. 그것은 바로

'종속성(식민지성)'을 너무 과도하게 규정적이면서 결정적이라고 생각하는 인식이었다.

NL은 '정권의 소유관계'가 '생산수단의 소유형태'보다 더 규정적이라고 주장하면서 '종속성'을 미국의 정치군사적 지배로 이해한 반면 PD는 '독점강화 종속심화'를 '독점적 초과이윤 +a(비경제적 이득, 정치군사적 이득)'로 정식화하면서 '종속성'을 'a=신식민지 초과이윤'으로 이해했던 것이다. 즉, NL는 '종속성'을 정치군사적 지배라는 '정치주의'로 환원하면서 '분단극복의 과제'를 '반미투쟁'으로 일면화한 반면 PD는 이를 'a=신식민지 초과이윤'이라는 '경제주의'로 환원하면서 '계급해방의 과제'와 '분단극복의 과제'를 사실상 분리시켜버렸던 것이다. 따라서 NL / PD가 오늘날 다시 유효한 이념으로 다시 불리기 위해서는 '반제 – 민족해방'이라는 과도한 문제설정을 '분단극복 – 분단체제의 극복'이라는 통일이념으로 전화시킬 필요가 있다.

하지만 한반도의 분단을 극복하는 문제도, 불평등한 삶을 개선하는 문제도 '반제(반미) – 민족해방' 또는 '반제(반미) – 탈종속'이라는 관점에서 해결될 수 있는 것이 아니다. 민족주의적 코드로 보면 민중의 피폐한 삶도, 폭압적인 국가권력도, 분단현실도 모두 다 제국주의 지배를 극복하는 문제로 전화되어버린다. 하지만 민중의 피폐한 삶은 자본의 문제이며 폭압적인 국가권력은 민주주의의 문제이며 분단현실은 '남과 북'이라는 두 분단국가를 극복하는 문제이다. 게다가 남과 북의 두 국가는 분단의 피해자가 아니라 오히려 공모자들이다. 남과 북이라는 두 개의 분단국가는 서로에 대한 적대성을 강화하는 "거울이미지

효과mirror image effect"를 통해서 남 또는 북 내부의 결속을 만들어 내고 자신들의 권력을 강화하는 "적대적 의존관계"[32]를 가지고 있다.

그러므로 오늘날 NL+PD의 결합 및 '반복하기'는 '민족해방'+'계급해방'이라는 문제설정에서 '분단체제의 극복'+'반자본'이라는 문제설정으로 전환한 이후, 이에 기초하여 이루어져야 한다. 분단극복의 과제는 '민족해방'이라는 관점에서 주어지는 것이 아니라 오히려 분단체제 그 자체를 재생산하는 남북의 지배권력과 이를 통해서 작동하는 동북아의 냉전질서 모두를 동시에 극복하는 것일 수밖에 없다. 또한 신자유주의 지구화 이후, 계급모순은 성적이고 인종적인 차별과 결합되면서 중층화되고 있으며 단일한 적대의 선으로 드러나지 않고 있다. 따라서 반자본을 중심으로 한 피억압 '연대' 및 자본 없이 살기라는 대안적 자치로서 민주주의의 실험이 일상적인 삶 속에서 지속적으로 모색되어야 한다.

---

32 이종석, 〈남북한 독재체제의 성립과 분단구조〉, 역사문제연구소 엮음, 《분단 50년과 통일시대의 과제》, 역사비평사, 1995, 146~148쪽.

학생운동, 1980

10 · 28 유인물로 본
학생운동의 이념

이창언

1980년대 학생운동, 애학투련과 반미주의

광주항쟁과 반미주의의 확산

한국의 학생운동에서 이데올로기로서 반미주의가 더 집단적이고 조직적으로 수용된 결정적인 계기는 1980년 광주의 경험 때문이었다. 이후 광주에서 미국이 보여준 태도에 대한 저항은 부산미문화원 방화사건, 광주미문화원 방화사건, 강원대 성조기 소각 사건으로 표출되었다. 하지만 학생들의 반미투쟁이 최소한 일회성을 지닌 것이었음을 염두에 둘 때, 대중적 차원에서의 반미의식은 대단히 소박한 수준이었다.

학생운동 진영 내부에서 반미운동에 대한 이론적 논의가 시작된 단초는 1983년 초반 제작·배포되어 널리 읽혔던 《1980년대 혁명투쟁의 인식과 전략》(이하《인식과 전략》)[1]이었다. 《인식과 전략》은 한국 사회를 신식민지로, 군부정권을 제국주의 대리통치 세력으로, 한국 경제를 예속적 국가독점자본주의로 규정하고 있다. 또한 한국 사회의 모순을 미·일 제국주의와 한국 민중 간의 민족적 모순으로 파악하고, 미·일 제국주의를 타도하는 민족해방운동을 과제로 제시하고 있다.

그러나 반제국주의 저항 행동이 학생운동권 전반에 걸쳐 체계적이고 광범위하게 확산됐다고 보기는 어렵다. 1985년 하반기 이후 이른바 AI(반제)직접투쟁론(제국주의에 대한 직접적인 공격 주장) 전까지는, 한국 사회의 기본 모순을 미제국주의와 한국 민중으로 설정했다 해도 실제로는 군부정권을 상대로 한 투쟁이 주를 이루었다.

1980년대 초반에 전개된 일련의 반미운동은 주로 미국 정책의 의도나 동기적 측면보다는 결과적 측면에 초점을 맞추고 있었다. 단지 우방인 미국이 제대로 역할을 수행하지 못했다는 책임론만 제기되었다.[2] 미국을 제국주의로 규정하는 인식이 캠퍼스 바깥에서 쟁점이 된 것은 1985년 서울미문화원 점거농성 사건이었다. 농성투쟁 가담 학생들은 '반미 - 용공 좌경 - 소수 폭도'라는 왜곡 선전에 대해 '우리는 반미가 아니다'라는 식의

---

1   《인식과 전략》은 무엇이 민족해방혁명인지, 그 구체적 과제를 반제민족주의혁명, 반파쇼민주주의혁명, 민중해방혁명, 북한과의 통일적 혁명으로 제시했다. 또한 우리 운동의 현 단계에서는 지하전위운동 노선을 강화 발전해야 하고, 통일전선 형성이 필요하며, 혁명의 기본 대중 속에서 지도핵심을 키워야 하고, 그 뿌리를 박는 것이 절대로 필요하다는 걸 주장했다.

2   손학규, 〈남한의 정치 변동과 평화: 반체제 세력의 역할을 중심으로〉, 고대 평화연구소 주최 세미나 발표 논문, 1988, 24쪽.

수세적 입장을 취했다.[3]

한국 학생운동에서 반미주의[4] 표출의 정점은 1986년이었다. 민주화추진위원회(이하 '민추위') 노선을 계승한 '전국반제반파쇼민족민주학생연맹' 발족과 함께였는데, 다른 한 축으로 반제 노선이 제기되면서 1986년에는 사상투쟁이 격렬하게 벌어졌다. 그 첫 번째 문제의식은 서울대 단재사상연구회라는 서클에서 제기된 것으로, 사회 성격 및 투쟁 방향 면에서 전면적으로 미제국주의에 대한 투쟁을 해야 한다는 관점이었다. 조직노선 면에서는 과거 MCMain Current의 PO - System에 이르기까지

---

3 민주화실천가족운동협의회·민족민주운동연구소 편, 문용식 외 정리, 《80년대 민족민주운동: 10대 조직사건》, 아침, 1989, 107쪽.

4 여기서 반미주의(anti-Americanism)는 개념적으로 볼 때 미국, 미국 정부, 미국 내 제도들, 미국의 대외 정책, 미국의 주요 가치들, 미국의 문화, 미국인들에 대한 적대적인 행위나 표현이라고 할 수 있다. 그것은 또한 미국의 존재(예컨대 주한미군)와 정책들이 미국과 관계를 맺은 국가나 사회의 구성원들에게 불러일으키는 분노라고 할 수 있다. 한편 반미주의는 미국을 상징하는 표상들을(예컨대 성조기)을 공격함으로써 미국의 대외 정책에 대한 적대감을 뜻하기도 하고, 일시적인 미국의 대외 정책보다 더욱 항구적인 미국적 가치, 관습, 제도에 반하는 철학, 이데올로기, 제도 등을 의미하기도 한다. 나아가 반미주의는 미국에 대한 적대감을 추구하는 정신적 경향으로 미국의 국가적 성격에 대한 경멸을 의미하고, 외국인들이 보는 미국인들, 그들의 매너, 그들의 행위에 대한 혐오감이라고도 할 수 있다. 마지막으로 반미주의는 미국이 세계의 가장 강력한 자본주의 국가로서 사회적 불의의 원천이고 다른 자본주의 국가들의 보호자로 여겨지는 경우에는 반자본주의의 형태를 띠고 있다(김진웅, 《반미》, 살림, 2003, 46~69쪽). 반미주의는 대체로 '문화적 반미주의'로 미국적 사회와 미국식 가치에 대한 문화적 비판을 의미하는 것이고, '정치적 반미주의'는 미국의 정치경제적 지배에 대한 비판적 대응이다. 정치적 반미주의에 더하여 더 극단적으로 미국을 거대한 악마(Great Satan)로 규정하면서 미국식 사회와 미국적 가치를 이데올로기 차원에서 전적으로 부정하고 거부하는 극단적 반미주의로 구분하기도 한다(전상인, 〈반미의 역사사회학〉, 한국비교사회학회 편, 《東아시아의 전화》, 아르케, 2005, 191~215쪽). 그러나 미국의 특정한 정책에 대한 비판과 미국에 대한 전체적인 거부는 구분되어야 하는데 전자는 반미감정으로 후자는 반미주의로 정의할 수 있다. 반미감정이 감정적인 상태에 기원을 두고 있다면 반미주의는 반미적인 이데올로기에서 유래하고 있다(이창언, 〈한국 학생운동의 급진화에 관한 연구: 1980년대 급진 이념의 형성과 분화를 중심으로〉, 고려대학교 사회학과 박사학위 논문, 2009).

만연한 서클주의 종파성을 척결하고 통일적 학생운동을 건설할 것을 제기했다. 이러한 문제의식을 계승하여 단재사상연구회의 핵심 멤버를 주축으로 '구국학생준비위원회'가 결성되었고, 1986년 3월 29일에 '구국학생연맹'(이하 '구학련') 전체 대회가 열려 혁명적 대중조직 노선이 본격적으로 전개되었다.

구학련의 등장은 한국전쟁 이후 운동 사회movement society에서 단절된 '연공연북聯共聯北 노선'의 부활을 알리는 신호탄이라고 할 수 있다. 반제 노선의 등장과 더불어 각 대학 내 이론투쟁은 MC-MT(민주화투쟁위원회)에서 MT-NL의 대립으로 전환하게 되는데, 서울대의 '구학련'이 고려대의 애국학생회, 연세대의 반미구국학생동맹 등과 함께 NL계를 이루었다. 이들은 최초로 품성에 기초한 사상운동을 표방했으며, 서울대 학생운동 조직의 기본 틀이었던 이념서클 체계의 즉각적 해체, 종파주의 척결, 학번제 철폐, 운동 조직에 만연해 있는 봉건적 잔재 해소 등을 주장하면서, 그 대안으로 통일된 학생운동 조직의 건설을 제시했다.

구학련과 '반미자주화반파쇼민주화투쟁위원회'(이하 '자민투')의 등장은 이후 NL계의 조직 형태로 체계화되어갔다고 할 수 있다. 1986년 5·3인천투쟁과 건대항쟁을 거치면서 드러난 NL계열 학생운동의 모습은 총 노선에서 커다란 변화가 있었음을 보여준다. 첫째, 반국적半國的 관점에서 전국적全國的 관점으로의 변화라고 할 수 있다. 즉 당면 변혁운동의 기착점은 자주·민주·통일에 이른다는 것이다. 다시 말해 남한의 지역혁명이 아닌 한반도 전체에 걸친 혁명을 주장하고 있음을 의미한다.

민족해방이론은 크게 두 가지의 문제제기로 시작되었는데, 하나는 '민족민주'의 관점을 가진 혁명이론의 조망과 대비되는 '민족해방민주주의'라는 총노선이었고, 또 하나는 대중조직에 대한 이론, 조직사업, 투쟁사업의 원칙적 태도 등에 관한 것이었다. 특히 당대 NL론 유포에서 막강한 역할을 했던 '강철' 시리즈는 주체사상의 입장에서 대중운동의 자세와 방식, 운동조직 건설 및 운영 등을 논했다.

애학투련과 반미주의

반미反美 노선에서 학생운동의 구체적인 대중조직화 방도를 전면적으로 모색한 계기는 '전국반외세반독재애국학생투쟁연합'(이하 애학투련)의 결성이었다. 당시 개헌 국면 타결을 모색한 전두환 정권이 학생운동에 대해 이데올로기적 탄압을 가하는 국면에서, 학생운동 내부에서는 내적 성찰과 혁신의 과정이 치열하게 전개되었던 것으로 보인다.

애학투련에 대한 내부 비판과 정치노선에서 NLPDR론이 경향성 수준이라는 저평가도 있었다.[5] 그럼에도 "애학투는 단

---

5 "당시 애학투 지도부는 3대 투쟁의 배합을 기계적으로 나열하려는 수준은 넘어섰으나, 배합 자체를 소시민적으로 조급하게 이루려는 관성이 남아 있었다. 3대 투쟁의 배합은 반미자주화투쟁을 주축으로 반파쇼민주화투쟁과 조국통일투쟁을 조성된 정세와 대중의 의식 수준에 맞게 전략적(장기적)으로 핵심적 투쟁과 부차적 투쟁으로 배합해야 한다는 것이 주된 반성으로 제기되고 있다. 당시의 정세는 전두환의 장기 집권을 위한 반공이데올로기 공세를 주관적으로 해석하여 반공이데올로기 분쇄투쟁에 중점을 맞추는 것이 아니라 장기 집권을 반대하는 투쟁을 중심으로 하고 반공이데올로기 분쇄투쟁을 부차적으로 배합해야 했다고 반성하고 있다"(강신철 외, 《80년대 학생운동사: 사상이론과 조직노선을 중심으로》, 형성사, 1988, 264~265쪽)

절된 민족해방운동의 전통을 계승한 새 세대 청년학도의 전국적 조직이라는 점, 혼란과 분열의 늪에서 반종파투쟁으로 일어선 조직이라는 점"[6]은 긍정적으로 평가되었다. 즉, 애학투련이 학생운동에서 반미운동 전국화의 밑거름이 되었다는 것이다.

당시 유인물을 검토하면서 애학투련 지도부의 인식과 행동전략을 살펴보겠다. 먼저 애학투련 지도부는 "한국에 대한 미국의 제국주의적 지배가 본질적 모순이며, 따라서 사회적 재화의 생산에 기초한 계급모순은 제국주의에 의한 식민지 지배라는 민족모순에 대해 부차적"이라는 대미 인식과 운동 전략을 표방한 것으로 보인다.

> 미제와 친미군사파쇼 집단은 한반도 주변의 긴장을 소련과 북한의 밀착으로 돌리고 그에 대응하는 합동군사훈련을 실시함으로써, 실질적인 한반도의 긴장 격화를 시켜놓고는 긴장 완화의 명목으로 한반도 분단의 인정을 요구하며 지지를 획득한다는 정치적 술수를 발휘하여 한반도 분단 영구화에 기여해보겠다는 음모를 꾸미고 있는 것이다. 그와 동시에 이러한 분단의 인정지지 호소 술책이 반공이데올로기 공세와 함께 진행시킴으로써 민중의 왜곡된 인식에 첨가되어 통일의지를 삭감시키고 그냥 분단된 채로 살아가는 것이 편하다는 안주의식으로 더욱더 왜곡되게 만들려는 …… 미제와 친미군사파쇼 집단의 이러한 음모를 직시하면서 우리는 조국통일을 향한 투쟁을 보다 가열차게 전개시켜야 할 긴급

---

6   강신철, 같은 책, 267쪽.

함을 느끼고 있는 것입니다.

    – 〈조국의 자주적 평화통일 촉진을 위한 투쟁 선언문〉 중에서

애학투련 지도부는 당시 한국 사회의 모순과 그 해결 전망을 수립하는 데 필수적인 '사회구성체'에 대한 기존의 논의가 토대 분석만 있을 뿐 정치·군사적 측면을 소홀히 하고 있다고 보았다. 한국 사회의 미국에 대한 종속성을 인식함에 있어서 경제적 종속뿐만 아니라 정치·군사적 종속과 기타 사회적 종속을 내포하는 종속의 총체적 성격에 대한 파악이 부족하며, 한국 사회 분석이 남한 사회에 국한되어 있음을 비판하면서 민족 전체적 관점을 견지해야 한다고 역설했다.

6,000만 우리 민족의 생존을 위협하는 한반도의 군사 핵기지화, 아름다운 우리 조국 신성한 우리 민족을 반쪽으로 갈라놓은 분단 및 그 고착화, 식민지 남한을 보다 확고히 지배하기 위한 파쇼 체제의 재편, 안정화, 우리 민중을 기아에서 허덕이게 하는 광란적인 경제침략 등 미제와 그 앞잡이 무리들의 식민통치는 오늘도 계속되고 있으며 우리 민족, 우리 민중의 떨치고 일어섬이 없다면 앞으로도 영원히 계속되어질 것이다.

    – 〈전국반외세반독재애국학생투쟁연합 발족 선언문〉 중에서

위의 성명서는 NL론이 확산되면서 반미통일운동이 강화되는 시점인 1988년 서울미문화원 점거농성[7]에서 제기된 주장과 크게 다르지 않다. 두 성명서 모두 분단체제와 권위주의 체제

의 관계, 민족 문제의 재인식, 외세에 대한 인식 재정립 등이 함축적으로 담겨 있다.

한국 학생운동과 반미주의

일제 식민통치 경험, 반제국주의투쟁과 연합국 세력의 전쟁 승리를 통해 확보된 해방 공간 위에서 한국의 정치세력들은 각각 상이한 방식으로 근대국가 수립을 위해 노력해왔다. 이러한 노력들의 이념적 상이성이 미·소 양국의 대립과 맞물리면서 한국의 근대국가 건설 과정은 그야말로 굴곡의 형태를 띠게 되었다. 이는 결국 한국의 근대국가 건설 과정을 미완의 민족국가, 실패한 국민국가로 규정할 수 있을 것이다. 이승만의 제1공화국에서 시작된 근대국가의 이러한 이중모순은 군부 권위주의 정권을 거치면서 한층 더 악화되기에 이른다.

모순의 이중성은 필연적으로 통일 민족국가의 수립과 자유민주주의 제도의 실질적 구현을 위한 '이중운동'을 배태한다. 이 점에서 한국의 반정부운동은 다른 나라와 상이한 양상을 띤다. 다른 나라의 경우 반정부운동의 본질적 지향점은 권위주의 정권 아래에서 형식으로만 남아 있던 국민국가의 민주주의를 실질적으로 구현하는 데 있었다면 한국의 반정부운동

---

7   조성만 학생의 장례식이 있은 다음날인 1988년 5월 20일 오전 11시 30분경, 서울 종로구 세종로 미국대사관에 일단의 대학생들이 사제폭탄을 투척하는 사건이 발생했다. 서울지역총학생회연합 산하 '민중생존권 쟁취와 광주학살 주범 미국-청와대 독재 처단을 위한 학생투쟁연합' 소속 애국청년결사대 7명이 직접 제작한 폭발물을 터트리며 대사관 안에 들어가 "광주학살 주범 미제 축출"이라고 쓴 대형 플래카드를 펼치고 성조기를 찢으며 약 5분간 시위를 벌이다가 경찰에 연행된 사건을 말한다.

10·28 유인물로 본 학생운동의 이념

은 국민국가의 민주주의 구현을 위한 제도적 차원 과제와 함께 분단국가 청산 과제를 동시에 해결하기 위한 운동이었다. 4·19 이후 전개된 한미경제협정 반대운동, 반미운동으로 전환된 1964년 반일운동, 1970년대 말 반제노선을 정치노선으로 설정한 남조선민족해방전선(남민전) 사건에서도 반미주의를 확인할 수 있다.

분단 이후 수립된 정권과 특히 유신과 전두환 군사정권의 폭압성과 국내외 정책, 이에 대응하는 학생운동은 '반미주의'를 태동시킨 요인으로 작동했다. 1970년대 학생운동은 민중 지향적 성격을 포함하게 되었으며, 민중민주주의 이념을 내재화하기 시작했다.[8] 그것은 첫째, 박정희의 유신체제를 이어서 전두환이 극단적인 권력 집중의 독재체제를 구축했기 때문이다. 이 같은 독재체제 구축은 그나마 유지되었던 자유민주주의의 외형마저 벗어버리고 공개적인 독재를 강화시켰다. 이에 반하는 모든 이해와 요구는 강제적으로 억압하고 배제시키는 결과로 이어졌다. 반공이 곧 자유주의로 인식되는 상황에서 자유주의에 대한 회의감은 커질 수밖에 없었고 저항세력에게 자유주의를 넘어서는 대안이 모색되는 것은 자연스러운 일이었을지 모른다. 아래 유인물은 애학투련 지도부의 이런 생각의 일단이 잘 드러나 있다.

친미반공을 내세우는 세력은 항상 미제의 앞잡이 놈이었습니다.

---

8   김영국, 《민주화와 한국 학생운동의 방향》, 대영사, 1991, 62쪽.

…… 이 땅이 자유민주주의체입니까? 우리에게 자유가 있습니까? 옳은 것은 옳다고 그른 것을 그르다고 말할 자유가 있습니까? 미제와 그 앞잡이는 민중의 민주적 권리와 민족자주권을 총칼로 짓밟고 있는 식민지 파쇼체제입니다.

— 〈반공이데올로기 분쇄투쟁 선언문〉 중에서

그동안 우리가 투쟁에서 얻을 수 있는 귀중한 교훈이 하나 더 있습니다. 그것은 미국에 대한 그릇된 견해에서 벗어나야 한다는 것입니다. 입으로는 한국의 민주화를 원한다고 앵무새처럼 떠들어대면서도 이 땅을 정치, 경제, 군사, 문화적으로 송두리째 움켜쥐고 군사독재정권을 비호하며, 그들의 학정을 알게 모르게 지원해주는 작자가 바로 미국인 것입니다.

— 〈신민당에 보내는 공동투쟁 시안〉 중에서

둘째, 1960년대부터 시작되었던 압축적 산업화 결과, 사회적 불평등의 본격적인 후유증이 나타나기 시작했다는 점이다. 1960년대 산업화의 모순들은 1970년대 벽두부터 노동자, 농민, 도시빈민에게 누적되어 표출되었다. 또한 지식인과 대학을 중심으로 종속이론과 해방신학 등이 전파되고 이를 통해 반미주의의 이론적 기반이 조성되기도 했다.

이처럼 강한 민족주의적 지향을 갖는 사회운동의 전통을 봤을 때 반미는 언젠가는 필연화할 가능성을 내포하고 있었다. 박정희 정권이 반공이데올로기를 민족주의와 강고하게 결합시킴으로써 효율을 극대화했다는 점, 카터 행정부와 일정한 갈등

구조가 조성된 점, 유신이라는 억압적 상황에서 학생과 종교계를 제외하고는 활동 공간이 제약되었다는 점, 재야운동 내부에 자유주의적 헤게모니의 영향력이 상대적으로 강했다는 점 등이 반미운동을 잠복하게 만든 요인이 되었다. 1980년 광주항쟁은 내재된 민족주의와 점재된 반미주의가 발흥하는 도화선이 되었다. 애학투련 학생들의 주장은 "광주민주화운동 진상규명 및 민주화를 위해서는 전두환 정권에 대한 투쟁뿐 아니라 그들의 집권과 정권 유지를 지원한 미국에 대한 항거가 필요하다"는 것이었다.

미 제국주의는 전두환 일당에 의한 피의 살육을 사주하고, 민중들의 해방의지를 압살하여 파쇼 지배체제 재편 음모를 완성하였으며 또다시 이 땅에 총칼에 대한 분노와 피맺힌 좌절을 강요하면서 노동자 농민의 피땀을 짜내는 무자비한…… 노골화하고 있습니다.
 –〈미일 경제침략 저지를 위한 백만 학도 투쟁 선언문〉중에서

총알 한 상자, 1개 소대의 병력 이동까지도 미국의 허가 없이는 가능하지 않은 이 땅에서 쿠데타 불가피 운운하는 것은 군사독재정권에 형식적인 정통성을 부여하려는…… 우리가 미국에 대해서 올바로 인식하지 못하고, 또다시 환상의 늪에 말려들어간다면 80년의 비극을 또다시 겪고야 말 것입니다.
 –〈신민당에 보내는 공동투쟁 시안〉중에서

반미주의가 활성화된 또 다른 이유는 민주 담론과의 연관

학생운동, 1980

성 속에서 찾을 수 있다. 즉 정권의 정통성과 정당성 문제를 제기하는 도전세력의 저항을 약화시키면서 권력의 안정적 행사를 꾀하는 전두환 정권의 지배를 위한 상징 전략이 기존 정권들과 상이한 측면을 드러냈기 때문이다. 즉 기존 정권들이 민족주의와 반공주의의 결합에 기초한 전략 또는 민족주의, 반공주의, 발전주의와 연계한 전략을 구사했다면 전두환 정권은 상대적으로 민족주의 담론에 대한 의존도를 줄이는 대신 민주주의 담론을 강화하는 전략으로 선회한다. 그것은 전두환이 이승만과 박정희가 지니고 있었던 민족적 퍼스낼리티를 대체할 어떠한 요건도 갖추고 있지 않았기 때문에 가능했다.

셋째, 박정희의 군부쿠데타가 새로운 현상이었던 반면 전두환의 쿠데타는 경험을 통해 이미 비교의 준거 틀 속에 놓여 있었다는 점을 지적할 수 있을 것이다. 이러한 조건이 신군부 세력들에게 자신들이 쿠데타를 일으킨 의미가 장기 집권의 권위주의 체제를 초래한 1961년의 그것과는 다른 것임을 보여줘야 한다는 과제를 안겼다고 할 수 있다. 이러한 두 가지 요인을 복합적으로 고려하면 전두환 정권이 민족주의 담론보다 민주주의 담론에 더 많은 비중을 둘 수밖에 없었던 이유를 추론할 수 있게 한다.

정권 차원의 체계화된 민족 담론 부재 속에서 민족주의 담론은 저항운동세력이 점유하게 된다. 민족의 고난과 저항을 총체적으로 표출하던 과거의 담론 양식이 지속되고 있었지만 그와 동시에 학생세력NL 등에 의해 수사적 언술 체계를 넘어 반미제국주의 지향성을 갖는 변혁 이념으로 전개되고 있었다는 점

10·28 유인물로 본 학생운동의 이념

이 1980년대 저항세력의 민족주의 담론의 특성이라고 할 수 있다.[9] 애학투련은 민주 정부 수립이 민족 문제 해결의 단초이자 전제 조건이며 동시에 분단체제가 독재정권을 강화시켰으며, 민주화의 최대 장애물이라 인식하면서 민주화와 민족모순 해결을 주장했다.

애학투련과 통일전선

1980년대 학생운동의 통일전선 논쟁

1980년 광주항쟁을 경험하면서 한국 학생운동은 두 가지 차원에서 변화가 나타났다. 하나는 모순 해결의 주체로서 '민중'을 더 '과학적'으로 인식하고, 학생운동의 '민중성'을 획득하려고 노력한 것이다. 또 하나는 반제·반자본, 동맹·연합에 관한 논의가 심화되었다. 특히 1970~1980년대 비판적 사회과학 이론의 수용과 연구 작업 축적, 운동 환경의 변화, 냉전체제하 세계사적 모순의 응축으로 인한 근본적 해방에 관한 관심 등이 논쟁을 더욱 치열하게 만들었다. 반미주의는 주요한 모순, 적대와 지도와 동맹 등의 구조를 갖는 실천적·목적의식적 전략인 통일전선론을 둘러싼 논쟁을 수반하기도 했다.

1970년대는 비합법 정치 조직의 경우 전선을 '민주화를 위

---

9 하상복, 〈한국의 민주화와 민족주의 이념의 정치 1945-1987〉, 《동아연구》, 2005, 221~222쪽.

한 공동투쟁체'와 '전략적 통일전선체의 건설'로 바라보았지만 민주화운동 전반에 걸쳐 영향력을 미치지는 못했다. CNP논쟁을 거치면서 연합해야 할 대상(동력)과 타도 대상을 둘러싼 문제가 부각되었지만 급진적 운동이 제도 야당으로부터 명백히 분화되고 독자적인 실제로 나타나게 된 전환점은 1986년의 5·3 인천투쟁이었다. 5·3투쟁 이후 전선 논의는 "개념·이론적 논의와 실천적 논의의 차원에서 활발히 전개되었다. 전자가 개념 논의, 사회 성격과 계급 배치에 기초한 전선 유형 논의 등이었다면 후자는 전술 운용 논의, 지도부 구성, 가입 범위, 연대운동의 수준, 조직 체계 등에 주목한 통일전선체 결성 관련 논의"등으로 대별된다.[10]

1986년 통일전선의 성격과 형태에 많은 규정력을 미친 조건은 식민지 종속국과 제국주의적 규정에 대한 문제였다. 이것은 한편으로는 야당과의 연합 문제로 나타났고, 다른 한편으로는 사회 성격 및 계급 배치 논쟁과 곧바로 연결되어 민족자본가 논쟁을 촉발시키기도 했다. 애학투련의 연대연합의 관점은 폭넓은 연대의 관점, 나아가 반제구국통일전선 관점의 맹아를 보여주고 있다.

---

10 참고로 1980년대 중후반 통일전선 논의는 크게 반미구국통일전선론 대 반제·반예속파쇼민중전선론, 반제반파쇼민중전선·민주전선론, 혁명적 민주주의진영론 등으로 크게 정리될 수 있다.1980년대와 1990년대 초반 전선을 둘러싼 논쟁 중 최근까지 반복되었던 가장 중요한 주체가 민중연합-민주연합 논쟁이라 할 수 있다. 이것은 하나의 전선(민중통일전선론)과 두 개의 전선 논쟁(민주연합전선론), 독자후보/비판적 지지, 독자적 정치세력화와 민주대연합 결성 등 약간 상이하지만 그 본질은 동일하다. 자세한 내용은 이창언, 〈한국 학생운동의 급진화에 관한 연구: 1980년대 급진 이념의 형성과 분화를 중심으로〉, 2009를 참고하라.

10·28 유인물로 본 학생운동의 이념

내부의 극우적 오류는 저들의 기만과 회유 술책에 속아 더욱 가
열찬 군사독재 타도투쟁을 전개하지 못하고 민족민주운동세력과
의 관계를 단절하고 헌법특위에 참가한 신민당의 오류이며, 내부
의 극좌적인 오류는 소아병적인 차별성의 강조로 모든 민주화운
동세력과 연대한 군사독재 타도투쟁을 방기하고, 신민당을 기회주
의로 몰아세운 우리 민족민주세력의 오류입니다. 통일전선의 필요
성 속에서 그동안의 분열과 극우적 극좌적 오류는 민족민주운동
세력에 대한 저들의 탄압을 용이하게 하고, 타오르는 민족의 민주
화 열기에 체념과 패배의식을 불러일으켜 전체적으로 군사독재의
장기 집권을 도와주는 결과가 되고 말았습니다

– 〈신민당에 보내는 공동투쟁 시안〉 중에서

이것은 통일전선론은 혁명을 단순히 혁명적 지향을 갖는
제 계급과 제 세력의 동맹이라는 모델로 사고하던 저항주체론
의 변화를 의미한다고 할 수 있다. 애학투련의 건대항쟁을 거치
면서 NL계열 학생운동 지도부에서 통일전선론이 정식화됨에
따라 여타 계급 계층이나 세력과의 연합 문제는 단순히 전술
적 차원이 아니라 전략적 차원의 문제로 새롭게 인식되었다.[11]
1970년대 후반부터 1980년대 초반의 '노학연대'가 '계급 중심
성'의 문제를 강조했다면 반제통일전선론은 어떤 목표를 갖고
누구와 연합할 것인가에 관한 문제의식을 담고 있었던 것이다.

---

11 조희연, 〈저항담론의 변화와 분화에 관한 연구〉, 《한국의 정치사회적 저항담론과 민주주
    의의 동학》, 함께읽는책, 2004, 40~44쪽.

NL계열 학생운동가들에게 통일전선론은 볼셰비키 혁명론의 급진적 변용과 확장, 즉 '전략의 한국화'라는 차원에서 이해되었으며 러시아적 현실로 환원되지 않는 복잡하고 다양한 현실의 저항성과 역동성을 담아내는 방법론으로 수용되었다.

애학투련과 대중노선

애학투련과 그 이후 등장한 주류 학생운동은 반제적 관점을 상위에 두었지만 운동 방식은 타 정파에 비해 유연했다고 할 수 있다. 이들은 학생회를 통해 대중사업을 전개한다는 노선 아래, 대중의 자주성을 옹호하는 방향으로, 대중의 요구와 지향 그리고 그들의 정서에 맞게 운동이 진행되어야 한다는 점을 강조한다. 대중노선에 대한 인식이 그것인데 현실에서는 수정주의적 편향이라는 비판도 있었지만 이들은 새로운 조직사업에 대한 관점—혁명적 군중(대중) 노선 관철—을 세웠다는 점에서 이전 시기의 학생운동과 다른 양상을 띠었다.

애학투련은 〈전국반외세반독재애국학생투쟁연합 발족 선언문〉에서 다음과 같이 제언하고 있다.

지난 85년 전학련, 삼민투는 백만 학도들에게 일방적으로 따라줄 것을 강요하여 고립되어버렸으며 진정 우리 백만 학도 모두와 함께 부대끼며 살아야 하는 대표부로서의 역할을 제대로 수행하지 못했습니다. …… 폭력적인 투쟁에만 매달려 스스로 고립됨으로써 적들의 탄압에 그만 붕괴되어버렸습니다.

이에 애학투련은 이러한 과거의 오류를 극복하고자 조직의 위상과 원칙을 다섯 가지로 제시하고 있다. 그것은 첫째 애학투련은 일부 학우들 것만이 아니라 나라와 민족을 사랑하는 전체 애국학도의 단체이며, 둘째 민주집중제의 일반적 원칙을 철저히 준수하며, 셋째 서로 다른 생각을 가지고 있을 때 그에 대한 공개적 논쟁을 통하여 강력한 사상의 통일을 이룩하며, 넷째 행동 통일의 원칙을 지키고 그 전제하에 비판할 점을 과감히 비판하며, 다섯째 작은 차이를 내세워 분열을 초래하는 자세를 척결하겠다는 것이다.

애학투련의 대중노선은 직선제 개헌론으로 표출되었는데 이 노선은 이제까지 '개헌 국면'이라고 파악한 상황 인식을 비판하고, '제국주의의 한반도 권력 재편기'라고 국면을 재정의했다. 이는 개헌투쟁의 성격을 '반미자주화투쟁'이라는 관점에서 재해석하는 계기가 된다. 이러한 관점은 비록 애학투련이 탄압을 받았지만 1987년 6월항쟁으로 이어져 대중 동원에 성공하는 요인으로 작용한다. 건대항쟁 이후 1987년으로 넘어가는 사이에 학생회를 중심으로 하는 대중적 학생운동이 제기되었던 것은 어쩌면 학생운동 발전상의 필연적 과정이었다고 할 수 있다. 당시는 5공화국 정권과 민중세력 사이의 대격돌이 준비되었던 시기였다. 그리고 아직 대중 동원의 핵심은 학생운동 쪽이 맡고 있었다. 과 단위 학생들까지 동원할 수 있는 체계를 갖추고 있고 운용 여하에 따라 전투에 적합한 중앙집중적 편재를 취할 수 있는 조직이 학생운동의 중심 조직으로 대두되는 것은 시대의 요구 사항이었다.[12]

애학투련 유인물의 의미체계

민족기표를 둘러싼 상징투쟁

애학투련 지도부는 정통성(국가 수립, 통치의 정당성)을 둘러싼 상징투쟁에서 지배세력과 '민족(국가)공동체'라는 기표를 놓고 투쟁한다. 다시 말해 민족(국가)의 위기라는 담화를 통해 '공동체의 경계'와 '역사 쓰기'에 대해 논쟁했다. 애학투련 유인물은 일종의 기억을 둘러싼 투쟁으로서 의미가 있다. 과거를 기억한다는 것은 과거 기억에서 정체성을 찾는 공동체 형성을 촉진하고 이들을 중심으로 한 저항투쟁이 활성화할 수 있는 토대가 마련될 수 있기 때문이다.

40년 전 해방군의 탈을 쓰고 남녘 땅을 무력 점령한 미제 놈이 제일 먼저 시작한 일은 반민족적인 친일 매판분자를 규합하여 민중세력에 대항하는 반공친미 정권을 이 땅에 이식시키는 일이었습니다. 미제는 항일투쟁 당시 일본 놈과의 직접 투쟁 없이 독립 문제를 의도적으로 체결하려 했던 개량주의자, 친미적인 이승만 놈을 중심으로 구성된 독립촉성회의와 매판 지주세력으로 구성된 한민당을 조정·지원하여 애국적, 민중적인 인민공화국 세력과 대결시키는 것이었습니다. …… 친미 예속적인 이승만 정권은 독재 정권으로 썩어갔고 4·19 민중항쟁으로 무너지게 되고 말았습니

---

12 장석준, 〈필요한 것은 운동이다: 90년대 학생운동의 비판적 회고와 전망〉, 이재원 외,
    《오래된 습관 복잡한 반성》, 이후, 1998, 60쪽.

다. …… 미제 놈에 의해 조종되는 박정희 놈이나 전두환 놈과 같이 항상 친미반공을 내세웠고 이러한 정권은 독재정권으로 썩어 문드러져갔습니다.

– 〈반공이데올로기 분쇄투쟁 선언문〉 중에서

한편 1980년대 지배와 저항 블록 사이의 긴장에서 형성된 '민주주의 담론'은 대중들이 독재권력의 각종 실정과 탄압을 해석하는 틀로 제공되었고 사건 하나하나는 '개별 사건'이 아니라 체제의 속성을 드러내는 총체적 구조의 사례로 자리매김되면서 대중 동원과 배제의 재생산 구조를 만들어나갔다.

조국과 민중에 대한 뜨거운 사랑으로 불타는 애국학도여! 미일 경제침략은 직접적으로 민중의 생존권을 파탄시킨 주범이며 이로 인해 가열화되어진 민중생존권투쟁을 적극적으로 지지·지원해야 합니다. …… 경제침략이 미제의 침략행위이며 장기 집권에 혈안이 된 전두환 정권의 매국적 확대로 인한 것이라는 인식에 근거한 것이며 또한 현하 우리의 투쟁은 전두환 정권의 타도를 위한 지중을 요구받고 있기 때문입니다. 반미자주화로 투쟁의 발전을 위하여 미제의 야수적 침략행위에 대한 전 국민적 차원으로 폭로 투쟁을 수행하여야 합니다.

– 〈미일 경제침략 저지를 위한 백만 학도 투쟁 선언문〉 중에서

애학투련 유인물은 민족의 진로를 파탄 낸 과거 정권에 대한 비판과 미래에 대한 당위(분단극복=통일조국)를 제시하고 있다.

이들은 마치 일상에 대한 민족주의적 의미부여가 다른 세계관들보다 월등하고 민족(반제국주의)을 최상의 가치로 제시한다.

우리는 여태껏 조국통일을 위한 우리의 염원을 돌아보지 못했습니다. 민중의 의식이 통일의식으로 승화되는 날 조국해방의 확산을 맛보게 될 것이며……

– 〈조국의 자주적 평화통일 촉진을 위한 투쟁 선언문〉 중에서

미 제국주의와 전두환 일당의 신식민지 파쇼 통치 아래 지옥과 같은 노예의 생활을 평화로운 노동의 낙원으로, 인간과 인간의 억압과 착취를 만인의 자유와 평등으로 어우러진, 삼천리 금수강산 해방된 조국 산하를 위해 남한의 진보적 애국청년학도는 구국의 투쟁으로 단결하라!

– 〈전두환 일당 장기집권 음모분쇄와 민주 제 권리쟁취 투쟁
선언문〉 중에서

애학투련의 유인물에는 '제국은 집합적 유죄이고 악의 표상(친일·친미·독재=비정상국가)' '민중(민족)은 집합적 무죄이며 선의 표상(반일·반미·통일조국=정상국가)'이라는 '세습적 희생자 의식'에 기초한 '기억과 전선戰線의 정치학'이라는 대립적 구도가 짙게 깔려 있다. 이것은 한국 사회가 사회정치적, 이데올로기적으로 극우 중심의 비대칭적 관계구조를 지니게 된 분단체제에 기인하는 것이었다.

금단과 배제는 민주주의를 이해하는 수준과 방식의 차이에

서 그 강도를 달리하게 되는데 보수정치세력의 '단극구조unipolar structure'의 강화는 당대 운동 참여자들로 하여금 민주주의를 '지배자와 피지배의 동일성'의 원리를 실현하기 위한 차원에서 이해되지 않고, '적과 동지의 구분'이라는 상황적 맥락에서 이해하게끔 했던 것으로 보인다. 다시 말해 냉전체제의 지속과 광주학살의 경험은 당대 학생들에게 '항시적 전쟁 상황'으로 인식하게 만든 예외상황이었다. 이러한 예외상황에서 지배세력은 제3자(대중)에게 저항세력을 민족공동체의 타자인 북한과 연계시킴으로써(좌경, 용공, 친북) 이들을 민족공동체의 상상적 경계 외부로 추방하는 상징투쟁과 담론을 구사했다. 군부 권위주의 시절 한국전쟁의 기억에 대한 지배의 코드화 및 극우반공세력의 지속적인 선동에 힘입어, 빨갱이라는 기표는 악마적 행위성과 쉽게 접합되기도 했다. 상대를 강력한 '폭력'과 '죽음'이라는 상징투쟁으로 밀어 넣는 기제로 작동했던 것이다.

애학투련의 담론도 이와 유사한데 이들의 해석에서는 군부독재정권 및 매판세력은 사실상 '민족공동체'의 '민족의 삶' 외부에 있는 적으로 의미화되었던 것이다.[13] 실례로 학생운동세력은 지배세력을 반민족, 반민주, 반민중 세력으로 규정하고 자신

---

13 빨갱이는 사회체 내에 존재하는 병균으로, 박멸하고 퇴치하거나 이에 대한 항체를 형성해야 하는 '내부의 외부'가 되었던 것이다. 지배세력은 학생운동을 기성세대에 대한 무조건적인 반항, 목적을 위해서는 수단과 방법을 가리지 않는 '사회규범 파괴 집단'으로 규정했던 것이다. 일례로 1986년 서울대생의 반미 분신, 5·3인천항쟁, 건대항쟁, 부천서 성고문 사건이 일어났을 때 공안 당국의 발표문, 1991년 전민련 사회부장 김기설의 유서 대필 의혹 사건과 1991년 5월투쟁 당시 정부의 발표문들을 보면 저항세력을 '불순분자', '규범 일탈행위'로 적극 묘사한다. 이렇게 지배세력은 저항세력을 민족공동체의 외부로 배제하는 가운데 자신들의 국가폭력을 정당한 공권력의 행사로 옹호하고자 했다.

들은 민족민주세력으로 규정한다.

애학투련도 스스로를 애국과 민족, 민중, 해방을 위한 투쟁과 연결시켰다. 이처럼 예외상황에서 운동세력은 민족적 공동체로부터 자신을 배제하려는 적을 이기기 위해 스스로를 끊임없이 반외세 주화와 반독재민주화를 위한 민족과 민중의 수난사와 연결 짓는 담론을 구사했던 것이다. 애학투련 지도부는 학생운동을 민족공동체의 적법한 주권자로 재현하고자 했으며, 국가폭력으로 인한 고통의 '보편화'와 국가폭력에 당당히 저항하는 주체로 규정했다. 애학투련에 대한 탄압이 정권이 의도하지 않는 결과로 이어진 것은 이런 맥락에서 이해될 수 있다.[14]

희생자, 원죄, 부채, 책임의식

현실적인 대립과 갈등 속에 놓여 있는 세력들의 투쟁은 그 내부에서뿐만 아니라 제3자적 위치에 있는 개인이나 집단에게는 담론이라는 형태로 투영된다. 이는 하나의 투쟁이 담론적 언술로 어떻게 정식화되느냐에 따라 전선이 변화하고 현실 역관

---

14 한 시기의 지배 담론과 저항 담론은 각 시기에 존재하는 특정한 역사적 상징과 담론 자원을 동원하고, 그것을 지배 혹은 저항 담론으로 '구성'하는 방식으로 작동한다는 것을 확인할 수 있다. 분신자살의 사례들을 검토하면 자살항거가 저항공동체 활성화 효과를 가져오는 인과과정(mechanisms)을 확인할 수 있다. 자살과 저항공동체와의 조직망 관계를 경험인 자료를 통해 살펴보면 다음과 같다. 첫째, 자발적 죽음을 통해 그 행위자가 속한 제반 정치, 경제 사회체제의 불의성을 고발함으로써 '체제 부정의'라는 의미체계를 제공한다. 둘째, 자살항거는 그 행위자가 속한 동료 집단으로 하여금 체제에 대한 분노, 집단 구성원 간의 연대감, 그리고 자신의 소극성이 동료를 죽음으로 몰고 갔다는 죄책감과 수치 감정을 유발시켜 냉소적인 행위자들의 의식성과 행동성을 고양시킨다. 셋째, 의례를 통한 기억을 주기적으로 되살려 상징적 및 정서적 효과를 영구화하는 기능을 수행한다. 넷째, 추모사업회를 통한 저항공동체의 조직망을 제공하기도 한다.

10·28 유인물로 본 학생운동의 이념

계에도 변화가 나타난다.

근대주의 없는 근대화, 민주주의 없는 산업화에 대한 실망과 광주의 아픔이 만들어낸 애학투련의 저항 담론의 구성적 차원을 정식화해보면 다음과 같다.

먼저, 애학투련 지도부가 학생들에게 호소하는 운동 참여(동원) 담론은 네 가지로 압축할 수 있다. ① 자주-통일에 대한 열망과 희생자의식, ② 광주에 대한 원죄의식, ③ 지식인의 부채의식, ④ 민족과 민중을 위한 책임의식이다. 이는 다시 ① 광주의 재구성, ② 민족의 경계 재구성, ③ 새로운 공동체 재구성으로 정리할 수 있으며 이 세 가지 차원의 의미 구성 과정과 정식화에 대한 분석은 학생운동의 이념, 저항과 동원 담론, 동원을 위한 상징화, 운동의 확산과 퇴조를 설명해준다.

1980년대 학생운동권과 마찬가지로 애학투련 지도부는 유인물에서 광주를 저항과 탄압의 표상으로 구성하는 것에 머물지 않고 '투쟁하는 광주, 해방된 광주'라는 상징성을 부여하고자 했으며 여기에 '희생자 담론'과 '부채 담론'을 접합했다. 이 과정은 대단히 자연스러웠다. 이를 통해 '5·18'을 자주와 통일 민중해방의 상징으로 만들어 민중혁명 또는 전민항쟁의 침로를 정당화하고자 했던 것이다. 애학투련을 비롯하여 1980년~1990년대 반미주의는 광주에서 미국이 학살을 방조하고 군사독재를 지원한 행위로 불거진 자생적 반미의식에 식민의 기억을 접합하고 식민의 기억에서 파생된 '세습적 희생자' 의식을 매개로 민족 경계를 재구성하고자 했다. 반미주의 확산은 군부와 외세가 적이 되고 북한이 민족 경계 안으로 들어오는 과정을 거친다. 북한은 민족의 적에서 통일의 대상으로 그 의미가 재구성된다.

조국통일 촉진투쟁은 다음의 세 가지 방향으로 전개되어야 합니다. 첫째, 북한의 주민이 바로 한 동포임을 인식하고 민족적인 대단결을 이끄는 투쟁으로 전개되어야 합니다. 그 구체적인 내용과 형태는 남북한 단일팀 구성을 위한 체육대회의 개최 요구, 공동 올림픽 개최 촉구, 남북한의 사회단체의 교류를 촉구하는 투쟁을 전개시켜야 합니다. 둘째, 통일 논의의 전 민족적 차원의 확산을 도모하는 투쟁을 전개시켜야 합니다. 그 구체적인 내용과 형태는 반공이데올로기의 악용의 법적 장치인 국보법 철폐투쟁과 통일 집회의 합법성을 쟁취하는 투쟁이며 그와 아울러 우리 통일의 3대 원칙인 자주, 평화, 민족대단결의 정당성을 계속 천명해가야 합니다. 평화협정의 체결과 남북한 상호 불가침 조약의 체결을 요구해야 하며 군비 축소를 위한 회담 요구와 주한미군의 철수를 요구해야 합니다.

　　　－〈조국의 자주적 평화통일 촉진을 위한 투쟁 선언문〉 중에서

앞에서도 살펴보았듯이 애학투련 지도부는 모든 문제가 분단에서 기인한다는 담론을 구사하면서 '새로운 대안 공동체 재구성(=민족자주민주정부, 통일조국)'을 통해 식민과 독재의 이분법적 구도를 확산시켰고, 이를 통해 애국주의를 강화하고자 했다. 저항과 동원을 상징 경계의 세 가지 차원으로 규정해보면 애학투련 지도부의 총체적 지향은 '자주·민주·통일'이었음을 확인할 수 있다.

애학투련 저항 담론 분석의 한계와 의미

건대항쟁은 반제주의적 지향을 가진 운동가와 일반적 민주주의를 지향하는 학생대중이 결합되어 있었다. 우리는 애학투련의 유인물을 통해 이들(애학투련 지도부)의 저항 담론이 1948년 분단과 한국전쟁으로 연결되는 1948년 질서에 대한 안티테제 담론의 성격을 갖는다는 것을 유추해볼 수 있다. 이는 형식적으로는 급진주의적 지향을 갖고 있는 것처럼 보이지만 현실적 대안 이론을 만들어낼 수 없었던 한국 사회과학의 '지성의 빈곤'에 의한 것이기도 하다. 그러나 다른 측면에서 보면 배제와 억압의 비정상적 국가에 대항한 새로운 국가 만들기라는 열망과 밀접한 관계가 있다. 물론 학생운동이 급진화된 직간적접인 계기로 언급되는 1980년 5월 광주의 비극은 1980년대 전체 학생운동을 이해하는 '코드'이자 그 모드를 규정하는 '계명'이었지만 그것은 악한 국가(친미적인 군부독재)에 맞서 좋은 국가(민주정부)[15]를 만들어야 하는 지식인의 부채의식이었다. 실제로 일부 지도부의 사고와는 별개로 많은 학생들은 혁명적 수준이 아닌 일반적 수준에서 민주주의를 인식했고, 권위주의적 국가의 무자비한 탄압에 분노하여 민주화운동에 동참했다.

그러나 1980년대 NL계열은 사회주의를 공론화하지 않았으며 자유주의적 개혁을 위한 실천에 안주했다. 때론 일부 지도

---

15 민주정부라는 의미에는 민선 민간 정부에서 사회주의의 혁명을 수행할 전 단계인 민주주의 민중공화국 건설까지 스펙트럼이 다양했다, 다만 학생운동 지도부들은 해당 시기 야당과 연합한 민주 연립정부 수립이 현실적이라고 판단했다.

부의 목적의식적인 편향과 과격한 실천도 있었지만 그 즉시 비판과 극복 대상이 되거나 소수화되었으며 이를 반영하듯 주류 학생운동가들은 '최대민주화연합'에 의거한 일반민주주의를 확장하기 위한 투쟁으로 스스로의 실천을 제한했다. 학생운동의 이념적 급진화가 급속히 진행되었던 1980년대 중후반 개헌 국면에서 제헌의회 소집과 임시혁명정부 수립 등 급진적인 논리들은 거부되고 '호헌 철폐'와 '직선제 개헌 쟁취'라는 목표로 결집되었던 것, 민주화 이후 급진적인 이념의 약화도 그 단적인 예라 할 수 있다.

1980년대 운동, 애학투련 운동이 상대적으로 급진화된 것은 사실이지만 보수적인 세력의 기우처럼 매 시기 운동을 과격하고 급진적인 방향으로 이끌어내지 못했던 것 또한 사실이다. 오히려 1980년대 운동은 내적으로는 급진적이었으나 주요한 전술적 슬로건은 늘 온건 개혁적 흐름이 주류를 형성했다. 운동권의 체제 변혁적 의식 변화와 대중의 의식은 비례하지 않았던 것이다.

10·28 유인물로 본 학생운동의 이념

1980년대 문화의 지형과
운동권문화의 위치

이동연

10·28 건대항쟁과 기억의 양가성

1986년 단일 시국사건으로는 최대 구속자를 낳았던 10·28 건대항쟁은 1980년대 학생운동에서 가장 중요한 분기점이 되는 사건이었다. 주지하듯이 10·28 건대항쟁은 '전국반외세반독재애국학생투쟁연합(애학투련)'의 결성식을 경찰이 과잉 진압하고 이들을 용공세력으로 몰아 당시 학생운동과 민주화운동세력을 동시에 괴멸시키려는 전대미문의 사건이었다. 10·28 건대항쟁을 주도했던 실질적인 정치적 노선과 이념이 무엇인지에 대해서는 30년이 지난 지금도 논란이 있지만, 한 가지 분명한 사실은 이 사건이 1980년대 학생운동이 남한 사회 민주화운동에 있어 중요한 위치에 있다는 점이다. 10·28 건대항쟁 시위대가 외친 반독재민주화, 직선제 쟁취는 1980년대 민주화운동의 분기점이

　　　　　1980년대 문화의 지형과 운동권문화의 위치

었던 6월항쟁에 큰 영향을 미쳤다. "건대항쟁에서 제시된 반외세, 반독재, 조국통일의 3대 이념은 1987년 6월 민주화대투쟁, 1988년 전대협의 통일운동, 그리고 1990년대 이후 반미운동의 대중적 확산의 열매를 맺는다"[1]는 평가는 이 항쟁이 1980년 광주민주화운동과 1987년 민주화운동을 연결하는 중요한 사건이라는 것을 확인시켜준다.

10·28 건대항쟁은 어떤 점에서 1980년대 학생운동의 아이콘과 같은 것이었다. 그 안에는 학생운동의 이념과 집단적 열정이 가장 확연하게 드러났기 때문이다. 이른바 학생운동, 운동권 문화를 이야기할 때 10·28 건대항쟁은 1980년대 대학문화를 규정하는 데 있어 가장 중요한 사건이었다. 이른바 1980년대 대학문화를 대표적으로 규정하는 것은 시위문화, 운동권문화, 그리고 386세대문화이다. 1980년대 학생운동 세대가 현실 정치의 주류로 등장했던 1990년대 후반에 새로운 정치 세대로 명명된 386세대는 일종의 운동권 프리미엄을 가졌다. 386세대는 한국 사회의 민주화를 위해 청춘의 열정을 바친 세대로 일반화되면서 이들이 1990년대 학번들이나 2000년 학번들과 구별되는 기준들은 대개 학생운동권, 교내 데모, 민주화투쟁과 투옥, 집단 조직사건 등등이다. 말하자면 1980년대 학생운동은 사회적 대의를 위한 집단적 희생과 헌신이라는 '운동권 신화'가 여전히 다른 세대를 구별짓는 기준이 되었다. 1980년대 학생운동에 참

---

1   김석, 〈6월항쟁의 서곡, 10·28 건대항쟁〉, 《6월항쟁을 기록하다 3》, 민주화운동기념사업회, 2010, 49쪽.

여한 세대들은 여전히 지금도 긴박하고 엄혹했던 그 시절을 숭고하게 소환하기를 원하고, 민주화를 위한 희생과 헌신을 그들만의 고유한 시대정신으로 기억하고자 한다.

그래서 1980년대 학생운동권문화를 지금 소환한다는 것은 나에게는 불편하기도 하면서 유쾌하기도 하다. 그것이 불편한 것은 당사자에 대한 기억이 수반되기 때문이다. 1985학번인 나 역시 학생운동에 참여했고, 당시 학생운동권들의 숨겨진 문화에 대해 어느 정도 알고 있다. 학생운동이 정점에 있었던 시절을 굳이 소환하기 싫은 것은 그때 운동권들의 일상 문화가 그다지 '문화적'이지 않았기 때문이기도 하고, 다른 한편으로는 소위 '운동권'이란 기표의 현실화가 일종의 '낙인'의 효과이기도 하지만, 반대로 자신들의 운동과 운동권이라는 커뮤니티에 대한 권위의식을 표출하기 때문이다. '시위와 수배'의 피드백이 아주 일상적이었던 급박한 상황 때문이긴 했지만, 당시 학생운동권문화는 매우 폐쇄적이면서도 현실의 변화와 유리되어 있었다. 특히 그것이 노동해방이 되었든, 조국통일이 되었든 학생운동권 내에 정치적 이념과 목표를 달성하기 위해 운동권 내부에서 묵인되었던 일종의 운동의 서열관계, 학과 동문 선후배 관계, 그리고 '여성 후배'로 대변되는 성차 관계들은 매우 비민주적이었고 반문화적인 경향이 없지 않았다. 운동권 내에서 통용되었던 일상의 수칙들, 금기시되는 것들은 자율적, 자생적 운동에 반하는 것들이었고, 한편으로는 그 규율은 은밀한 사생활의 공간에서는 단지 형식적인 약속에 불과했다. 대학 시절 선배들에게 우리의 운동이 "자생성에 굴종해서는 안 된다는" 말을 숱

1980년대 문화의 지형과 운동권문화의 위치

하게 들으면서 일종의 전위의식에 도취되긴 했지만, 그러한 선명한 정치적, 이데올로기적 의식이 실제로는 학생운동권의 문화를 폐쇄적으로 만들었고, 척결해야 할 '권위와 관행'을 의문 없이 정당하게 만들었던 것이 아닌가 싶다. 물론 1980년대 학생운동이 중심이 된 대학문화가 신자유주의 체제하에 완전히 상업화된 현재의 대학문화에 비해 순수하고 공동체 지향적이었던 것은 사실이다. 그러나 혹시나 '이념과 조직'의 명분을 지키기 위해 운동권 문화 안에 내재된 '위계질서'를 당연시한 것은 아닌지. 공동체 문화라는 이름으로 '차이의 문화'를 기각하지는 않았는지 질문해보는 것은 중요한 성찰 지점이다.

지금 이 시점에서 내 젊은 시절의 운동권문화를 소환한다는 것이 과연 무슨 의미가 있겠는가 하는 불편한 감정을 드러내면서도 정반대로 그 시절 기억을 떠올리면서 유쾌한 감정이 드는 것은 역시나 일상 문화의 변화 때문이다. 당시에 운동권의 일상 문화 안에 내재한 심각한 해프닝들을 소환하면서 학생운동권문화의 정서의 구조를 즐거운 마음으로 독해할 수도 있겠구나 하는 생각도 해본다. 가령 이런 일들이었다. 1988년 학교 축제 기간에 사범대에서 인기 대중가수를 초청한다는 이야기가 나돌았다. 당시 10월 초 학교 축제가 열리면 학내에서 주점이 열리고 다양한 볼거리들이 야외 공간에 배치된다. 그리고 각 단대별로 초청 가수들을 초대하고 동아리에서는 한 해 동안 준비한 행사들을 치른다. 대개 축제에 초대되는 단골 가수들은 당시 대학가에서 인기가 높은 '노찾사(노래를찾는사람들)'나 포크음악 계열의 신형원, 김광석, 권진원 등이었다. 여기에 '벗님

들' '봄여름가을겨울' '들국화' 같은 밴드 정도가 대학가 축제에서 허용 가능했던 라인업이었다. 그런데 사범대가 초청한 가수는 최성수였다. 1986년에 데뷔한 최성수는 이문세를 대적할 발라드 가수로 세간의 인기를 한 몸에 받았던 당시 최고 인기 가수였다. 〈남남〉〈동행〉〈풀잎사랑〉 등 많은 히트곡을 가진 인기 가수로서 요즘으로 치자면 이승기 같은 존재였다. 당시 총학생회에서는 최성수 초대가 단대 행사였기 때문에 노골적으로 보이콧 운동을 할 수는 없었다. 운동권 내부 서클 조직에서는 대책회의가 열렸고, 결국 최성수를 보이콧하자고 결의했다. 정확하게 기억하지는 못하지만 "의와 참의 민중의 숨결이 배어 있는 의혈의 민주광장에 상업적 대중 가수 웬 말이냐" 식의 구호를 외치면서 당시 최성수가 공연하기로 예정된 대학극장 입구를 봉쇄했다. 사범대 학생회가 당연히 반발하고 체육관 입구 앞에서 실랑이가 벌어졌지만, 당시 몸과 마음에서 이데올로기로 무장했던 운동권의 상대가 되지는 못했다. 일종의 학내에서 대중오락을 추구하려는 학우들의 목소리가 민중과 해방을 외치는 운동권들의 목소리를 이길 수 없었다. 공연은 취소되었고, 시위대는 마치 어떤 숭고한 전투에서 승리한 듯 스크럼을 짜고 구호와 노래를 부르며 학내를 돌았다. 매년 축제 때가 되면 교내에서 운동권들의 시위와 집회는 상업적 축제에 불만을 품은 일종의 카운터 데모로 기능했다. 축제 때 시위는 학우들에게 당시의 정치적 이슈들을 알리는 목적도 있었지만, 그냥 엄혹한 시절에 먹고 노는 일반 학생들의 축제 판이 막연하게 싫었기 때문이기도 했다.

1980년대 문화의 지형과 운동권문화의 위치

대학 1학년 1학기 때 학과 친구들과 아무 생각 없이 놀았던 기억, 그리고 2학기가 되어 삶의 다른 태도를 알게 되고, 떨리는 마음으로 시위에 참여하기 시작했던 시간들, 시위대의 선봉에 섰던 친구들이 하나둘씩 군대에 가고 때로는 연락 없이 휴학하며 사라지거나 수배되는 상황들. 3학년 2학기에 입학 후 단 한 번도 시위에 참여하지 않았던 같은 과 한 여학우가 해방광장에 앉아 당시에는 흔치 않았던 학내 CA그룹의 공개 집회에 82학번 선배와 참여한 모습을 보고 충격을 받았던 기억, 축제 때 술을 입에 대지 않았던 88학번 학과 여자 후배가 집회 후 술을 마시고 청룡 연못에 스스로 빠지며 일종의 운동권의 '정신줄'을 놓았던 사건. 학내 시위를 주도하며 집회를 열성적으로 이끌었던 같은 과 선배(그 선배는 내가 3학년 때 부총학생회장이었다)가 집회를 마치자마자 교문 근처에 있던 '대학교회'에 가 예배를 드려야 한다며 황급히 자리를 떴을 때의 서로 어색했던 감정들. 축제 때 총학이 주최한 행사 중 하나인 마르크스 퀴즈대회에 87학번 후배와 내가 참가해 아쉽게도 3등을 했던 추억들. 그리고 투철한 이념으로 무장한 한 후배가 나에게 찾아와 당시 내가 사귀고 있던 학과 후배와 세계관이 서로 다른데 어떻게 그럴 수 있냐고 항의하고 함께 토론했던 일들.

이런 일들이 내가 지금까지 대체로 기억하고 있는 나의 운동권문화의 일상들이다. 나는 사실 2학년 이후로는 시위에 꾸준히 참여했지만, 그렇게 열성적으로 싸우지는 못했다. 2학년 때 처음으로 신촌으로 '가투'를 나갔을 때나, 1987년 대선 부정선거를 규탄하러 구로구청에 점거농성에 들어갔을 때나, 1988

년 대학가 통일운동으로 거리시위를 하다 남대문시장에서 연행되었을 때나, 항상 소심했고, 결정적인 순간에 뒤로 도망쳤다. 1987년 구로구청 점거농성 때에도 지도부와 상의 없이 새벽에 몰래 빠져나와 구속을 면하기도 했다. 대학 4년간 운동권으로서 나의 시위 태도는 항상 그런 식이었다. 적당히 참여하고 적당히 빠지고……

생각해보면 나약한 참여의식을 정당화시키기 위해 대학원 진학 준비를 전면에 내세웠던 것 같다. 공부를 해야 하니 이쯤에서 그만하자는 생각들이 스스로 나약한 참여의식을 정당화시킨 기제였던 것 같다. 그런데 어떻게 보면 나는 지금까지 소위 운동의 현장에서 한 번도 떠난 적은 없었던 것 같다. 4학년 학내 민주화운동으로 총장실 점거농성 이후 나는 대학원 시절에도 줄곧 총장실 점거농성과 학내 민주화운동에 개입했다. 1980년대의 마지막 시간을 대학원 학내 민주화를 위해 총장실에서 보낸 기억들은 이후에 사학비리가 심한 한 지방대학 교수로 재직하면서 재단 퇴진운동을 위한 점거농성으로 이어졌다. 그리고 그 기억은 대학에서 해직된 후 1999년 문화연대 창립 멤버이자 상근활동가로 참여하고 문화연대에서 기획한 수많은 문화운동과 정치적 연대운동으로 이어졌다. 급진적인 운동의 선봉에 섰던 동기, 선배, 후배들은 군 입대와 대학 졸업 후에 대부분 평범한 직장인이 되었고, 때로는 대학 시절 운동권의 존재를 잊어버린 듯한 자본가적 태도를 보이기도 했다. 아직까지 현실 운동을 고민하며 현장에 복무하는 내 주변의 대학 동기들과 선후배는 극히 소수일 뿐이다.

1980년대 문화의 지형과 운동권문화의 위치

1980년대 학생운동과 대중문화 형성의 모순

1980년대의 운동권문화를 말한다는 것은 적어도 내게는 양가적인 후일담의 언저리를 말하는 것과 크게 다르지 않다고 생각한다. 운동권문화가 매우 신화화되거나, 전설의 서사로 소환되지 않기 위해서는 그것을 탈신화화하고 생애주기 내 일상의 파편들로 흩뿌려야 한다. 왜냐하면 그때 그 시절 학생운동에 참여했던 운동권문화라는 것은 매우 순수하고 자명한 어떤 것으로 절대화할 수 없기 때문이다. 그것은 학생운동의 '문화'와 대학문화의 '운동' 사이의 차이와 모순을 말하는 것이기도 한다. 1980년대 운동권문화는 운동권의 의식적, 이념적, 권위적 표상의 일상적 반복에 매몰되었고, 그 반복의 진정성 역시 일시적인 결의에 불과한 경우도 있다. 특히 당시 학생운동권문화에서 젠더 관점은 부재했거나 침묵했다. 아니 어떤 점에서는 젠더 불평등이 운동의 대의를 위해 은폐되거나 정당화되기도 했다. 시위 현장에서는 운동권 선배들이 여성 후배들에게 일종의 기사도 역할을 한 것은 분명하지만, 내부 세미나에서 이념의 문제를 토론하거나 일상에서 개인의 라이프스타일을 이야기할 때는 학생운동권 내부에서 젠더 관점은 철저하지 못했다. 그것은 일종의 젠더 위계질서에 기인한 것이며, 그 위계질서는 운동권 선후배 관계에서도 드러난다.

개인의 문화적 취향에 대한 학생운동 조직 내의 암묵적인 요청들은 특히 문화적 취향이 독특한 개인들에게는 상당한 압박으로 다가왔다. 그래서 적어도 내 경우에는 제국주의 문화에 빠져 있던 일상의 습관을 버리기 위해 내가 좋아했던 록음악(당시 나는 1학년 때 집안이 부유했던 같은 과 친구의 집에서 거의 매일 LP판으로 하드록 등 메탈 음악을 감상했다)의 감상 기회를 스스로 끊고 노동가요만 들어야 하나를 심각하게 고민했었다. 그래서 심지어는 일부 내가 소장한 LP판을 폐기하기도 했다. 영문학이란 제국주의의 학문을 계속해야 하는지, 자본주의적 소비 스타일을 거부하는 기준이라는 것이 도대체 어떤 것인지, 이런 일상의 라이프 스타일에 대한 자기 태도와 관점을 항상 운동권 내부에서 심심치 않게 논의해야 했지만, 지금 생각해보면 그러한 고민들은 일상적 문화 자체에 대한 문화적 관점조차 제대로 논의되지 않은 채 나온 이념 수준에서의 조악한 것들이었다.

그리고 매우 역설적이게도 1980년대는 한국 사회의 문화 환경과 문화산업 시장의 변화가 매우 역동적인 면모를 보인 시대였다. 특히 1980년대는 한국 대중음악의 역사에서 음악적 역량과 산업적 발전이 가장 뛰어났던 시대였다. 1980년대에는 조용필, 유재하, 김현식, 이문세, 변진섭, 이선희, 윤시내, 한영애 등 대형 보컬형 뮤지션들뿐 아니라 '들국화' '따로또같이' '봄여름가을겨울' '신촌블루스' '시나위' '송골매' '블랙홀' 등 포크에서 록까지 이른바 밴드음악들도 최고의 전성기를 구가했다. 또한 서라벌레코드, 신촌뮤직, 동아기획 등 기업형 음반 레이블 사들이 산업적 체계를 갖추기 시작했던 시대이기도 하다. 가령 2007년 8월 《경향신문》과 음악 전문 웹진 가슴네트워크가 공동으로 기획해 선정한 '한국 대중음악 100대 명반' 중에서 31장이 1980년대에 발매한 음반들이다. 시대별로 구분하면 1980년대가 가장 많다.

한국 영화 역시 표현의 자유에 대한 많은 검열과 통제로 인해 영화가 다룰 수 있는 소재가 한정적이었지만, 시장의 환경 변화로 보았을 때, 당시에 쏟아져 나온 하이틴 영화와 성애 영화들은 대중적 소비물로서 영화 콘텐츠의 대중화 시대를 연 것만큼은 분명하다. 한편으로 제5공화국 정권 시절 문화적 자유화 조치들은 언론 통폐합, 보도지침, '국풍81'처럼 통제적 문화 정책의 표본으로 볼 수 있지만, 프로스포츠의 전면화, 컬러TV의 조기 보급 등 대중문화산업의 국지화의 시대로서 1980년대는 분명 전환기로 보아야 한다. 1980년대는 우울했고 비장했던 운동권의 문화, 민중문화운동의 시대로 규정하기에는 문화의 자생적, 산업적 축적이 매우 고도화되었던 시절이었다. 1980년대는 이념적으로 보자면 문화적 해방과 탄압의 시대가 충돌한 시대라고 볼 수 있지만, 사회문화적으로는 문화산업의 양적인 팽창, 3저 호황에 따른 경제성장의 정점에 서 있던 시대였다.

이런 문화적 변동이 대중적인 현상이 된 것은 민주화 이행 이후 이루어진 문화 개방의 분위기와 경제 분배의 개선을 경유하면서부터이다. 실제로 1987년 노동자대투쟁 이후부터 1990년대 초반까지 노동자들의 노조조직률과 실질임금이 빠른 속도로 상승했고, 소득불평등도를 나타내는 지니계수도 개선되어갔다. …… 아무튼 이런 대중의 실질적 소득 증가는 식단의 육식화, 외식의 증가, 스포츠에 대한 관심 증대, 영화 관람 기회 증가 등으로 나타났다. 그리고 냉장고, 텔레비전, 세탁기 같은 백색 가전과 자가용 구매 능력이 늘어남으로 인해 그런 가전제품들을 들여놓고 차를 세울 주차장을 가진 아파트에 대한 욕구도 늘었다.[2]

이른바 1980년대 학생운동권문화를 이러한 사회 전체의 문화 환경 및 사회 변동과 대면하여 논의하지 않는다면, 그것은 그저 일부의 폐쇄적인 후일담 문화로밖에 인지할 수 없을 것이다. 물론 운동권문화는 폐쇄적이면서도 은폐된 어떤 감정구조를 내재화한다. 학생운동권문화는 당시 조직사건이나 시국사건으로 연루되는 경우가 많았기 때문에 의도적으로 폐쇄적일 수밖에 없었다. 특히 다양한 이념적 분파들이 각축을 벌이는 1980년대 중반에는 보안을 이유로 운동권 내부에서도 제한적인 관계를 유지했다. 안기부나 경찰의 감시를 피하기 위해 학생운동 특정 분파의 핵심 지도부는 가명을 쓰거나 별도의 회의체계를 유지하기도 했다. 문제는 학생운동권 조직 내부의 폐쇄성이 아니라, 그 안에서 활동하는 개인들의 문화적 취향과 욕망들의 억압이었다. 학생운동권은 함께 캠퍼스에서 대학생활을 하는 비운동권 동료들과의 관계, 그들이 학습과 시위의 특별한 시간에서 벗어나 일상의 시간을 보내는 당시의 문화 환경과의 관계에서 자신들의 문화를 의식적으로 구별하거나 억압하려고 했다. 학생운동 안에 다양한 정파와 이념적 분화가 있듯이 그 운동에 참여한 운동권 학생들의 문화적 욕망들도 다양했고, 그

---

2 김성보·김종엽·이혜령·허은·홍석률 기획, 《한국현대 생활문화사: 1980년대》, 창비, 2016, 26~27쪽.

갈등도 다층적이었다. 학생운동권은 이미 급격하게 변화하는 대학문화와 대학 외부의 문화적 변동에 대해 무감각했고 설사 그것을 알고 있다 해도, 의식적으로 외면하고자 했다. 그것은 개인적 취향의 문제이고, 그래서 스스로 그 간극들을 극복하거나 자발적으로 형성되는 문화적 욕망들을 스스로 억압하면 되는 문제로 보았다. 그것은 결코 운동권 내부의 조직과 집단의 문제가 될 수 없었다.

1980년대 학생운동권문화를 말할 때 우리가 중요하게 바라볼 지점은 그것을 단지 이념의 문화로 환원하지 않고, 다양한 대학문화의 형성 안에서 논의하거나, 당대에 새롭게 발생한 대중문화의 흐름을 함께 고려해서 논의하는 것이다. 학생운동권문화를 당시의 대학문화와 구별해서 별개로 보거나, 그것을 자유주의적 소비 대중문화로의 급격한 변동과 무관한 것으로 보는 것은 자칫 그 문화를 탈역사화하거나 신비화하는 오류를 범할 수 있다. 어떤 점에서 1980년대의 대중문화의 환경 변화와 대학가 청년문화의 자유화 흐름들은 1980년대 후반 운동권문화의 내부를 동요하게 만든 요인 중 하나이기도 하다. 당시 운동권 세대들의 문화적 무의식과 욕망들은 학생운동의 분화와 균열을 낳은 잠재적인 요인이기도 하면서 새로운 세대의 문화적 힘과 에너지로 이행하는 잠재적 감수성을 내재하고 있었다. 1990년대 '문화의 시대'에 등장했던 문화비평가들은 하루아침에 하늘에서 떨어진 자들이 아니라 1980년대 학생운동의 시대 한가운데 있던 자들이었다. 그들이 대중음악평론가, 영화평론가, 미디어평론가, 문화평론가라는 이름으로 활발하게 활동할 수 있었던 것도 어찌 보면 1980년대 스스로 억압했던 자신의 문화적 욕망들이 다시 회귀하여 분출한 결과이기도 하다. 그렇다면 1980년대 운동권문화 내부의 감정구조는 당대 문화 환경과 청년문화, 캠퍼스 문화의 변화와 관련하여 어떤 특이성을 가질까? 다음과 같은 세 가지 관계 설정이 가능할 듯하다.

학생운동권문화의 정서구조

첫째, 운동권문화와 대학문화와의 관계이다. 1980년대 대학문화는 학생운동권 문화와 동일시되는 게 일반적이다. 당시 대학가는 시위가 끊이지 않았고, 최루탄과 화염병의 공방이 캠퍼스를 혼란스럽게 만들었다. 최루탄 연기는 학내를 자욱하게 만들었고, 간혹 전투경찰과 페퍼포그가 학내로 진입해 주도 학생들을 연행하기도 했다. 최루탄이 강의실로 들어오기도 하고,, 페퍼포그로 인해 학생들이 부상당한 경우도 있었다. 그리고 시위에 처음 참여한 학생들이 전경들의 최루탄 투척에 흥분하여 시위 대열의 뒤에서 던진 돌과 화염병 때문에 전위에 섰던 시위 학생들이 맞고 부상을 당하거나 화상을 입는 경우도 있었다. 집회가 열리고 스크럼을 짜고 교문으로 시위 대열이 전진하면, 교문은 폐쇄되고 주변 상가 건물들도 문을 닫는다. 학생들은 건물 안으로 피신하고 그때가 되면 학교 앞 교문 주변은 수백 명의 시위 학생들과 수백 명의 전투경찰들 간의 전쟁터가 된다. 시위가 벌어지면 학교는 의외로 조용해진다. 돌과 화염병, 최루탄과 페퍼포그의 대결 사이의 묘한 침묵들, 사위대의 구호와 노래가 학내의 공간을 지배하지만, 그 상황은 역으로 '밀물과 썰물' '공격과 수비'의 법칙처럼 매우 잘 정돈되고 고요하다. 학교가 운동권 시위대와 전투경찰의 대결로 접수되는 시간들이 반복되면서, 그리고 정기적으로 서총련, 서남총련 등 대학가 내의 연대집회가 큰 싸움을 벌이면서 1980년대 대학문화는 운동권 문화로 등치된다.

당시 운동권문화는 시위로 대변되는 대학문화의 시각성, 전투성만을 표상하지는 않았다. 학과와 단과대, 그리고 이념서클 안에서 행해진 수많은 세미나와 토론회가 대학문화의 공동체를 형성 유지하는 데 큰 영향을 미쳤다. 운동권문화는 시위라는 물리적, 가시적인 것과 세미나라는 정신적, 비가시적인 것을 함께 병행하면서 대학문화를 정치적, 이념적 공간으로 전환시켰다. 그러나 이러한 운동권문화의 강력한 표상효과가 1980년대 대학문화의 모든 것을 대변하거나 등치시켰다는 것은 허상에 불과하다. 사실 실제로는 대다수의 대학생들이 시위에 참여하지 않았다. 다수의 학생들은 데모에 무관심했을 뿐 아니라, 설사 정치와 사회 현실에 관심이 있더라도 집회와 시위의 장 안에 자신의 몸을 진입시키려고 하지 않았다. "그때 대학생들은 모두 데모에 가담했던 시절"이라는 80년대 학번 세대들의 후일담적 회고는 대학문화를 상징적으로 표현하는 데는 적절할지 모르겠지만, 실제 상황은 그렇지 않았다. 대부분의 학생들은 시위와 데모에 가담하지 않았고, 소수의 학생들만 시위에 참여했다. 물론 1987년 6월 민주항쟁이 절정이던 시기와 1988년 통일운동의 열기에는 아주 많은 대학생들이 연대시위에 참여했지만, 그렇다고 그 수가 절반 이상을 차지했다고 볼 수는 없다. 어떤 점에서 1980년대 대학문화는 운동권문화와는 별도로 자생적으로 상업적, 통속적 신을 형성했고, 나름 화려하고 상업적이던 1970년대 대학가의 환경보다 더 적극적으로 대중문화의 자원들을 활용했다.

그래서 1980년대 대학문화, 혹은 청년문화는 운동권문화를 일부 포함하고 있지만, 그렇다고 모든 대학문화와 청년문화를 실질적으로 압도했다고 보긴 어렵다. 1980년대 비운동권 일반 학생들의 대학문화는 취미 동아리 활동, 콘서트와 영화 관람, 스포츠 활동, 댄스클럽, 패션 등 대중문화의 장에서 과거보다 훨씬 확장된 면모를 보였다. 자유화된, 혹은 소비문화적 성향이 강한 1980년대의 대학문화는 문화적 자유화의 징후이기도 하면서, 지금 대학 캠퍼스의 조건과는 많이 다르지만, 대학가 내에 소비문화로의 본격 흡수가 시작되었다는 것을 예고하기에는 충분하다. 캠퍼스의 문화적 낭만은 대중문화의 소비 패턴과 다르지 않았고, 1980년대 말로 접어들었을 때는 대학문화의 내부와 외부는 이미 포맷화된 소비문화자본에 의해 조절되는 양상을 띠었다. 물론 지금 대학 캠퍼스의 상업화는 1980년대의 대학문화의 그것과는 비교가 안 될 정도로 전면화된 것은 사실이다. 대학의 체제가 신자유주의화되면서 현재 캠퍼스는 그 자체로 기업의 이윤 장소로 전락해버렸고, 그것에 비해 상대적으로 1980년대 대학이 순수한 편인 것은 사실이다. 그러나 1980년대 대학문화의 소비문화화를 지금 대학의 전면화·상업화와

1980년대 문화의 지형과 운동권문화의 위치

비교하여 상대적으로 문제없다고 간주할 수는 없다. 문제는 당시의 대학문화가 이전 시대에 비해 매우 소비문화화되었다는 점이고, 그 변화의 강도에 비해 학생운동권문화의 강한 각인효과 때문에 충분하게 논의되지 못했다는 점이다. 1980년대 운동권문화가 청년 대학문화의 역사적 표상으로 간주되는 것이 전혀 이상할 게 없는 것은 운동권문화의 시대적 각인효과 때문이다. 운동권문화는 시각적으로나 의식적으로 대학문화의 헤게모니를 관철시키길 원했고, 비운동권의 대학문화는 반대로 운동권문화와 부딪치는 것을 원지 않으면서 개별화, 개인화되었다. 운동권문화는 마치 신비로운 전설처럼 실제 현실보다 과장되게 표상되었고, 비운동권의 일반 학생들의 대학문화는 실제 현실보다 축소되어 숨겨진 채 있었다.

둘째, 1980년대 대중문화와 운동권문화와의 관계이다. 1980년대 대중문화는 운동권문화와 적대적이었다. 운동권문화의 이념적 선명성이 대중문화의 상업적, 파쇼적, 제국주의적 비판의 대상이 되었기 때문이다. 운동권문화는 그것을 구성하는 문화적 요소들이 존재한다. 구호와 스크럼, 노동가요와 민중가요, 그리고 사회과학 서적, 농활과 야학이 그들의 일상문화의 중요한 것들이다. 극히 일부에 해당되지만, 매우 교조적인 선배들로부터는 상업적인 문화소비를 배격하고, 전두환 노태우 일당이 만들어놓은 프로스포츠들을 보지 말고, 나이키, 코카콜라와 같은 미국의 제품을 사용하지 말라는 일종의 의식화 학습을 배워야 했다. 만나는 사람들이 제한적이고, 자연스럽게 문화적 취향의 발현은 억제되고, 정치와 이념 학습의 시간들이 늘어난다. 좋아하는 록음악, 프로야구와 프로축구, 텔레비전의 쇼·오락 프로그램들은 문화적 격리와 타도의 대상이 되었다.

그런데 정말 학생운동권들은 이러한 1980년대의 대중문화를 외면하고 증오했을까? 집회와 시위, 공개적인 발언과 의식의 공간에서는 물론 당시의 대중문화는 사악한 문화자본가들의, 미제국주의의 산물로 표명되었다. 대중문화의 자율적 욕망이 개입할 여지가 없었던 것이다. 그러나 사적인 일상의 공간에서도 그러한 의식이 계속 지배했을지는 의문이다. 고등학교 시절 록음악에 빠지고, 가요를 즐겨 들으며, 고등학교와 프로야구 경기 결과를 빼놓지 않고 확인해보던 한 대학생의 정서구조에 운동권으로의 의식적 변화가 얼마나 많은 영향을 주었을지는 모르겠지만, 무의식 속에 잠재된 대중문화의 욕망을 지배하기는 힘들었을 것이다. '핑크플로이드' '주다스프리스트' '레드제플린' '딥퍼플' '야드버즈'를 들으며 음악적 취향을 키워오던 록 키즈, 〈분노의 주먹〉 〈E.T.〉 〈플래툰〉 〈탑건〉 〈레이더스〉 등을 극장에서 보며 영화광이 되었던 할리우드 키즈, 로베르토 듀란, 토마스 헌즈, 수가레이 레너드의 세기의 경기를 보면서 싸움의 진수를 아는 복싱 키즈, 그리고 우연히 AFKN을 보다가 미국 프로농구와 프로야구, 프로레슬러의 매력에 빠져든 아메리칸 스포츠 키즈 등 운동권들의 이념과 의식 저 너머에는 문화적 취향을 향한 욕망이 억압되어 있었을 것이다. 운동권들은 의식적으로는 그런 자본주의 문화와의 결별을 선언했을지는 몰라도 무의식적으로는 그러한 문화의 아비투스를 버릴 수는 없었다. 그 문화적 욕망마저 완전히 지울 수는 없었던 것이다. 운동권문

1980년대 문화의 지형과 운동권문화의 위치

화는 대중문화를 배격하고 증오했다는 주장은 단지 억압가설에 불과하다.

셋째, 1980년대 문화운동과 운동권문화와의 관계이다. 한국 사회에서 문화운동이 가장 활발하게 번성했던 시대가 바로 1980년대이다. 문화운동은 1970년대에 유신독재에 반대하는 문화예술 운동 조직들이 산발적으로 있었다가, 광주항쟁을 거쳐 민주화 시기에 이르러서는 장르별, 이념별로 다양한 조직으로 분화·발전했다. 1980년대 문화운동의 유산은 거의 대부분 조직운동과, 이론적/비평적 논쟁을 통해서 형성된 것이다. 1980년대 초 미술운동의 커다란 분기점이 되었던 '현실과 발언'을 비롯해서 1980년대 중반의 '자유실천문인협의회' '민중문화운동연합', 1980년 말에 발족한 '한국민족예술인총연합', 그리고 '전국노동자문화예술운동연합' '노동자문화운동연합' '노동해방문학' 등, 10년 사이에 민족과 노동의 문화적 접근에 대한 서로 다른 실천 강령을 가진 다양한 문화운동 조직들은 민족문화 이념논쟁과 노동자계급 당파성 문제, 민족예술의 실천성과 통일문화운동을 전개해나갔다. 한국 사회의 모순과 자본주의의 성격을 바라보는 관점에 따라 정치 조직이 분화되었듯이, 1980년대 문화운동 조직 역시 사회변혁을 위한 이념적 분파에 따라 분화되었다. 가장 대표적인 것이 알다시피 민족문학 이념논쟁이다. 민족문학 이념논쟁은 백낙청이 중심이 된 '창비'의 소시민적 민족문학론을 비판했던 김명인, 채광석의 '민중적 민족문학론', 이 둘의 당파성의 무지를 비판하며 노동자 해방의 전선에 복무하겠다고 선언한 박노해, 조정환의 '노동해방문학론', 당파적 노동자계급성이 한국의 조국 분단과 민족의 자주성을 외면했다며, 민족자주와 조국통일을 위한 문학론을 주장한 백진기의 '민족해방문학론', 그리고 노동자계급의 미적 당파성의 과학적, 객관적 재현과 전유를 주장하는 노동자문화운동연합의 '현실주의론' 등 민족문학 이념논쟁은 1980년대 사회구성체논쟁의 전위에 있었다.

운동권문화는 이러한 1980년대의 문화운동에 많은 영향을 받았고, 나중에는 많은 영향을 주기도 했다. 문학, 음악, 미술, 연극, 영화 전공을 했던 운동권 학우들은 나중에 1980년대 후반과 1990년대 문화운동 조직의 중요한 활동가로 참여했다. 서울대학교 노래패 메아리와 민요연구회, 연세대학교 극예술연구회, 고려대학교 극예술연구회는 당시에 중요한 학생운동 이념 서클로도 활동했지만, 나중에는 1980년대 이래 한국 문화운동의 중요한 역할을 담당했던 예술가들을 배출했다. 운동권들이 졸업 후에 어떤 생활을 하고, 어떤 일에 종사하는지는 특정한 패턴을 보이고 있진 않지만, 그래도 학생운동 시절의 정치적 이념과 소신에 따라 활동하는 분야는 학술계와 문화예술계가 아닐까 싶다. 1980년대와 1990년대 문화운동을 주도했던 사람들은 대체로 대학 재학 시절 음악이나 영화 연극 동아리 단체에 참여했던 사람들이다. 말하자면 대학 졸업 후 자신들의 전문적 활동에 결정적인 역할을 한 것이 대학 동아리 단체에서의 활동이다. 자신의 전공과는 무관하게 취미로 시작했던 동아리 그룹에서 자연스럽게 학생운동에 참여하게 되고, 그때 함께 고민하고 만들었던 작품들과 공연들이 나중에 자신의 문화운동에 밑

1980년대 문화의 지형과 운동권문화의 위치

거름이 되고, 평생 직업과 연관이 되는 경우는 1980년대 운동권 학생들에게서 가장 많이 발견된다. 1980년대 학생운동권문화와 문화운동은 상호보완적인 관계였던 셈이다.

변화의 징후들: 빨간 염색머리의 후배를 기억하며

1989년에 학부 졸업을 하고, 나는 학업의 중단 없이 곧바로 대학원에 진학했다. 대학원 입학식 바로 그날 나는 다시 15일간 총장실 점거에 동참할 수밖에 없었다. 대학원 교육 환경이 너무 열악하다며 총학생회장이 총장실 점거를 선언했다. 나는 다시는 총장실 점거농성을 하고 싶지 않았지만, 얼떨결에 입학식장을 나오다가 앞줄에 서게 되었고, 총학생회 간부들은 이미 나의 이력을 파악하고 있었다. 그렇게 입학식장에서 총장실로 자리를 옮겨 15일간 농성이 지속되었다. 그때 농성은 대학원 단독건물 건립과 탄탄한 대학원 학술운동의 기반이 되었다.

석사 수료와 박사과정에 진학하면서 학과 조교를 할 수밖에 없었고, 데모나 시위를 좋아하지 않았던 선배 조교들과 다르게 내가 조교를 하면서 운동권 후배들이 학과 사무실을 자주 찾아왔고, 나중에는 자기 안방처럼 드나들었다. 대학원을 진학하고 싶은 운동권 후배들의 조언도 해주고, 이론 세미나를 함께 열기도 했다. 간혹 해방광장에서 있는 시위나 집회를 뒤에서 바라보며 함께 참가하기도 했고, 응원해주기도 했다.

그러던 후배들도 군대를 가고, 졸업하고 각자 직장을 잡으면서 사실 박사학위를 받았던 2000년까지 학내에서 운동권 후배들과 만날 기회는 그렇게 많지는 않았다. 간혹 내가 어느 지방대에 근무할 때, 연락 와서 함께 며칠을 지낸 것 말고는 소위 운동권 동료와 직속 후배들을 만날 수 있는 기회는 갈수록 줄어들었다. 1980년대 대학 운동권문화의 소멸 말이다.

그러한 운동권문화의 소멸을 느끼게 만든 두 가지 사건이 있었다. 그 사건은 모두 1990년대에 있었던 일이었다. 하나는 1996년 한총련 사태가 끝나고 난 직후였던 것으로 기억한다. 우연히 교문을 지나고 있는데, 총학생회 출범식이 교문 앞 Y로에서 열리고 있었다. 궁금해서 가던 길을 멈추고 출범식을 지켜보고 있는데, 총학생회 회장이 말끔한 양복을 입고 하얀 장갑을 끼고 총학 출범을 알리는 출정문을 읽고 있었다. 약간은 결혼식장 신랑 같은 느낌이랄까, 출정문을 읽은 후에 많은 사람으로부터 환영을 받고 난 후 한 후배 학생으로부터 꽃다발과 함께 뜨거운 포옹 세례를 받았다. 그 후배 학우가 다시 총학생회장의 볼에 입을 맞추고 나가자 함께 참여했던 간부들과 참가자들이 일제히 환호의 박수를 보냈다. 1980년대에는 상상할 수 없는 일이었다. 지금 생각해보면 있을 수 있는 일로 충분히 볼 수 있겠지만, 적어도 당시 나의 감정은 "아, 학생운동도 이제 많이 변했구나"였다. 그때 받은 느낌은 비장한 총학생회보다는 즐겁고 신나는 총학생회, 수배와 투옥을 각오한 총학생회장이 아니라 학내 스타로 등극하는 총학생회장 같은 것이었다.

두 번째는 다음해 늦은 가을 어느 때였던 것 같다. 나는 박사학위 논문 때문에 지도교수와 상담을 마친 후 화계사로 가

1980년대 문화의 지형과 운동권문화의 위치

는 85번 종점에서 버스를 기다리고 있었다. 그때 뒤에서 "선배!"라고 부르는 목소리를 들을 수 있었다. 그 친구의 머리는 빨간색으로 염색되어 있었다. 잠시의 인지적 공백 후에 금방 누구인지 알 수 있었다. 그 친구는 89학번으로 1980년대 마지막 시절에 대학에 입학해서 문과대에서 나름 열심히 학생운동에 참여했던 여자 후배였다. 졸업 후에 한동안 인연이 끊겨 매우 궁금해하던 차에 우연하게 버스 정류장에서 만난 것이다. 대학 다닐 때 검은색 뿔테 안경에 청바지를 입었던 전형적인 운동권 여학생이었는데, 그때 버스 정류장에서 만난 그 친구는 전혀 다른 스타일을 하고 있었다. 함께 버스를 타고 가면서 어딜 가냐고 물었더니 홍대 '드럭'이라는 클럽에 간다고 했다. '크라잉 넛' '노브레인' '위퍼' '옐로우 키친' 등이 활동했던 인디클럽 '드럭'은 내가 그때 청소년 하위문화 연구를 하고 있었기 때문에 잘 아는 곳이었다. 그 친구는 버스에서 내리기 전까지 나에게 얼터너티브 록, 너바나, 홍대 인디클럽 등에 대해서 흥미로운 이야기들을 쏟아부었다. 재학 시절 조용했던 그 친구에 대한 기억과는 아주 다른 느낌이었다. 버스에서 먼저 내린 후배와 인사를 하고 헤어졌는데, 그 후로 그 후배를 다시 만나지는 못했다.

1990년대 중후반에 만난 빨간색 염색머리를 한 그 후배에 대한 인상은 지금까지도 아주 강렬하다. 그 후배는 1980년대 운동권문화의 거의 끝물을 전수받았던 자이고, 1990년대의 신세대문화, 새로운 하위문화와 인디문화의 체질에 가까운 자였기 때문이다. 나는 1990년대 청소년 하위문화를 연구했지만, 그 후배처럼 하위문화의 스타일을 감히(?) 할 수가 없었다. 서로의 정서구조가 달랐던 것이다. 1990년대 청년문화는 대학문화, 운동권문화에 더 이상 포획되지 않는다. 1990년대 청년문화의 아이콘은 '서태지'와 '크라잉 넛'이다. 서태지는 주류의 태양이었고, 크라잉 넛은 비주류의 태양이었다. 이 두 '태양의 후예'들이 지금 한국 대중음악, 대중문화에서 청년문화의 계보를 잇고 있다. 1980년대 운동권문화는 역사적 청년문화에서 대학생문화의 지배적 효과를 가장 집약적으로 생산한 문화이지만, 문화적 자율성과 문화적 욕망의 차이들이 충분하게 열려 있지는 않았던 문화이다. 청년문화의 가장 강력한 각인효과를 가지면서, 역사적, 정치적, 시대적 요청을 가장 많이 부여받으면서 정작 자기 문화의 자율성과 상상력은 결핍되었던 문화가 바로 1980년대 학생운동권문화가 아니었나 싶다. 비록 개인적으로 말할 수밖에 없었던 후일담의 수준이지만, 1980년대 운동권문화는 '운동권의 문화' 그 이상의 문화를 상상하기 어려웠던 문화로 매우 불우한 청년 시절의 한때의 문화를 표상한다.

학생운동의 문학적 재현과
언어의 문제

건대항쟁과 연대사건, 그리고 2000년대 학생운동[1]

장성규

---

[1] 이 글은 '10·28 애학투련 건대항쟁 30주년 기념 학술 심포지엄'의 발표를 위해 기존에 썼던 몇 편의 비평과 논문을 1980년대부터 2000년대 학생운동을 다룬 문학 텍스트의 언어 인식을 중심으로 재구성한 것임을 밝혀둔다.

문학'과' 정치에서 문학'의' 정치로

한국 근현대 문학에서 특정한 정치적 사건이 나타난 양상을 추출하고, 이를 통해 해당 사건에 대한 역사적 평가를 수행하는 것은 일반화된 연구 경향이다. 예컨대 식민지 시대 문학 텍스트를 통해 당대 식민 자본주의의 모순의 구체적 양상을 입증한다든지, 혹은 산업화 시대 문학 텍스트를 통해 압축적 근대화 과정의 문제에 대해 성찰한다든지 하는 방식의 연구들이 이에 해당한다. 몇 십 년 이상 축적된 이와 같은 연구들을 통해, 한국 문학 연구는 단순히 언어적 유기체로서의 텍스트 분석에 그치지 않는 문학사회학적 성과를 도출할 수 있었다. 그리고 이를 통해 한국 근현대 문학은 자족적이고 탐미적인 것을 넘어, 시대와 호흡하는 능동적 성격을 확인받을 수 있었다.

1980년대 문화의 지형과 운동권문화의 위치

반면 이러한 연구 경향 속에서 문학 텍스트가 일종의 보조적 '자료'로 활용되는 소재주의적 편향을 노정한 것이 아닌가라는 의구심이 들기도 한다. 즉, 문학과 정치의 관계를 미학적인 층위에서 접근하기보다는, 다소 거칠게 병렬적인 방식으로 연결 짓는 관습이 이제 한계로 지적될 필요가 있지 않을까 싶다. 예컨대 '○○ 텍스트에 나타난 ○○ 사건' 등의 연구들이 이에 해당할 텐데, 이때 텍스트는 단순히 특정 사건이 등장한 매체로 환원되며, 이로 인해 문학 텍스트 고유의 미학적 특성에 대한 평가와 해석은 다소 등한시된 것이 사실이다. 이는 근본적으로는 문학과 정치의 관계를 미학적 매개 고리를 통해 해명하기보다는 소재주의적인 방식으로 접근해온 한계에서 기인한다.

이러한 맥락에서 지금 과거의 정치적 사건에 대한 문학의 대응 양상을 살펴보려는 연구자에게 필요한 것은 '문학과 정치'라는 병렬적 인식이 아니라, 문학 텍스트 고유의 미적 특성으로부터 '문학의 정치'를 추출하려는 새로운 접근 방법에 대한 자의식일지도 모른다. 2000년대 이후 한국 문학 연구에 활발히 수용된 랑시에르 등의 이론에 대한 폭발적 관심이나, 텍스트의 무의식을 징후적으로 읽어내려는 일련의 급진적 정신분석학 이론에 대한 광범위한 수용 등은 이와 같은 맥락 속에서 그 문제성을 인정받을 수 있을 것이다. 각기 상이한 방식이기는 하지만 이들 새로운 연구 경향들은 공통적으로 문학 텍스트가 지닌 고유한 특성으로부터 '정치적인 것'의 의미를 새롭게 규명하려는 문제 설정을 지니기 때문이다.

이 글은 1986년 10·28 건대항쟁(애학투련 사건)과 1996년 연대

학생운동, 1980

사건(범민족대회 사건), 그리고 2000년대 이후 학생운동의 중요 사건들을 다룬 문학 텍스트를 연구 대상으로 한다. 그러나 연구의 목표는 단순히 특정 텍스트에 10·28 건대항쟁이나 연대사건 등등의 정치적 사건이 나타난 양상을 고찰하는 것으로 설정하지는 않는다. 오히려 이 글이 관심을 지니는 것은 개별 텍스트들이 특정 사건을 재현하는 과정에서 보여주는 '언어'에 대한 인식이다. 좁게는 언어를 통해 당대 사회적 맥락 속에서 배태된 고유한 미학의 방향성을 추출할 수 있기 때문이며, 넓게는 언어를 통해 당대 저항 주체들이 세계를 바라보는 관점과 그 문학적 전략의 구현에 대해 고찰할 수 있기 때문이다. 그리고 이 과정을 통해 1980년대부터 1990년대, 나아가 2000년대 저항적 문법의 변화 양상을 추출할 수 있을 것으로 판단되기 때문이다.

언어를 둘러싼 '싸움'과 실재의 '올바른' 재현

1986년 10·28 건대항쟁에 대한 역사적 평가는 대체로 1987년 6월항쟁의 선도투라는 내러티브로 수렴되는 듯하다. 즉, 큰 틀에서 1980년대를 '민주화운동의 시기'로 규정하고, 이 틀에서 10·28 건대항쟁이 지니는 정치적 의미를 평가하는 것 자체에는 연구자 집단 및 시민사회의 합의가 일정 부분 이루어진 듯하다. 실제 문학 텍스트에서도 드물기는 하지만 1986년 10·28 건대항쟁을 전면에 다룬 것들이 있으며, 이들 텍스트에 대한 평

1980년대 문화의 지형과 운동권문화의 위치

가 역시 위에서 언급한 내러티브로 수렴된다. 예컨대 다음과 같은 부분을 보자.

> 반년 만에! 창밖으로 고개를 내밀고 구호를 외쳐대던 예원의 뇌리 속에서는 건대에서의 사흘 낮 사흘 밤이 얼핏 스쳤다. 그때 우리는 놈들에게 머리채를 휘어잡힌 채 개처럼 질질 끌려나왔었지. 계단을 뒹굴어 건물 밖으로 내동댕이쳐진 다음에는 백골단 놈들의 터널을 지나왔었어. 하지만 봐, 형! 반년 만에! 반년 만에 우리는 역전을 시켜버렸다구! 건대에서의 마지막 날을 떠올릴 때 명동에서의 마지막 날은 참으로 감동적이었다. 거짓말처럼 극적인 역전이 명동투쟁을 마무리 짓던 그날 그렇게 예원의 눈앞에서 펼쳐지고 있었던 것이다. 그 광경들이 너무도 감격스러워 예원은 혹시 자신이 지금 꿈을 꾸고 있는 것이나 아닌가 하는 착각 속으로 빠져들었었다.[2]

위의 인용문에서 1986년 10·28 건대항쟁은 1987년 6월항쟁과 연계되며 그 의미를 획득한다. 이러한 인식은 비단 문학 텍스트뿐 아니라 사회학이나 정치학 등의 영역에서도 유사하게 드러나는 듯하다.

그런데 이 글의 관심인 '언어'의 측면에서 보자면 더 심층적인 해석이 가능할 수도 있다. 이 텍스트를 관통하는 투쟁은 표

---

2 심산, 《사흘 낮 사흘 밤》, 풀빛, 1994, 244~245쪽. 이 텍스트는 문학에서는 거의 유일하게 1986년 10·28 건대항쟁을 직접적으로 다루고 있다.

면적인 스토리라인상에서는 민주화운동의 내러티브로 수렴되지만, 한편으로는 '언어'를 둘러싼 것이기도 하다. 즉, "불순분자"와 "애국민주운동세력" "폭력난동"과 "구국투쟁" "북한 공산괴뢰집단"과 "조국해방전쟁" 간의 '말'을 둘러싼 투쟁이 텍스트 전체를 관통하는 플롯으로 기능하고 있다. 여기에는 하나의 전제가 있는바, 단 하나의 실재란 존재하며 이를 언어를 통해 '올바르게' 재현할 수 있다는 인식이 그것이다. 따라서 "불순분자" 등의 '말'을 "애국민주운동세력" 등의 말로 '교정'하는 것이 문학 텍스트의 주된 목표로 설정된다. 물론 이 과정에서는 필연적으로 "우리 운동이 기대고 있는 사상체계", 구체적으로 "엠엘주의"나 "김주의"[3]가 개입해야 한다. 그렇지 않을 경우 "쁘띠의 이중성"이나 "종파적", 혹은 "좌편향적 오류"[4]로 인해 '잘못된' 재현이 일어나기 때문이다. 이러한 말을 둘러싼 투쟁은 운동 진영 내부에서도 진행되는바, 동일한 명동성당 농성을 놓고 제헌의회그룹과 NL그룹이 대립하는 것 역시 결국에는 "광주항쟁"[5]을 어떻게 호명할 것인가의 문제로 표현된다.

따라서 이 텍스트에서 중요한 것은 "반공논리"[6]로 표상되는 '왜곡된 언어'의 허위성을 폭로하고, 그 자리에 "애국민주운동세력"의 언어를 기입하는 행위이다. 이와 관련하여 이 텍스트에 일반적인 소설 문법과는 다소 다른 형식의 글쓰기 양식들

---

3 같은 책, 313쪽.
4 같은 책, 52~53쪽.
5 같은 책, 196쪽.
6 같은 책, 73쪽.

이 다수 사용되고 있다는 점이 주목된다. 예컨대 소설에 삽입된 다음과 같은 삼행시를 보자.

서러운 가슴을 부둥켜안고
찬란한 내일의 건강한 웃음을 위해
주저함 없이 싸워나가는 아이[7]

이와 같은 자신의 이름으로 지은 삼행시 자체는 낯선 것이 아니다. 그리고 잡다한 양식들이 혼종되는 소설 장르의 특성상 삼행시가 소설 텍스트에 삽입되는 것 역시 아주 특별한 경우라고 보기는 어렵다. 오히려 주목되는 것은 위의 삼행시가 실제 10·28 건대항쟁 '과정'에서 생산된 것이라는 사실이다.[8] 그러니까 이 "어느 여대생이 자기 이름으로 지은 삼행시"는 '소설'이라는 특정한 미적 규범에 의거한 장르를 구성하기 위한 언어적 재현물이 아니라, 본래 사건의 전개'과정'에서 도출된 것인 셈이다. 바꾸어 말하자면 이 소설에서 중요한 것은 '예술의 규칙'에 의해 형성된 소설 장르의 문법에 맞는 언어적 구성이 아니라, '실재'를 재현하기 위해 가능한 모든 글쓰기 양식들을 차용하는 것이다. 따라서 이 소설을 10·28 건대항쟁(과 6월항쟁)을 다룬 논픽션이라고 호명하거나, 혹은 사건의 전개과정에서 생산된 언어 양식의 아카이브라고 하더라도 큰 무리가 없다. 실제

---

7 같은 책, 76쪽.
8 10·28건대항쟁20주년기념사업준비위원회, 《10·28 건대항쟁 20주년 기념자료집》, 2006, 99쪽.

학생운동, 1980

표제 장르명이 '소설'일 따름이지, 그 내적 규범은 일반적인 '소설'과는 다르게 나타나기 때문이다.

이러한 현상은 이 소설 텍스트가 지니는 근본적인 언어 인식에 기인한다. 앞서 살펴본 것처럼 이 텍스트를 관통하는 것은 왜곡된 '말'을 올바른 '말'로 교정하는 것이다. 여기에 그 매개가 소설이건 르포건 수기건 삼행시건 삐라건, 혹은 다른 모종의 양식이건 그 형식은 중요하지 않다. 미적 형식 '이전'에 하나의 사건이나 사물에 대한 하나의 '올바른' 재현으로서의 '기표'가 존재하기 때문이며, 이를 복원하는 작업이 미학적인 층위의 작업보다 훨씬 긴박하고 중요한 것으로 설정되기 때문이다. 이와 같은 언어 인식은 1980년대라는 특정한 시기를 고려했을 때 그 현실 적합성을 인정받을 수 있을 것이다.

이러한 맥락에서 이 소설 텍스트가 엄밀한 의미에서 '리얼리즘'이라기보다는 '낭만주의'에 가까운 속성을 지니고 있다는 사실 역시 주목된다. 작가 스스로가 '작가의 말'을 통해 "내가 이 소설을 발표하지 못한 이유는 아마도 그 애착에서 발견하게 된 낭만주의 때문이었을 것이다. 고쳐 쓰려는 시도는 여러 번 있었으나 번번이 쓴잔만을 되돌려받았을 뿐이다. 낭만주의적이었던 현실에 현실주의적인 칼날을 들이민다는 것 자체가 협협한 허텅지거리에 불과했던 것인지도 모른다"[9]라고 진술하고 있을뿐더러, 실제 소설 텍스트를 보더라도 객관적 리얼리즘의 미학적 규범보다는 이른바 '혁명적 낭만주의'로 불리는 주관에 의

---

9 심산, 〈작가의 말〉, 《사흘 낮 사흘 밤》.

1980년대 문화의 지형과 운동권문화의 위치

한 객관 세계의 파지가 강하게 나타난다. 기본적으로 언어가 세계를 온전히 반영할 수 있다는 '믿음'은 주체의 세계 인식에 대한 낭만적인 확신으로부터만 가능하다. 즉, 주체에 의한 객관 세계의 점유, 이른바 '세계의 자아화'가 이 텍스트의 양식적 특성인 셈이다. 그러한 맥락에서 이 텍스트의 종결이 주동 인물의 "사회적 자아와 실존적 자아"의 "통일"[10]로 귀결되는 것은 필연적인 일이기도 하다. 이와 같은 "온전하게 통합된 진정으로 새로운 인간"[11]의 존재를 통해서만 다소 낭만적이기까지 한 '세계의 자아화'가 가능해지기 때문이다.

심산의 소설 텍스트에서 '10·28 건대항쟁'은 이러한 순수 관념 속에서 존재하는 코기토적 언어가 실제 현실 속에서 운동하며 현현하는 특정한 '사건'으로 형상화된다. 그것이 '김주의'이건 '마레주의'이건 사상 자체는 어디까지나 언어를 통해 구성된 관념 체계 속에 존재하며, 텍스트에 등장하는 학생운동가들 역시 이를 '책'을 통해 접했을 따름이다. 그런데 이들이 접한 사유 체계를 '불순한 언어'로 규정하며 탄압한 것이 건대에서의 사건이었으며, 이에 맞서 '왜곡된 언어'를 '올바른 언어'로 '교정'하기 위한 투쟁이 건대에서 이들의 운동이었다. 물론 이러한 언어에 대한 인식은 앞서 언급한 것처럼 다소 낭만적 나르시시즘의 경향을 벗어나지 못한 것일 수도 있으나, 당대의 현실을 고려할 때 그 문학사적 의의를 인정받을 수 있을 것이다. 왜냐하

---

10 같은 책, 314쪽.
11 같은 책, 315쪽.

면 예컨대 1980년 광주에서의 사건을 '폭동'으로 호명하는 지배 권력의 언어는, 아예 그 사건 자체에 대한 접근 자체를 차단하는 방식으로 기능했기 때문이며, 이때 이들의 코기토적 언어는 사건에 대한 인식 자체를 가능하게 만드는 시발점으로 기능할 수 있었기 때문이다. 다시 말하면 이들의 언어 인식을 통해 비로소 우리는 은폐된 현실의 '존재'를 대면할 수 있었기에 그 중요성은 충분히 강조될 필요가 있는 셈이다.

재현의 불가능성, 혹은 구별짓기의 전략

아이러니하게도, 1986년 10·28 건대항쟁으로부터 꼭 10년 후, 이른바 '연대사건'이 일어난다. 1996년 8월 범민족대회를 개최하려는 학생들과 이를 불허한 정부 간의 극단적인 충돌이 벌어졌으며, 그 결과 연세대에 집결한 한총련 소속 학생 1만여 명이 10여 일간 고립되었고, 결국 총 연행자 수 5,899명, 구속자 수 462명이라는 한국 학생운동 사상 '최대' 규모의 '기록'을 세우게 된다. 그러나 건대항쟁이 상대적으로 1980년대 민주화운동의 맥락에서 일정 부분 그 시민권을 복원받은 것에 비해, 연대사건의 경우에는 아직 이렇다 할 평가가 거의 이루어지지 못한 것이 사실이다.

반면 연대사건을 다룬 문학 텍스트는 이에 대한 흥미로운 해석의 단초를 제공해주고 있어서 주목된다. 특히 이 글에서 주목하고자 하는 언어에 대한 인식과 관련하여 손홍규의 〈마르

1980년대 문화의 지형과 운동권문화의 위치

께스주의자의 사전〉은 상당히 중요한 인식을 보여준다.

2장에서 살펴본 것처럼 10·28 건대항쟁을 다룬 심산의 《사흘 낮 사흘 밤》은 객관 현실에 대한 코기토적 언어의 재현 가능성을 전제로 하고 있으며, 이를 토대로 한 '올바른' 현실의 재현을 언어(와 이를 사용하는 문학)의 기능으로 설정하는 양상을 보여준다. 이는 당대 자주·민주·통일 등의 기표로 상징되는 가치체계가 사회적으로 승인되었던 상황에 의해 가능한 것이다. 반면 그로부터 10년 후에 벌어진 연대사건의 경우에는 사정이 완전히 다르다. 1987년 6월항쟁을 통한 일정 부분의 절차적 민주주의의 확보와 1991년 5월투쟁의 패배, 소비에트의 몰락, 1993년 '문민정부'의 등장 등등의 사회적 변화는 자주·민주·통일로 표상되는 기표들을 '낡은 것'으로 전화시켰다. 오히려 어떠한 측면에서는 이들 기표들이 지배층에 의해 흡수되거나 지배 담론으로 편입되는 양상들도 나타났으며, 이는 이들 기표들이 더이상 현실 적합성을 지니지 못하는 상황으로 구체화되었다.

이러한 맥락에서 손홍규의 〈마르께스주의자의 사전〉은 언어를 매개로 한 현실의 재현 가능성 자체에 대해, 나아가 언어를 통한 재현에 수반되는 윤리에 대한 근본적인 질문을 던지고 있다는 점에서 중요하다. 작품의 주동 인물인 '그'는 스스로를 '마르께스주의자'라고 칭하지만 문학회 동료들에 의해 '발자크'로 호명되며, 누이들에게는 '마르크스주의자'로 오인된다. 하나의 '기표'가 이와 같이 다르게 변용되어 유통되는 상황은 일종의 알레고리로 독해될 수 있다. 즉, 이전 시기 기표와 기의의 일대일 대응이라는 '일물일어론-物-語論'적 사유가 통용될 수 있었

학생운동, 1980

다면, 1990년대 이후 기표 자체의 자율성과 다의성에 대한 인식론적 전환이 위와 같은 '오인'을 낳은 기본적인 조건이라고 볼 수도 있을 것이다. 이와 관련하여 다음과 장면은 매우 중요한 상징성을 지닌다.

> 그 선배가 환송식에서 김소진이 방위로 복무하는 동안 국어사전을 ㄱ부터 ㅎ까지 독파했다는 이야기를 들려주었다. 그는 골똘히 생각에 잠겼다. 그리고 국어사전을 잘근잘근 씹어 먹고 돌아오겠노라 선언했다. 그는 기초 군사 훈련이 끝나는 날 다락방에 널렸던 누나들의 옷가지며 잡동사니를 치웠다. 다락방에는 신전에 바쳐진 제물처럼 국어사전 한 권만 성스럽게 달랑 놓였다. 근무를 마치고 돌아오면 그는 다락방에 올라가 침침한 백열등 아래서 신중하게 낱말을 더듬은 뒤 정말로 국어사전을 씹어 먹었다. 다락방은 그의 고치였다. 그는 사전에서 새로운 세계를 발견했으며 태초의 시인처럼 말의 매력에 금세 사로잡혔다. 사전의 세계에 몰두하다보면 깊은 골짜기와 높은 봉우리가 있는 산맥의 한가운데 선 기분이었다. 낱말들은 서로의 이름을 불렀고 메아리처럼 이 골짜기와 저 산봉우리를 종횡으로 가로질렀다. 그는 귓가에 울리는 활자들의 부름에 따라 이리저리 헤매고 싶은 충동을 억눌러야 했다. ㄱ부터 ㄴ, ㄷ, ㄹ…… 이렇게 차근차근 사전이라는 미로를 정복하고 싶었다.[12]

---

12 손홍규, 〈마르께스주의자의 사전〉, 《톰은 톰과 잤다》, 문학과지성사, 2012, 73~74쪽.

작품 초반에 제시되는 위의 장면처럼 '그'는 고故 김소진의 일화를 따라 "국어사전"을 외우고 씹어 먹는 행위를 한다. 이는 그 안에 "세계"가 존재한다고 생각했기 때문이다. 1963년에 태어나 1980년대에 대학에 입학하고 문학을 시작한 김소진에게 "국어사전"은 곧 세계를 올곧이 호명하기 위한 지도와도 같은 것이었으리라. 아마도 그 사전에는, 심산과 마찬가지로 자주·민주·통일은 물론 해방이나 연대와 같은 어휘들이 들어 있었을 것이며, 김소진은 이를 통해 왜곡된 호명을 교정할 수 있었을 것이다.

문제는 위의 장면이 1986년 10·28 건대항쟁으로부터 정확히 10년 뒤인 1996년을 배경으로 한다는 점이다. 고전적인 자민통 테제는 그 주도권을 상당 부분 정권에 빼앗긴 상태였으며, 대중들의 심성구조는 더 이상 민주 대 반민주라는 구도로 운동하지 않았다. 이는 '말'을 둘러싼 담론 지형에서도 마찬가지로 전개된다. 언어가 견고한 질서를 지닌 '랑그'가 아니라, 구체적인 발화 상황에 따라 유동하는 '파롤'이라는 인식이 상식화되었으며, 고정된 기의와 기표의 일대일 대응이라는 '환상'에 대한 회의 역시 광범위하게 이루어졌다.

따라서 김소진의 일화를 따라 "국어사전"을 외우고 씹어 먹는 '그'의 행위는 결국 좌절될 수밖에 없다. 국가폭력이 자행되는 순간을 목격한 '그'는 그동안 자신이 씹어 먹었던 어휘를 모두 토하고 만다. 왜냐하면 그 폭력에 사용되는 언어가, 즉 "나는…… 그 말들이 모두 사전 속에 있다는 사실을 참기 힘들었"[13]기 때문이다. 김소진이 "사전"을 통해 읽었던 어휘들은 현실의 운동 속에서 그 실재와 일치될 수 있었던 반면, '그'가 읽었던 어휘들 중 현실에서 대면하는 것들은 예컨대 폭력·고립·진압 등이었던 셈이다. 통일이라는 어휘는 앞에 흡수라는 수식어를 달며 국가 주도의 '위로부터의' 것으로 수렴되었고, 민주라는 어휘는 정치적 권리를 이벤트와 같은 투표로 한정짓는 것으로 외화되었다. 연대라는 어휘는 신자유주의적 사회 재편 속에서 '루저'들의 자족적인 행위로 냉소의 대상이 되었고, 혁명이라는 어휘는 하나의 마케팅 기법으로 잠식되었다. 이들 어휘는 "사전"에 기록된 것과는 달리 현실에서 운동한다. 그러니 '그'가 사전을 외우고 씹어 먹었다 하더라도, 결국 이 모든 어휘를 토하는 것은 필연적이다. 그리고 이 행위는 곧 손쉬운 '교환가치'로 치환되는 언어를 거부하는 윤리의 표현이기도 하다.

따라서 이 소설의 주인공인 '마르께스주의자', "그의 공화국에 존재하지 않는 유일한 사물은 사전이다"[14]라는 소설의 마지막 진술은 충분히 강조되어야 한다. 두 가지 의미에서 그러한데, 첫째 "사전"은 결국 소수의 지적 엘리트와 지배권력에 의해 구성되는 견고한 '랑그'의 세계에 불과하기 때문이며, 둘째 그 사전을 둘러싼 전유의 실험이 결과적으로 사전 '내부'의 언어 '너머'를 상상하지 못한다는 점 때문이다. 1980년대 학생운동이 그 '선의'에도 불구하고 결국 하나의 '말'을 단일한 '진리'로 규정하면서 결과적으로 그 언어의 질서에 진입할 수 없는 수많

---

13 같은 책, 102쪽.
14 같은 책, 105쪽.

은 서발턴에 대한 또 다른 의미의 '배제'를 낳았던 것, 나아가 대안적인 언어를 구축하는 작업보다 지배적인 어휘를 교정하는 일에 초점을 맞춘 경향이 있다는 것을 고려하면 이와 같은 성과는 이전 시기와는 구분되는 1990년대 학생운동의 변화된 언어 인식을 단적으로 보여주는 것으로 평가할 수 있다.

윤이형의 〈큰 늑대 파랑〉은 '연대사건'의 전사前史인 1996년 3월 이른바 '열사정국'을 배경으로 하고 있다. 1995년 5·18 학살자 처벌투쟁 시기까지 '문민정부'와 상대적으로 전술적 제휴 관계를 유지하고 있던 한총련은, 1996년 들어 정권 재창출을 목표로 한 정권의 변화 속에서 '전민항쟁' 노선을 채택하게 된다. 이 과정에서 1996년 3월 29일 과잉 진압으로 인해 연세대 2학년 노수석 학생이 사망하며, 이후 성신여대 권희정, 경원대 진철원, 성균관대 황혜인 열사 등의 죽음이 이어지게 된다. 이 소설은 고 노수석 열사의 죽음을 다음과 같이 기록하고 있다.

미스터 블론드가 경찰의 귀를 잘라내고 있을 때 종로 근처의 어느 인쇄소 기계 뒤에서 남학생 하나가 쓰러져 죽었다. 남학생은 넷과 같은 학교 학생이었고 학년도 같았다. 정확한 사인을 규명 중이지만 경찰의 과잉 진압 때문일 가능성이 크다고 뉴스에는 씌어 있었다.

다음날 밤 네 아이는 언제나처럼 특별한 이유 없이 작은 방에 모였다. 그리고 두 시간쯤 천장만 바라보며 함께 누워 있었다. 마침내 한 아이가 일어나 앉아 마우스로 모니터 속의 하얀 공간에 작은 늑대를 그리기 시작했다. 불확실한 여러 개의 선을 겹쳐 뼈를

세우고, 새파란 물감을 몸에 부어 살을 만들었다. 그는 파랑의 아버지가 되었다. 나머지 세 아이가 일어나 모니터를 둘러쌌다. 그녀들은 파랑의 어머니가 되었다.

어머니들과 아버지는 알지 못했지만, 파랑이 눈을 뜨자마자 맡은 것은 짙은 피내음이었다. 늑대의 날선 본능이 갓 태어난 파랑의 온몸을 붙잡고 흔들었다. 파랑은 조그만 눈동자를 좌우로 굴려 주위를 둘러보았다. 아무도 옆구리를 물어뜯기지 않았고, 무리에서 낙오되어 바닥을 뒹굴고 있지도 않았다. 하지만 역시 피냄새가 났다. 마룻바닥 어딘가에 흥건한 피웅덩이가 있다는 것을 파랑은 알고 있었다.[15]

시간적 배경이 "1996년 3월의 어느 늦은 오후"로 제시되어 있으며, 이들 역시 "시위대의 맨 뒤에 가서 섰다"라는 서술로 미루어보아, 위에 인용한 '남학생'이 고 노수석임은 쉽게 추론할 수 있다.[16] 그런데 노수석의 죽음과 오버랩되는 것은 다름 아닌 "쿠엔틴 타란티노"[17]의 영화와 "'오에까끼'"[18]로 그린 그래픽이다. 이러한 하위문화적 코드는 기존의 규범으로부터 개체의 특이성을 구별짓기 위한 전략으로 활용된다. 이들은 시위대의 앞에 서지는 못하지만, 그것을 문화적인 층위에서 지배적인 규범과는 다른 '삶'의 방식의 모색으로 구현하려는 의지를 지니고

---

15 윤이형, 〈큰 늑대 파랑〉, 《큰 늑대 파랑》, 창비, 2011, 100~101쪽.
16 더불어 실제 윤이형이 연세대학교 95학번이라는 점 역시 이와 같은 추정을 가능케 한다.
17 같은 책, 99쪽.
18 같은 책, 98쪽.

1980년대 문화의 지형과 운동권문화의 위치

있으며, 이는 바로 그 "오에까끼"를 통해 만든 "파랑"을 통해 구체화된다. 이는 '파랑'의 탄생에 이들이 적은 "글자", 즉 "'늑대의 이름은 파랑이다. 파랑은 우리를 지킨다. 우리는 파랑을 지킨다. 언젠가 우리가 우리를 잃고 세상에 휩쓸려 더러워지면, 파랑이 달려와 우리를 구해줄 것이다'"[19]라는 '언어'를 통해 명확해진다.

따라서 그로부터 10년이 흐른 후, 이들이 지배적인 규범에 투항하여 이주노동자를 광고의 이미지로 소비하는 존재로 변하거나, 이른바 '취집' 시장에 뛰어들거나, 혹은 "웹진에 스페이스 오페라와 칙릿을 결합한 SF 로맨스물을 연재"[20]할 때, 그러니까 이들이 주류적인 규범에 순응하며 문화적 층위에서의 구별짓기의 언어를 더 이상 사용하지 못할 때, 파랑이 이들을 죽임으로써 '구원'하는 것은 필연적이다. 1996년 대학가의 하위문화의 전복적 상상력은, 2000년대 이후 급속한 속도로 상품의 영역에 포획되었기 때문이다.

이와 같이 손홍규와 윤이형의 소설은 각기 다른 방식으로 1990년대 학생운동의 변화된 언어 인식을 보여준다는 점에서 주목된다. 손홍규는 "사전"으로 표상되는 거대한 언어의 질서 자체를 거부하고 이를 넘어서기 위한 상상력의 일단을 보여준다. 윤이형은 "쿠엔틴 타란티노"와 "오에까끼"로 대표되는 하위문화의 언어를 통해 지배적인 규범으로부터 스스로를 구별지

---

19 같은 책, 141쪽.
20 같은 책, 106쪽.

으려는 이들의 대안적 정체성의 모색과 그 좌절에 대해 묵시록적 세계관과 좀비 서사 양식을 결합시켜 증언한다. 이러한 1996년 연대사건을 중심으로 한 소설의 재현은, 정확히 10년 전 벌어졌던 10·28 건대항쟁에서의 언어 인식과는 다른 방식으로 변화된 시대에 대한 미학적 대응을 고민하고 있다는 점에서 중요한 성과로 평가될 수 있을 것이다.

유토피아에서 헤테로토피아로의 이행

다시 심산의 소설로 돌아가보면 소설의 앞부분과 뒷부분을 관통하는 흥미로운 장면이 하나 등장한다. 이 소설은 '예원'의 성장 서사로 볼 수도 있을 텐데, 그녀가 '학생운동가'로 성장하기 위해서 버려야만 하는 것 중 하나는 바로 "한영애 노래"[21]이다. 마지막 부분에서 예원은 이 노래를 잠시 부른 후 "운동을 시작하고 나선 한 번도 입에 올리지 않았던 노래"[22]라고 말한다. 그리고 그 자리를 채우는 것은 한섭이 감옥에서 장기수들에게 배운 '동지애의 노래'이다. 하나의 올바른 언어가 성립하기 위해서는 이로부터 벗어나는 언어를 소거시키는 작업이 필수적이다. 그런 맥락에서 예원의 성장은 곧 "한영애 노래"로 표상되는 이질적인 언어를 스스로 억압하는 과정이기도 하다.

---

21 심산, 《사흘 낮 사흘 밤》, 29쪽.
22 같은 책, 324쪽.

앞서 3장에서 잠시 언급한 것처럼, 1996년 연대사건은 한국 학생운동 진영의 '결정적' 몰락의 계기로 작동했다. 1980년대 후반 완성된 변혁론과 조직론은 물론, 그 근본을 이루는 '사상' 체계 역시 연대사건을 계기로 그 한계가 폭발했다. 당시 학생운동 내 소수파에 속했던 몇몇 구PD계열 및 아나키즘 운동 그룹들이 1980년대적 운동 모델에 대한 근본적인 성찰을 시도했으나 결과적으로 관념적 성격을 벗어나지 못하고 그 실험을 종결짓게 되며, 다수파에 속했던 NL그룹은 여전히 자민통 테제의 유효성만을 강변하며 스스로 대중으로부터 고립되는 길을 택한다. 대략 이와 같은 내러티브 속에서 2000년대의 학생운동은 그 존재 자체가 아예 인지되지 못한 감이 있다. 그러나 현실의 모순이 존재하는 한 운동은 존재하기 마련일 것이다. 다만 그 방식은 전대의 그것과는 판이하게 다를 수밖에 없을 것이다. 이러한 맥락에서 손아람의 소설은 매우 드물게도 2000년대 학생운동의 구체적인 문화와 저항 전략을 보여준다는 점에서 주목된다.

손아람의 《디 마이너스》는 흔히 '신자유주의의 전일적 관철'로 호명되는 2000년대 학생운동의 중요한 장면들을 매우 디테일하게 재현하고 있는 소설이다. 흥미로운 것은 여기에 등장하는 인물들의 구체적인 '지향'이 하나의 '유토피아'로 수렴되는 것이 아니라, 각기 상이한 '헤테로토피아'에 대한 탐색으로 분기된다는 점이다.[23] 이는 고전적인 자민통 테제로 환원되지 않는 다양한 모순들, 예컨대 젠더, 환경, 문화, 교육, 지적 격차 등에 대한 천착으로 이어진다. 이 텍스트에는 농활 과정에서 벌어진 남성 농민의 성적 폭력의 문제, 학생회 체육대회에서의 '축구'가 지니는 여성 배제적인 측면에 대한 논쟁, 교육 과정에서의 수직적 위계질서와 학사 관리 엄정화로 인한 매뉴얼화에 대한 증언 등등이 매우 구체적으로 진술되어 있다. 이러한 맥락에서 특히 '언어'를 둘러싼 다층적인 충돌과 연대의 장면은 주목을 요한다. 예컨대 이 텍스트에서는 고전적인 루카치의 리얼리즘과 "와룡강"(B급 무협소설가 - 인용자)의 무협소설이, 아도르노의 미학 언어와 "클릭비 3집"이 충돌하며 공존한다.[24] 동시에 다음과 같은 언어적 카니발이 이루지기도 한다.

> 결국 선봉대장은 자기 손끝에서 탄생한 모든 작품을 이름 없이 세상에 내보낸 셈이었다. 무명 시인으로서 아무도 읽지 않는 문예지에 노동시를 기고했고, 주필로서 연대회의 학습 커리큘럼에 기고문을 실었고, 엘베레스로서 만화방의 벽장을 채워 넣을 판타지 소설을 썼다.[25]

"노동시"와 "연대회의 학습 커리큘럼"과 "판타지 소설"이 서로 충돌하며 공존하는 장면으로부터 우리는 2000년대 학생운동이 지니는 새로움의 진테제를 추출할 수 있을는지도 모른다. 과거 단 하나의 '유토피아'의 언어만이 허용되었다면, 그 결

---

23 '헤테로토피아'라는 개념은 1996년 연대사건을 경유하며 학생운동의 대안적 질서를 모색하는 과정에서 이재원에 의해 제기된 것이다. 자세한 개념은 이재원, 〈꼬뮌 혹은 헤테로토피아를 위한 정치학〉, 《오래된 습관 복잡한 반성》, 이후, 1998을 참조.

24 손아람, 《디 마이너스》, 자음과모음, 2014, 247쪽.

25 같은 책, 380쪽.

과 일종의 환원론적 편향이 노정되었다면, 2000년대 학생운동에 이르러 비로소 이질적인 언어들의 카니발을 통해 '헤테로토피아'의 기획이 수행된 셈이다. 그리고 이는 언어의 측면에서 끊임없이 미끄러지는 '잡음들'을 복권하려는 이 시기 학생운동의 독특한 위상과 지향을 단적으로 보여주는 것이기도 하다. 이는 비단 실제를 재현하는 도구로서의 '언어'라는 층위에 국한된 것만은 아니다. "월드 오브 워크래프트"의 게임 세계 속에서 "왼쪽 대륙 칼림도어의 오크 전사로서 얼라이언스의 폭정에 대항하는 호드의 기나긴 투쟁"[26]이라는 가상현실이라는 새로운 언어에서도 마찬가지로 진행 중이다. 손아람의 텍스트가 현재진행형인 것은 이 때문이기도 하다.

잊혀진 목소리들을 복원하는 문학의 몫

특정한 역사적, 정치적 사건을 재현하는 문학의 몫은, 단순히 '있는 그대로'의 사실을 모사하는 것, 혹은 '당파적' 해석을 부여하는 것에 그칠 수 없다. 이 경우 문학은 그 예술적 성격을 탈각한 일종의 건조한 형식의 '보고서'가 될 것이다. 물론 이 '보고서'가 의미가 없다는 말은 아니다. 오히려 그 반대로, 언제나 '보고서'는 필수적이며, 이 존재로 인해서 비로소 문학은 특정한 사건을 재현할 가능성을 획득하게 된다.

---

26 같은 책, 520쪽.

그렇다면 도대체 문학은 무엇을 할 수 있는가? 당연하게도 '보고서'에는 특정한 내러티브의 특권화와 이에 필연적으로 수반되는 특정한 내러티브의 소거와 배제의 전략이 투영되기 마련이다. 이는 1986년 10·28 건대항쟁과 1996년 연대사건, 그리고 2000년대 일련의 학생운동의 사건들에서도 마찬가지이다. 1986년 10·28 건대항쟁의 과정에서 지배적 언어 질서에 의해 소거된 학생들의 자주나 민주, 통일에 대한 내러티브는 문학을 통해 복원될 수 있으며, 동일한 비중으로 이 내러티브에서 소거된 "한영애 노래"에 대한 복원 역시도 문학 텍스트에 대한 다시 읽기의 작업을 통해 이루어질 수 있다. 1996년 연대사건의 과정에서 '친북용공세력'의 불법시위, 혹은 '청년학생들의 애국적 투쟁'이라는 틀로는 포괄되지 않는 "마르께스주의자"의 이야기와 "오에까끼"로 만들어진 "큰 늑대 파랑"의 이야기를 복원하는 것 역시 문학 텍스트의 몫이다. 그리고 2000년대 아예 사회적으로 그 존재조차 승인받지 못한, '신자유주의의 적자'로 오인되곤 하는 이들이 수행한 새롭고 다양한 방식의 정치적 상상력의 발현과 헤테로토피아의 기획의 실험을 증언하는 것이 문학 텍스트의 몫이다. 그리고 이 복원의 과정에서 섬세한 언어의 흔적을 읽어내는 것이 문학 연구자의 몫일는지도 모른다. 적어도 '문학과 정치'가 아니라, '문학의 정치'를 고민하는 연구자라면 말이다.

3부

과거와 현재를 말하다

민주화 이행과
감정의 역할

건대항쟁에 대한 새로운 접근

홍성민

서론: 문제제기

이 글은 1980년대 한국에서 진행된 민주화운동을 설명하는 이론틀을 점검하고, 그동안 상대적으로 소홀하게 다루어졌던 부분을 재검토함으로써, 건대항쟁을 평가하는 데 새로운 시각을 제공하려는 목적을 가진다. 또 이러한 이론적 시도를 통해서 현재 한국 사회에서 필요한 민주화운동을 추동할 수 있는 정치적 요인이 무엇인지를 살펴보고자 한다.

이러한 목적을 위해서 우선 민주화 이행이라는 이름하에 한국 사회에 소개된 서구의 이론틀을 살펴보고, 그 한계를 비판할 것이다. 민주화 이행론의 이론들은 매우 다양하지만, 필자의 시각에는 두 가지로 유형 분류가 가능하다. 첫째는 구조적인 요인을 강조하는 모델이며, 둘째는 행위자에 초점을 맞춘 모델이다. 전자의 흐름을 국가-시민사회 모델이라고 하고, 후자의 모델을 의미틀의 모델이라고 명명하자. 이 두 모델은 그동안 한국 사회에서 민주화 이행을 설명하는 주류 이론이었다. 그런데 각각의 모델이 구조-행위라는 정치적 요소의 한 부분만을 강조하는 한계를 보였다. 상식적인 수준에서 보더라도 사회운동이란 시대의 구조적인 요인과 더불어 개인들의 행위 참여 동기가 동시에 작동하는 것이 당연하다. 따라서 구조-행위라는 양자를 변증법적으로 통합할 필요가 있다.

이러한 이론적 과제를 수행하려는 시도가 2000년대 들어와 다양하게 나타나는바, 나는 이것을 감정구조라는 개념으로 통합하려고 한다. 감정구조라는 용어를 강조하는 이유는 다음과 같다. 행위자들의 감정적 요인(분노, 수치심 등등)들이 사회적 참여의 계기가 되었음을 강조하기 위한 것이며, 동시에 이러한 감정 요인이 개인 수준을 넘어서 집단감정, 집단적 연대로 승화되는 과정이 중요하다는 점을 강조하기 위한 것이다. 따라서 여기서 거론하는 감정이란 사회적 감정이라고 간주할 수 있겠다. 그런데 이러한 사회적 감정이 발생할 수 있으려면 반드시 다양한 사회적 분파들 간의 연대가 가능해야 한다. 이것은 기존의 민주화 이론과는 질적으로 전혀 다른 인식론을 전제로 한다. 과거에는 부패한 권력에 대하여 저항세력이 일사분란하게 단결하였기 때문에 가능했다고 설명해왔다. 그러나 나는 '돌출적 상황'이라는 요인을 강조하고 싶다. 즉 다양한 사회적 분파들이 접합 과정을 통해서 연대가 이루어지다가, 돌출적 상황을 계기로 저항의 힘이 집단적 에너지로 응축되었고, 이것이 권위주의 정권을 무너뜨리게 되는 계기가 된 것이라고 생각한다. 이러한 요인을 근거로 필자의 생각을 정리해보면, 1986년의 건대항쟁은 구조-행위를 연결하는 감정 폭발의 중요한 계기이며, 이것이 1987년의 6월항쟁으로 이어져 민주화를 이루어낸 것이라고 해석할 수 있다. 다시 말해 건대항쟁은 학생운동이 사회적 저항운동으로 확산되는 큰 역할을 한 '돌출적 상황'이다.

이러한 필자의 해석은 앞으로 많은 논란을 예고한다. 그러나 새롭고 과감한 해석을 통해서 과거의 경험을 현재로 이어가는 학문적 계기가 마련되기를 바란다. 왜냐하면 건대항쟁 30주년을 맞이하여 과거를 회고하면서 한국 정치의 현주소를 묻지 않을 수 없기 때문이다. 1987년 6월항쟁이 형식적 민주화를 만들어낸 계기가 되었고, 이러한 87체제를 근거로 지난 30여 년의 정치 일정이 진행되어왔다. 그런데 지금은 실질적 민주화를 이루기 위한 새로운 사회운동이 필요한 시점이다. 그럼에도 대중들이 점차 보수화되고 사회운동의 자발적 참여가 점차 누그러져가고 있다. 과연 그 이유가 무엇일까? 이러한 문제에 대한 처방은 결국 과거의 사건을 새롭게 해석하는 과정에서 찾을 수 있을 것이다. 따라서 이 글은 30년 전 건대항쟁을 단순하게 돌이켜보는 것이 아니라, 오늘날의 한국 문제를 해결하자는 현실적 필요에 의해서 씌어졌다.

민주화 이행의 분석틀 검토

구조적 요인: 국가-시민사회 모델

서구에서는 오도넬과 슈미터[1], 한국에서는 조희연[2]과, 윤상철[3]이 이 분야의 대표적 학자들이다. 이러한 모델에 따르면 민주적 이행 과정은 시대의 구조적 변화에 따른 정치권력의 변화이거나 정치권력과 저항세력(시민사회+정치사회)의 투쟁 과정이 만들어내는 결과이다. 따라서 이러한 국가 – 시민사회의 모델은 저항세력의 형성을 위해서 시민사회가 반드시 존재해야 한다고 설명한다.

조희연에 따르면 민주주의 이행은 경제적 토대에 상응하는 정치체의 변화이다. "박정희 개발독재 체제는 종속적 독점자본주의 형성기의 상부구조라고 할 수 있고, 박정희 개발독재 체제에서 민간정권으로의 이행은 그러한 토대적 변화에 상응하는 상부구조의 변화로 이해할 수 있다."[4] 한편 오도넬과 슈미터에 따르면 제3세계에서 존재한 권위주의 체제들은 대체로 권력의 내부에서 강경파와 온건파가 대립했는데, 이들이 저항세력의 요구에 어떠한 반응을 보이는가에 따라서 민주화의 모습이 달라진다고 설명한다. 예를 들어 강경파는 정부가 동원할 수 있는 모든 수단을 동원해서 저항세력을 억압하려는 자들이며, 온

---

1 O'Donnell, G. A. & Schmitter, P. C., *Transitions from Authoritarian Rule; tentative conclusions about Uncertain Democracy*, The Johns Hopkins Univ. Press, 1996.

2 조희연, 《한국의 국가, 민주주의, 정치변동》, 당대, 1998.

3 윤상철, 《1980년대 한국의 민주화 이행 과정》, 서울대학교출판부, 1997.

4 조희연, 《한국의 국가, 민주주의, 정치변동》, 143쪽.

건파는 정권의 정당성 부재를 만회하기 위해서 더 온건한 조치들(예를 들어 언론의 자유, 선거를 통한 정당성 확보 등)을 취하려는 세력을 지칭한다.

한편 강경파-온건파의 대립구도를 행위자들의 전략적 행동이라는 개념으로 정교화한 모델이 게임이론이다. 이러한 관점에서 보면 강경파와 온건파의 대립은 정권 내부에서만 발현되는 것이 아니다. 시민사회의 저항세력에서도 강경파와 온건파의 대립이 발생한다. 임혁백은 저항에 따른 비용에 민감한 사람들이 온건파라면, 비용에 무감각한 사람들이 강경파라고 분류한다.[5] 이렇게 놓고 보면 체제에 반대하는 대중 동원의 형태가 강경파와 온건파로 나뉘고 이에 대한 정부의 대응도 강경파와 온건파로 나뉠 수 있다. 따라서 민주화의 게임은 정부의 강-온과 시민사회의 강-온으로 구성되는 4개의 매트릭스를 이룬다. 바로 이러한 매트릭스가 민주화의 다양한 모습을 결정한다. 예를 들어 안정적 권위주의-민중혁명-교착 상태-타협에 의한 민주화 등등이다. 여기서 한 발 더 나아가 윤상철은 정치체제 내의 권력 경쟁, 시민사회 내의 세력 관계, 양자의 접합 관계에 의해서 권위주의 체제의 변동이 발생하는 것이 민주화 이행이며, 여기에는 세 가지 경로가 있다고 말한다. "① 완화된 권위주의 체제의 안정화, ② 완전한 민주화 혹은 제한적 민주화, ③ 권위주의 체제의 공공화이다."[6] 이론을 그림으로 나타내면 아래

---

5   임혁백, 〈한국에서 민주화 과정 분석〉, 《한국정치학회보》 24권 1호, 1990.
6   윤상철, 《1980년대 한국의 민주화 이행 과정》, 47~48쪽.

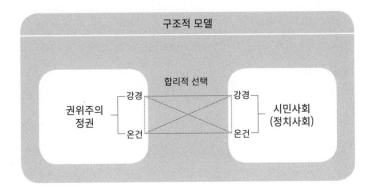

와 같다.

　이제 국가-시민사회 모델을 1980년대 민주화 이행 과정에 대입해보자. 일단 토대의 구조적 요인을 강조하는 사람들은 1980년에서 1983년을 억압적 국가 강제력이 극대화되어 시민사회가 제대로 활성화되지 못한 시기로 규정짓는다. 그리고 1983년 이후 전두환 정권이 학원자율화조치를 실시하면서 다양한 시민사회운동(학생운동, 노동운동, 개헌운동)이 활성화된다. 이렇게 시민사회가 자신의 저항 능력을 키워 권위주의 정권에 도전을 감행한 것이 1987년의 6월항쟁이다. 그리고 게임이론적 모델을 주장하는 학자들은 이 시기에 정권 내부와 시민사회의 내부에서 각각 강경파와 온건파가 분화되었고, 대체로 온건파들 간의 협상이 실현되어 민주화를 이루게 되었다고 평가한다. 정치사회와 시민사회의 연합을 강조하는 입장에서는 한국의 야당이 시민사회 세력의 지원을 받아 전두환 체제에 도전했고, 여기에 중산계급들이 적극 호응하여 민주화가 이루어졌다고 평가한다.

정말 그런가? 우선 1983년 이후로 유화조치가 이루어져 시민사회가 활성화된 것은 인정할 수 있다. 그런데 과연 정부 내에서 온건파가 존재했나? 그리고 이들이 시민사회의 온건파와 협상을 시도한 일이 있었나? 오도넬 & 슈미트의 모델과 게임이론 모델이 모두 강경파-온건파의 존재를 민주화의 핵심 요소로 가정하는데, 한국의 민주화 이행 과정에서는 정권 내부에 강경파와 온건파가 각기 존재했다는 사실을 확인하기 어렵다.[7] 1986년 가을의 건대항쟁은 학생운동의 격렬한 시점을 보여준 사건이었는데, 이 시기에 신민당은 민주통일민중연합과 민주화운동국민연합을 창설하여, 개헌을 위한 서명운동을 벌이면서 전두환 정권으로부터 개헌에 대한 양보를 얻어냈다. 그런데 이러한 양보를 위해서 장외 투쟁을 중단할 것이라는 유화 정책을 승인한다. 이렇게 보면 시민사회의 대표적인 학생운동이 극단적인 저항투쟁을 전개하는 동안 정당정치는 온건 조치를 취하고 있었는바, 결국은 저항세력 간에 일치된 노선이 존재하지 않았다. 그러다가 1987년 박종철 고문치사 사건이 발생하면서 갑자기 시민사회와 정치사회의 연대가 이루어지고 단일한 구호와 투쟁 노선이 형성되면서 전두환 정권을 압박하여 6·29선언을 얻어내게 된다. 이러한 역사의 흐름을 돌이켜보면, 국가-시민사회의 모델이 전제하는 것처럼 한국의 민주화 과정에서 시민사회운동이 단일한 목소리를 낸 것이 아니며, 게임이론이 전제

---

7   성경륭, 〈한국 정치 민주화의 사회적 기원: 사회운동론적 접근〉, 《체제 변동의 정치사회학》, 한울, 1995, 121쪽.

민주화 이행과 감정의 역할

한 것처럼 합리적 계산에 의해서 타협과 협상을 한 것도 아니다. 더구나 중간계급의 정치적 역할에 대해서도 분명한 입장이 없다. 한국에서 계급의 분화가 정치적 분화와 일치하는 수준으로 진행되었는지 확인할 길이 없다. 따라서 새로운 시각으로 1980년대 민주화 이행을 설명할 수 있는 분석틀을 모색할 필요가 있다.

행위자 요인: 의미틀의 모델

국가-시민사회 모델이 정치 변화의 구조적 요인을 설명했지만, 사회운동에 참여하는 개인들의 동기, 의식구조, 세력관계에 대해서는 상대적으로 무관심했다.[8] 따라서 이러한 한계를 극복하기 위해서 1990년대 이후 개인적 요인들을 설명하려는 이론들이 등장한다. 그 대표적인 연구가 의미틀의 모델, 라캉의 담론적 주체 모델, 학생운동의 감성 모델 등이 있다.

우선 의미틀을 강조하는 모델은 국가-시민사회 모델이 특정한 시기에 정권의 위기가 나타나며, 그 원인은 무엇인지를 설

---

8 이 대목에서 성경륭의 제안은 지금도 음미해볼 만하다. 그는 한국의 민주화 과정에서 드러난 시민사회운동의 특징에 주목한다. 그는 시민사회 내부의 다양한 도전세력이 연합하는 데 필요했던 공동의 이익과 도전세력 내부의 구성을 파악하고 이것이 어떤 계기로 하나의 노선으로 합치는가를 설명해야 한다고 말한다. 다시 말해 운동권의 조직 내부, 이념적 성향, 조직의 크기, 정치세력과의 연계 정도 등을 파악하는 것이 중요하다는 것이다 (성경륭, 〈한국 정치 민주화의 사회적 기원: 사회운동론적 접근〉, 앞의 책, 127쪽) 필자는 이러한 문제제기를 운동의 "과정 모델"이라고 이름 붙이고자 한다. 즉 국가-시민사회 모델과 게임이론적 모델이 모두 원인과 결과에 주목하는 "인과 모델(=정적 모델)"이었다면, 성경륭의 제안은 민주화운동의 과정에 주목하는 "과정 모델(=동적 모델)이라고 분류하고자 한다. 그런데 이러한 과정 모델에서는 사회운동가의 의식, 동기, 인지 등이 중요하게 작동한다. 이러한 모델을 통해서 그동안 우리가 포착하지 못했던 민주화 과정의 정치-사회적 의미를 발견해낼 수 있을 것이다.

명하지 못했다고 비판한다. 즉 국가-시민사회 모델은 저항이 발생할 수 있는 요인을 설명했지만(이것을 정치기회론이라고 이름 붙일 수 있다), 행위자들의 활동과 기회구조 간의 관계를 설명하지 못했다는 것이다.[9] 따라서 사회운동에 참여하는 행위자들의 의식과 정치적 기회구조가 어떤 상관관계를 맺는지 파악하고자 한다. 이때 등장한 개념이 의미틀이다. 사회운동의 행위자는 다양한 수준의 인지적 실천을 통해서 공유할 수 있는 의미틀을 형성함으로써 시민의 참여를 이끌어내고 구조 변화의 조건을 형성해간다는 사실을 강조한다.[10] 이렇게 놓고 보면 국가-시민사회 모델은 거시적(제도적) 요인에 대한 정치적 기회를 설명했다면, 의미틀 모델은 개인이 저항의 전략을 선택하는 과정에서 인지틀의 역할에 주목했다는 점에서 미시적(의식적) 접근법이라 할 수 있다. 의미틀의 모델에 따르면 1983년의 유화조치는 정치적 기회가 열리게 된 중요한 모티브이다. 또 1985년 2월 12일 총선에서 야당이 승리한 것은 인지적 기회(시민사회운동이 성공할 수 있다는 희망)가 열린 것이다. 1986년 민주화운동세력이 강하게 제안한 개헌 논의는 시민사회운동을 하나의 구심적으로 모을 수 있는 구체적인 의미틀로 작동했다. 이러한 의미틀이 존재했기 때문에 1986년의 건대항쟁과 1987년의 6월항쟁이 가능했던 것이다.

둘째로, 의미틀이 언어나 담론에 의해서 구성된다는 점에 주목해본다면, 저항운동의 주체가 담론적 주체라고 강조하는 라

---

9 최현·김지정, 〈구조, 의미, 정치적 기회-1980년대 한국의 민주화운동〉, 《경제와 사회》 9호, 2007, 251쪽.
10 같은 글, 257쪽.

캉의 정신분석학이 이론적으로 주목받을 만하다. 프로이트와 라캉의 정신분석학에 기초하여 한국의 민주화 이행을 설명하는 작업이 있는데, 이것이 의미틀의 모델을 보완하는 성격을 가지는 것으로 판단하여 필자는 이를 행위자 요인 모델에 포함시키고 싶다. 김헌태는 프로이트와 라캉의 정신분석학 개념을 정치 분야에 응용하면서, 사회적으로 보면 모든 형태의 집단적 주체들이 보여주는 동질적인 정체성은 결국 담론적 정체성이라고 말한다. 즉 정신분석 담론에서 대중은 담론적으로 구성된다. 다시 말해 언제나 특정한 대타자, 특정한 담론을 자신의 자아 이상으로 수용한 대상이 바로 담론 대중이다.[11] 라캉은 말년의 세미나(세미나 20)에서 담론은 주인기표, 지식기표, 오브제아, 분열된 주체라는 네 가지 요인으로 구성되며, 이러한 네 가지 요인이 시대의 특성에 맞추어 변화한다고 설명한 바 있다. 즉, 주인 담론, 대학 담론, 히스테리 담론, 분석가 담론이 네 가지 담론의 유형인데, 이러한 담론들이 변형되는 형태에 따라서 당대의 의미틀을 구성하고 변혁의 에너지를 만들어낸다고 볼 수 있다. 예컨대, 주인 담론은 정권의 이념과 정당성이 공고하게 유지되는 시기에 나타난 담론이라고 한다면, 히스테리 담론은 정당성이 약화되면서 저항의 기운이 팽배한 담론이다. 히스테리 담론이 팽배하던 시기에 대중들은 주인기표의 위치에 있는 인물에게 자신의 정체성을 규정하려고 한다.[12] 이것은 한 사회의 상

---

11 김헌태 〈라캉 정신분석학을 통한 대중항쟁의 이해〉, 한국외국어대학교 신문방송학과 박사학위 논문, 2014, 119쪽.

12 김태숙, 〈라캉의 네 가지 담론〉, 《라캉과 현대정신분석학회》 6호, 2004, 52쪽.

징질서가 균열되고 있다는 것을 의미한다. 이것을 정치적 맥락에서 다시 설명한다면, 1980년대 민주화 과정에서 정권에 대한 적대가 팽배하여 다수의 민중들 사이에 동일시 현상이 나타나고, 이것이 담론적 집단주체를 형성했으며, 나중에 저항주체로 행동한 것이다. 담론에서의 주인기표는 개인이 아니라 거대담론인데, 1980년대에는 민중, 역사, 조국 등이 주인기표의 역할을 했다. 이러한 상징들이 학생운동에서 절대적 주인기표로 작동하면서 민중민주주의, 평화통일, 노동해방과 같은 구호를 만들어냈다. 그리고 이것이 학생운동의 성격을 규정한 것이다.[13] 셋째, 학생운동의 조직, 가치관, 이념성에 대한 연구가 있다. 이수인은 특정한 행위지향을 가진 학생운동이 유리하게 등장하는 기회요소가 있다는 사실에 주목한다. 그리고 이로 인해서 학생운동의 다양한 이념 성향 중에서 특정한 이념 조직이 급속하게 확산될 수 있다고 설명한다.[14] 예를 들어, 1980년대 학생운동의 기본 이념은 삼민이다. 그런데 동일한 이념을 공유한 학생운동 집단에서 실천이 서로 달랐다면 그 이유는 뭘까? 이수인에 따르면, 학생운동의 지도부가 가진 감성적 에토스가 달랐기 때문이다. 즉 광주항쟁의 진실을 알게 되면서 갖게 되는 분노감, 원죄의식, 부채의식 등이 학생운동의 실천 방향에 차이점을 만들어냈다는 것이다.[15] 이것이 NL과 PD의 이념적 분화뿐만

---

13 김석, 〈히스테리 담론에서 주인으로: 라캉 담론으로 읽는 1990년대 시대정신〉, 《한국학논집》 59호, 2015, 184쪽.

14 이수인, 〈대립성의 경합과 일면성의 확산: 1980년대 학생운동〉, 《사회와 역사》 77, 2008, 239쪽.

15 같은 글, 246쪽.

민주화 이행과 감정의 역할

아니라 실천 전략도 크게 바꾸었다. 민족공동체에 강한 유대감을 가진 학생 집단이 NL을 선호했고, 이들이 학생운동의 큰 호응을 얻었다.[16] 또 이들이 1983년 유화조치 이후 열린 정치적 기회에 상응하여 이후 학생운동이 대중의 지지를 얻어야 한다는 당위성을 만들어냈다. 이것이 1986년 건국대 집회나 1987년 6월항쟁의 밑바닥에 흐르는 미시적 요소들이다.

지금까지 살펴본 3가지 모델을 그림으로 요약하면 아래와 같다.

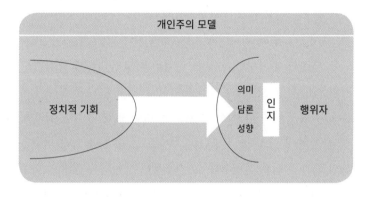

통합된 모델을 향하여 ; 감정구조와 한국 사회의 민주화

구조적 모델은 한국 민주화의 객관적 조건을 분석하는 데 강점이 있고, 미시적 모델은 한국 민주화운동에 참여한 개인들의 심리적 요인을 설명하는 데 강점이 있다. 그러나 전자는 구

---

16 같은 글, 259쪽.

조 안에서 개인의 내적 동기를 파악하는 데 무관심했고, 후자는 개인 행위가 집단적 행위로 발전해가는 과정에 대해서 설명하기 어려웠다. 개인주의 모델에서 인식이나 감정적 요인을 거론하는 것은 사회과학이 미시적 요인에 관심을 갖게 되었다는 것을 의미하며, 학문적으로 큰 발전이라고 평가할 수 있다. 하지만 사회운동은 개인행동을 모아둔 것이 아니며, 개인적 동기와 인식을 합산하는 것으로는 민주화운동이라는 집단행동의 특징을 설명하기 어렵다. 따라서 한국 민주화운동의 특성을 설명하기 위해서는 개인에서 집단으로 이행하는 과정을 전문적으로 설명해야 한다. 즉 개인의 인식, 감정 등이 어떠한 과정을 거쳐 집단적 인식, 집단적 감정으로 확산되어가며, 이러한 이행 후에 개인적 수준과 집단적 수준에서의 인식과 감정이 동일한 것인지를 확인해보아야 한다. 이 과정에서 놓치지 말아야 할 부분은 권위주의 정권에 저항하는 사회세력이 다양한 분파로 구성되어 있고 이들이 각각 서로 다른 실천 전략을 가지고 있었음에도 1987년을 전후로 한 민주화투쟁에서 사회세력이 어떻게 단일한 투쟁으로 통합될 수 있었는가를 밝히는 것이다. 즉 한국의 민주화운동을 추진했던 사회세력은 노동운동, 학생운동, 통일운동 등과 같은 다양한 분파로 존재했고, 이들은 1986년을 전후로 한 민주화투쟁에서 당면 목표와 구체적인 실천 전략에서 서로 다른 의견을 가지고 있었다. 그럼에도 1987년의 6월항쟁에서는 독재정권 타도라는 하나의 집단행동으로 집결되었는데, 이러한 집결이 어떻게 가능했는가를 설명해야 한다. 전자는 주로 개인주의 모델에서 집단주의 모델로 확산되

　　　　　　　　　민주화 이행과 감정의 역할

어가는 과정에서 집단감정이론으로 설명할 수 있으며, 후자는 사회 분파의 흐름들이 하나의 운동세력으로 집결되는 접합이론으로 설명할 수 있다.

1) 우선 심리 모델에서 집단감정의 모델로 발전해가는 이론의 흐름을 정리해보자. 1980년대 개발된 이론에 따르면 집합행동과 심리적 차원의 상관관계를 개인의 신념, 개인적 퍼스낼러티, 참여자 개인이 집단 안에서 경험하는 권위적 관계라는 개념으로 설명한다.[17] 주로 프로이트의 집단심리 개념에 근거하여 개인의 심리적 변화를 동일시 이론으로 분석하려는 시도이다. 그런데 프로이트의 집단심리 개념은 결국 개인의 억압된 욕망이 카리스마적인 지도자를 만나 자신과 지도자를 동일시하는 과정을 추적하는 개인주의적 접근이다. 따라서 과연 사회운동에서 나타나는 집단심리의 특성을 설명할 수 있는지가 의문스럽다. 필자가 보기에 이러한 심리 분석의 한계를 극복하는 방도의 하나로, 1990년대 이후 집단감정이라는 개념이 등장한다.

콜린스에 따르면 사회운동을 결정적 다수이론과 사회적 관심공간이라는 개념으로 설명할 수 있다.[18] 일정한 이슈를 두고 몇몇 참여자들의 의견이 충돌할 때 이것을 콜린스는 관심공간이라고 부른다. 이러한 관심공간에서 사람들이 물리적으로 모임을 가지거나 관심이 공유되는 과정이 사회적으로 공감대(집단

---

17 닐 J. 스멜서, 《사회변동과 사회운동》, 박영신 옮김, 세경사, 1984, 124~125쪽.

18 콜린스, 〈사회운동과 감정적 관심의 초점〉, 제프 굿윈 외, 《열정적 정치: 감정과 사회운동》, 박형신·이진희 옮김, 한울, 2012.

　　　　　　　　　　　　　　학생운동, 1980

의식)를 형성하고, 궁극적으로는 사회변혁을 지향하는 운동으로 확산된다. 이러한 확산 과정에는 운동에 참여하는 개인들의 감정이 개입한다. 초기에는 분노, 열광, 동정 따위로 발현되지만, 사회적 공감대가 넓어지고, 집단의식의 수준에 이르게 되면 집단 성원들이 연대감을 느낄 수 있는 감정으로 고양된다. 이것을 콜린스는 감정에너지라고 부른다.[19] 뒤르켐이 종교적 의례를 통해서 도덕적 에너지가 발생한다고 말한 바와 같이, 콜린스는 감정에너지란 사회운동의 형식을 계기로 사람들 사이에서 발생하는 도덕적 힘이라고 말한다. 사회운동이 개인적인 수준에서 집단적 수준으로 승화되는 과정에는 일종의 집단적 연대가 발생하는 것으로 볼 수 있는데, 이러한 연대의 근원을 뒤르켐은 종교적 의례에서 찾았다면, 콜린스는 상호작용 의례에서 찾는다.

상호작용의 의례는 다음과 같은 네 가지 요인에서 구성된다. ① 두 사람 이상이 같은 물리적 장소에 모여 있어, 신체적 현존에 의해 서로에게 영향을 미친다. ② 외부인과의 경계가 설정되어 참여자들이 누가 참여하고 누가 배제되는가를 인식한다. ③ 사람들이 공통의 대상과 활동에 관심을 집중하고, 그러한 관심에 대해 의사소통함으로써 서로 간에 관심의 초점을 인식한다. ④ 그들이 공통의 감정이나 경험을 공유한다.[20] 이러한 상호 의례의 조건이 성립하면 참여자들은 다음과 같은 경험을 하게 된다. ① 집단 연대와 성원의식, ② 개인들 속에 존재하는

---

19 같은 글, 49~51쪽.

20 Collins, R., *Interaction ritual chains*, Princeton University Press, 2004; 박형신·정수남, 《공포감정의 거시사회학》, 한길사, 2015, 81쪽에서 재인용.

민주화 이행과 감정의 역할

감정에너지(확신, 의기양양, 의지력, 열광, 행동의 발의), ③ 집단을 표상하는 상징(성원들이 자신들과 집합적으로 연계되어 있다고 느끼는 엠블럼이나 여타의 표상), ④ 도덕감정(집단을 지지하고 상징을 존중하고 위반자로부터 집단과 상징을 지키고자 하는 정의감과 집단의 연대와 상징적 표상을 해치는 것에 대한 부도덕감과 부정의감).[21] 콜린스가 제안한 감정에너지와 도덕감정의 개념은 1986년 건대항쟁을 새롭게 해석하는 데 많은 시사점을 준다. 1986년 10월 말 건국대 모임은 몇 개의 분파로 나뉜 대학생 운동조직을 하나로 통합하고자 하는 애국학생투쟁연합의 발대식에 불과했다. 이러한 발대식의 모임은 당시 대학가에서 흔하게 볼 수 있는 집단 모임이었다. 그런데 이러한 모임이 집단 공간으로 형성되고 국민적 관심사로 부상하게 된 계기에는 이념투쟁을 넘어선 감정의 폭발이 큰 역할을 한 것이라고 필자는 판단한다. 게릴라 전투를 방불케 했던 진압작전에 맞선 학생지도부의 대응은 사전에 계획된 것이 아니었다. 그러나 서로의 의사소통을 통해서 집단의식으로 무장되었고, 자신들의 행동이 정당할 뿐만 아니라 역사의 흐름에서 대의를 실현하고 있다는 확신과 열광을 담지하고 있었다. 이것이야말로 콜린스가 지적한 감정에너지이며, 건대항쟁의 가장 원초적인 힘이다. 그리고 이것이 1987년의 6월항쟁으로까지 지속되어 한국 민주화를 완성했다고 필자는 판단한다.

2) 그렇다면 건대항쟁이 어떻게 국민들의 관심을 촉발했고,

---

21 박형신·정수남, 같은 책, 81쪽.

학생운동이라는 분파를 넘어서 정치권과 노동운동을 통합하는 거대한 정권 타도의 운동으로 결집되었을까? 이 점을 설명하기 위해서는 국가-시민사회의 모델이 제안했던 구조적 모델을 일정 부분 수정한 후 감정이론에서 제안했던 개인적 분노(1차적 감정)가 사회적 분노(2차적 감정)로 상승 변형되는 과정을 첨가하여 새로운 이론틀을 만들어야 한다. 이를 위해서 접합 articulation이라는 개념을 우선적으로 점검해보자. 이 개념은 프로이트가 처음으로 사용했고, 후에 알튀세르가 사회구성체를 분석하는 데 적용했는데, 1990년대에 라클라우와 무페가 사회변혁을 설명하기 위해서 적극적으로 활용했다. 라클라우와 무페에 따르면 접합이란 다양한 사회운동을 통합하는 정치적 실천인데, 이를 통해서 그들은 사회변혁이 경제적 요인이나 개인의 행위자 요인으로 환원될 수 없다는 점을 강조했다. 즉 모든 것은 다양한 사회운동의 우연적이고 복합적인 실천에 따라 달라진다.

사회적인 것의 다양성은 매개의 체계를 통해서도, 기저적 원칙으로 이해된 사회질서를 통해서도 파악될 수 없다. 사회에 고유한 봉합된 공간이란 존재하지 않는다. 왜냐하면 사회적인 것 자체는 아무런 본질도 가지고 있지 않기 때문이다. …… 사회를 필연적 법칙들에 의해 통일된 전체로 개념화하는 것을 비판하면서, 단순히 요소들 간의 관계들로부터 비필연적인 성격을 드러낼 수만은 없다. 왜냐하면 그럴 경우 요소들 자체가 가진 정체성의 필연적 성격은 그대로 유지될 것이기 때문이다. 사회적 관계에 대한 본질주의적 접근을 부정하는 개념화는 모든 정체성의 불안정한 성격을, 그리고 요소들이 가진 의미를 그 어떤 궁극적인 문자성으로도 고정할 수 없음을 명시해야 한다.[22]

이 인용문에서 언급하고 있는 사회적 관계의 본질주의적 접근은 민주화 이행에서 경제결정주의 혹은 사회운동론의 운동 참여자에 해당된다. 즉 권위주의 정권에 대항하는 시민사회가 경제적 구조에 의해서 성숙 단계로 접어들었다거나, 1983년 유화조치로 인해서 학생운동, 노동운동, 종교운동 등이 활성화되는 기회를 맞이하여 이러한 힘이 저항세력으로 확대되었다고 해석하는 것이 본질주의적 입장이다. 그런데 라클라우와 무페의 이론에 기대어보면, 이렇게 해석하는 것은 사회변혁의 논리를 제대로 이해하지 못한 것이다. 사회변혁은 다양한 사회 세력의 우연적이고 복합적인 연합에 의해서 결정되며, 이것을 포착할 수 있는 결정적인 요인은 담론이기 때문이다. 담론 구조는 단순히 인지적 또는 관조적 실체가 아니며, 그것은 사회관계를 구성하고 조직화하는 접합적 실천이다.[23] 그런데 필자는 접합이라는 개념으로 사회운동의 다양한 층위를 설명하려고 했다는 점에는 동의하나, 사회운동을 담론적 실천이라고 규정한 것은 라클라우와 무페의 부족한 식견이라고 비판하고자 한다. 사회운동이 제도적인 것과 언어적인 것을 모두 통틀어 담론적 것

---

22 에르네스토 라클라우·샹탈 무페, 《헤게모니와 사회주의 전략》, 이승원 옮김, 후마니타스, 2013, 176쪽.
23 같은 책, 76쪽.

이라고 파악한 것은 담론을 통해서 사회구성체 전체를 포착하려는 시도인데, 이것이야말로 언어중심주의의 함정에 빠진 것이라고 판단하기 때문이다.

필자는 차라리 정치적 위기 상황에서 나타나는 사회운동의 다양성을 '정치적 유동성fluidité politique'이라고 설명하는 프랑스의 정치사회학자 도브리의 입장을 지지한다.[24] 도브리에 따르면 정치적 변형기에는 정치제도나 사회운동의 세력들이 각자의 운동 논리대로 움직여가면서 정치의 장이 예측하기 어려운 정치적 유동성의 국면에 접어든다. 그런데 이러한 유동성 국면에서는 노동, 학생, 종교, 지식인 분파들이 자신의 영역을 벗어나 새로운 운동의 논리로 연합하는데, 이때 각 운동 진영은 자신들의 전통적인 합의 방식과 실천 전략이 있어 통합된 운동으로 결집되기가 어렵다. 또 운동의 국면에서는 정치적 이념을 두고 각 진영 간의 상징투쟁이 전개됨으로써, 정권과 저항세력 간에 정당성을 두고 다툼을 벌이는 것이 보통이다. 이러한 상황에서 투쟁에 대한 성공 가능성, 미래에 대한 예측 가능성, 상대에 대한 신뢰의 정도가 운동의 방향과 결과를 결정한다. 여기서 중요한 것은 분파 운동들이 정권에 대한 저항운동으로 결집하게 되는 단계에서 '상황적 돌출의 역할Le jeu des saillances situationnelles'이 중요해진다. 즉 단계적으로 상승하는 위기와 저항의 패턴에서 갑작스러운 행동, 무력 충돌, 담론 등이 상황을 돌이킬 수 없는 정치적 결정의 단계로 몰아가면서, 저항세력이 정권에 대항하여

---

24 Dobry, M., *sociologie des crises politiques*, PNSP, 1992, p.140.

민주화 이행과 감정의 역할

승리를 거두게 하는 지점이 있다는 것이다. 라캉의 철학에서 저항의 기표들이 정처 없이 떠돌다 누빔점에서 하나의 대타자 기표로 작동하는 것과 같다. 도브리의 사회변혁론에서 상황적 돌출은 일상적으로 전개되는 권력과 저항세력의 대립 구도에서 결정적인 계기가 되어 승패가 결정되는 순간을 의미한다.

필자는 1980년대 중반의 민주화 과정에서 1986년 건대항쟁이야말로 이러한 상황적 돌출 혹은 누빔점에 해당한다고 주장하고 싶다. 왜냐하면 그 이전의 정치적 상황은 누구나 예상할 수 있던 권력과 저항세력의 대립이었다. 1983년 정권의 유화조치 이후에 학생운동은 늘 대중적 조직을 확산시키려는 움직임을 보였고 노동운동, 종교운동, 재야의 운동들은 모두 각자 조직의 논리에 따라서 실천 전략을 가지고 있었다. 그런데 건대항쟁은 기왕의 운동 논리를 하나로 합치는 상황적 돌출 계기가 되었고, 이것이 1987년 6월항쟁을 만들어내는 기폭제가 되었다고 필자는 판단하고 있다. 그런데 나는 여기서 도브리의 관점을 비판하고 그의 이론에 약간의 수정을 첨가하고자 한다. 도브리는 상황적 돌출이 전혀 예상하지 못한 계기에서 만들어진다고 설명함으로써 사회과학의 기초를 우연성에 맡기고 있다. 그렇지만 내가 보기에 건대항쟁에서는 돌출의 계기가 인간의 감정과 연결되어 있다. 그 내용은 학생운동이 주장했던 민족주의와 정권이 내세웠던 좌경용공이라는 두 가지 이념의 상징투쟁을 통해서 확인할 수 있다. 1960년대와 1970년대 학생운동과는 달리 1980년대 학생운동은 민족주의라는 담론에 기초하고 있었다. 1983년 말부터 삼민 이념이 등장하는데, 그중에서도 가장 중요하게 자리를 잡은 것이 바로 민족주의 개념이다.[25] 광주항쟁을 전후로 미국 대사의 발언이나 주한미군 사령관의 발언 등은 한국민의 분노를 촉발시켰고, 급기야 1980년대 중반에는 운동권에서 가장 중요한 이슈로 반미감정이 득세한다. 당시 학생운동의 핵심 사상은 NL이었고 이들의 핵심 목표는 반미 자주화였다. 1986년 서울대학교 반미자주화반파쇼민주화투쟁위원회가 밝힌 투쟁 선언문의 첫째 문장은 "미제에 대한 적개심과 그 앞잡이 전두환 괴뢰 도당에 대한 분노로 피 끓은 애국청년학우여!"이며, 건대항쟁에서 4일 동안 불렸던 노래는 〈민족해방가〉였고, 그 가사의 내용은 "쪽발이 양키 놈이 남북을 갈라 매판 파쇼 앞세운 수탈의 나라 이 땅의 민중들은 피를 흘린다"이다. 이러한 문구를 보면 당시 반미감정은 학생운동의 기본적인 정서이며, 이것이 콜린스가 말한 초기 감정에 해당한다고 볼 수 있다. 그런데 중요한 사실은 건대항쟁을 통해서 학생운동의 분노가 일반 대중의 분노로 확산되어갔다는 점이다. 당시 진압 상황을 지켜보던 학부모들은 "해도 너무한다. 내 아들이 데모하는 이유를 알겠다"[26]라고 말하며 학생들과 함께 데모를 시작했다. 그런데 건대항쟁을 진압한 정부는 이들을 모두 공산혁명분자, 좌경용공세력으로 매도하고 전원 기소 방침을 내세웠다. 이러한 정부의 이념 공세가 건대항쟁에서 처음 등장한 것은 아니나, 일방적인 강경 진압과 용공세력으로 매도하는 언론

---

25 이수인, 〈1980년대 학생운동의 민족주의 담론〉, 《기억과 전망》 18호, 2008.
26 10·28건대항쟁20주년기념사업준비위원회, 《10·28 건대항쟁 20주년 기념자료집》, 2006, 106쪽.

민주화 이행과 감정의 역할

에 대하여 일반 시민과 의식 있는 중산층들은 점차 학생운동세력에게 동조하면서 대중적 분노가 폭발하게 된다. 필자는 이러한 상징투쟁의 계기를 통해서 감정에너지가 폭발하여 저항세력을 집결시키는 도덕적 연대를 창출했다고 생각한다. 따라서 한국의 민주화 과정에서 건대항쟁은 돌출 상황이라기보다는 학생들의 민족주의와 정권의 용공 조작이 맞붙은 상징투쟁이었고, 여기서 만들어진 분노가 상승 과정을 통해서 집단적 연대를 만든 것이라고 판단한다. 지금까지 논의를 그림으로 요약하면 아래와 같다.

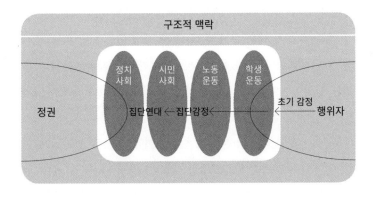

민주화 이후의 집합행동 모델

필자는 이 글에서 1986년에 있었던 건대항쟁을 설명할 수 있는 다양한 이론적 흐름을 점검해보았다. 그리고 이러한 이론들은 대체 민주화 이행이라고 이름 붙여진 것들이었다. 크게 보아 사회구조적 요인을 강조하는 이론과 개인의 심리적 동인을 강

학생운동, 1980

조하는 내용들이 민주화 이론의 큰 흐름이었다. 그런데 2000년대 이후로 민주화 이행이라는 주제가 사라져간다. 사실 민주화 이행이라는 용어 자체가 미국의 사회과학이 만들어낸 것이고, 그들은 제3세계에서 이제는 민주화 이행이 종지부를 찍었다고 판단하는 모양이다. 더 이상 민주화 이행이라는 주제의 책이나 논문들은 출판되지 않고 있다. 그 대신 2000년대 이후로는 집단행동론에 속할 만한 감정의 정치, 열정의 정치에 관련된 논문과 책들이 출판되고 있다. 여기서는 주로 인간의 감정 요소를 강조하고 있다. 그런데 이 내용 중에는 1980년대 민주화 이행론을 설명하는 데 유용한 자료들이 많이 있어 보였고, 그래서 필자는 이것을 1980년대의 민주화 이행론에 보충적으로 대입시켜보고자 했던 것이다. 특히 건대항쟁은 감정적 요인들을 통해서 새롭게 검토하는 데 좋은 본보기였다.

그런데 필자가 과거의 사건을 돌이키면서 이론적 접근을 강조하는 이유는 당시에 있었던 상황들을 객관화시키고, 그 사건의 현재적 의미를 발굴해보자는 의도가 있기 때문이다. 따라서 과거의 사건을 검토하면서 단순한 회고담을 벗어나 현실의 문제를 돌파할 수 있는 지혜를 찾아야 한다. 과거가 언제나 현실의 관점에서 다시 평가될 수밖에 없는 이유가 여기에 있다.

1986년의 건대항쟁이 있은 후 30년이 지난 지금 한국 사회는 어떤 상황에 있는가? 2016년 한국 사회는 여전히 보수세력이 득세하고 있으며, 아직도 실질적 민주화가 달성되지 않았음으로 우리는 새로운 사회운동을 지속적으로 모색해야만 한다. 그럼에도 변혁의 역량은 소진되어버린 느낌이다. 사회운동의 수

민주화 이행과 감정의 역할

준에서 보면 학생운동은 물론이고, 노동자투쟁이나 시민운동의 역량이 매우 초라해져버렸다. 대학가에는 이미 정치적 이슈를 두고 학생운동이 집결되지 않은 지 오래되었으며, 노동자투쟁도 사실은 자본의 힘 앞에서 무기력하다. 시민사회에서 다양한 쟁점들을 거론하기는 하지만 그것이 정치적으로 해결되는 경우는 극히 드물다. 한마디로 진보세력이 보수정치를 뚫고 나갈 역량이 턱없이 부족해 보인다. 그렇다면 왜 이런 상황이 발생하는 걸까? 어떻게 하면 과거처럼 건전한 운동세력이 집결하여 타락한 권력을 바꿀 수 있을까? 이러한 자문은 매우 흥분되고 당위적인 것이지만, 그 해답을 찾기 위해서는 이론적으로 매우 냉정해져야만 한다. 사람들의 행동을 지배하는 요인이 무엇인지, 그것이 시대에 따라서 어떻게 배치되는지를 찾아내야 하기 때문이다. 이런 목표 의식을 염두에 두고 필자는 건대항쟁을 검토했던 것이다. 이런 문제의식에서 출발해볼 때 30년 전과 오늘날의 가장 큰 차이는 운동의 성격이 달라졌다는 점이다. 따라서 사회운동의 성격이 어떻게 달라졌는가를 파악하는 것이 시급해 보인다.

1987년 이후에 한국 사회의 운동이 분화되고 다양화되었다는 판단이 지배적이다. 그래서 정치적 민주화를 요구하던 정치운동과 차별지어, 환경, 여성, 인권, 평화 등을 사회적인 운동이라고 이름 붙이고, 그 특수성을 연구해야 한다는 요구가 있다. 이러한 논리에 따르면 민주화 이전의 사회운동이 외부 억압에 대한 저항에 우선적 목표를 두었다면, 민주화 이후 사회운동은 시민들 간의 정의로운 관계를 만들어가는 데 목표를 두고 있다.[27] 또 과거의 정치운동이 계급 중심이었다면, 새로운 사회운동은 시장이나 소비 따위를 둘러싼 권익투쟁이라고 할 수 있다. 따라서 이것은 기존의 계급을 넘어선 새로운 정체성을 지향한다. 여기서 '사회적인 것' '새로운 정체성'의 개념들은 1980년대 투쟁에서 선도적인 역할을 했던 기층 민중, 노동자 등과는 분명히 차별화된다. 새로운 운동 주체 세력이 현재 한국 사회의 시민운동을 이끌어간다는 점을 의미한다.

1990년대 초에 이미 새로운 개혁세력으로 중산층에 대한 관심이 없었던 것은 아니다. 한완상과 한상진은 중간계급 혹은 중민이라는 대상을 두고 이들이 개혁적 정치의식을 가지고 있는가를 진지하게 자문한 바 있다.[28] 그러나 이들의 관심은 넓은 의미에서 보면 여전히 노동자 중심주의, 경제적 계급 중심주의를 넘어서지 못했다. 이탈리아의 사회학자 멜루치가 정보사회에 진입한 서구에서 집합행동이 어떤 특징을 보이는가를 연구한 바 있는데, 이것은 적어도 노동자계급이라는 경제적 관점을 넘어서 정치운동의 새로운 주체를 분석하고 있다.[29] 그는 정체성의 정치라는 개념을 통해서 기득권 세력과 사회운동 세력의 투쟁 대상이 상징적 형태를 띠고 있으며, '우리'가 누구인가를 규정하는 것 자체가 집합행동의 관건이라고 진단한다. 멜루치

---

27 정태석, 〈분산하는 사회운동과 접합의 정치: '사회적인 것'과 민주주의〉, 《경제와 사회》 3호, 2015, 39쪽.

28 한완상, 〈한국 중간 제 계층의 정치의식〉, 《사상》 12호, 1991; 한상진, 〈사회개혁과 중민 이론〉, 《사상》 9호, 1994.

29 Melucci, A., *Challenging Codes: Collective action in the information age*, Cambridge University Press, 1996.

의 연구는 민주화 이후 한국의 시민운동을 분석하는 데 커다란 함의를 준다.

이러한 이론의 흐름을 두고 볼 때 1990년대 이후 서구에서 감정에 대한 연구가 활발해지고, 그것이 2000년대 이후 한국 사회에 활발하게 소개되고 있는 점은 주목할 만하다. 왜냐하면 경제적 관점에서 계급을 정의하고 집합행동을 설명했던 시도를 벗어나, 상징이나 감정이라는 관점에서 집합행동을 연구하게 되면서 한국 사회에서도 새로운 '사회운동'에 관심을 기울이게 되었기 때문이다. 예를 들어 박형신과 정수남은 2008년에 있었던 광우병 파동과 촛불시위를 도덕적 분노에 기반을 둔 감정의 정치로 파악한다.[30] 그들은 촛불시위가 1980년대의 계급운동이나 정치운동과는 다른 성격의 시민운동이 한국 사회에 확산되는 계기가 되었다고 평가한다. 한편 허상수는 2012년 대선을 분석하면서 박근혜와 문재인의 대결은 보수진영과 유권자들이 벌인 감정의 정치라고 규정한다.[31] 보수진영의 유권자들은 아버지와 어머니를 총탄에 잃은 불쌍한 딸로서 박근혜 후보를 인식했고, 이러한 감정이 일반 대중으로 확산되어 박근혜가 대통령에 당선되었다고 본다. 반면 문재인과 진보진영의 선거 대책은 이념적이고, 과거 지향적인 성격을 탈피하지 못해서 유권자들의 마음을 얻지 못했다고 평가한다. 또 안철수에 대한 평가를 포퓰리즘이라는 개념으로 분석한 글이 있는데, 이것 역

---

30 박형신·정수남,《공포감정의 거시사회학》, 한길사, 2015.
31 허상수,〈시민정치와 노동정치의 위기 그리고 '감정의 정치'〉,《동향과 전망》 2호, 2013.

시 유권자의 표심을 감정이라는 틀에서 연구한 것이라고 볼 수 있겠다.[32] 2012년 대선에 대한 평가는 여러 가지 방향에서 다양하게 나타나지만, 여기서 확인되는 중요한 사실은 1980년대와 1990년대에 치른 선거와는 달리 감정적인 요인에 의해서 크게 좌우되었으며, 상대적으로 노동운동이나 진보진영의 이념적 이슈가 국민들의 공감을 얻지 못하고 있다는 점이다.

필자는 한국에서 시민운동이나 선거에 대한 집합행동이 변화하는 상황을 이해하기 위해서는 민주화 이행론에서 전제하는 모델을 벗어나, 새로운 분석 모델을 찾아야 한다고 생각한다. 특히 개인들의 행동이 경제적 계급을 넘어서, 소비생활이나 문화양식에서 커다란 영향을 받고 있다고 판단하고 있다. 따라서 필자는 전통적인 권력의 분류 체계였던 국가권력 – 시민사회(정치사회) – 개인의 행동이라는 도식에서 새로운 분석 영역을 추가해야 한다고 주장한다. 즉 시민사회와 개인행동의 중간 영역에 이른바 취향의 영역을 추가하고자 하는데, 그 이유는 이것이 콜린스가 지적했던 관심공간의 역할을 한다고 믿기 때문이다. 그리고 이러한 취향의 영역(관심공간)에서 개인들은 네 가지 사회적 요인(기억, 의례, 육체, 담론)에 의해서 주체화되어간다. 이러한 주체화의 과정이 시대에 따라, 이슈에 따라 다르게 변화하는 모습이 바로 시민운동이나 정치 선거의 결과를 만들어낸다. 취향의 영역을 매개로 국민들의 정체성이 변화해가는 추이를 분석하는 작업을 나는 '문화정치학의 과제'라고 이름 붙이고

---

32 조기숙,《포퓰리즘의 정치학》, 인간사랑, 2016.

자 한다. 이러한 생각을 기초로 필자는 이미 한국 사회의 취향의 영역을 분석한 바 있고,[33] 북한 사회의 일상의 감정 변화를 분석하는 데 필요한 사상적 모델을 연구한 바 있으며,[34] 2012년 대선에서 박근혜가 당선된 원인을 박정희 향수라고 정의하고 그에 대한 분석을 한 바 있다.[35] 앞으로 한국 사회의 집합행동과 사회운동에 대한 더 정교한 모델을 완성하기 위해서 이 분야에 대한 집중적 관심과 연구가 필요하다. 특히 취향의 영역과 정치 영역의 상관관계를 연구하기 위해서는 경험적인 접근법이 필요하기 때문에 학제 간 연구와 더불어 정책적 지원이 필요하다. 위에서 논의된 내용을 그림으로 요약하면 아래와 같다.

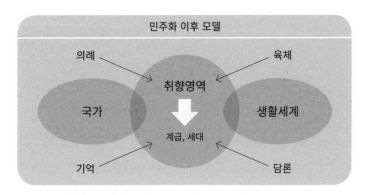

33 홍성민, 〈생활양식과 한국 정치: 문화정치학 소론〉, 《한국정치연구》 22집 2호, 2013.
34 홍성민, 〈권력, 주체화, 북한 사회: 북한 문화연구의 사상적 기초〉, 《프랑스학 연구》 69집, 2014.
35 홍성민, 〈감정구조와 한국의 대중정치학〉, 《정치사상연구》 21집 1호, 2015.

통일운동의 전개과정과
1980년대 학생운동

김창수

민주가 통일, 통일이 민주

박근혜 대통령의 통일대박론 이후 통일논의에 대해 진보는 통일, 보수는 반통일이라는 통상적인 대립구도는 무너지고 있다. 조선일보를 필두로 한 보수언론들도 통일의 긍정적 가치를 평가하고 있고, 전경련 역시 남북관계 개선을 통한 신성장동력 창출의 필요성을 인정하고 있다. 통일대박론은 북한의 핵과 미사일 실험 이후 선핵폐기론으로 급변하여 북한 붕괴론과 구별이 안 가는 논리가 되었다. 통일대박론은 흡수통일론이라는 본질을 너무 쉽게 드러내버렸다. 박근혜 대통령의 통일론이 흡수통일론으로 귀착되면서 보수세력 내부에서는 통일론을 둘러싸고 제도 통일을 의미하는 것인지, 평화 공존을 의미하는 것인지에 대한 논란도 일고 있다.

이러한 상황은 한국전쟁 이후 통일논의를 주도해온 진보진영에게는 새로운 환경의 등장이라고 할 수 있다. 21세기 통일운동은 이러한 환경을 맞이하면서 급격히 위축되어왔다. 현재의 위축된 통일운동의 활성화 방안은 민주와 통일의 선순환 관계에서 찾아야 한다. 한국 통일운동의 전개과정과 1980년대 학생운동을 고찰하는 것으로써 이러한 선순환 관계에 따른 통일운동의 위상 정립이 가능해진다.

한국 현대사에서 통일에 대한 국민들의 관심이 고조된 것은 세 차례이다. 첫 번째는 4·19 직후 학생들과 혁신계에 의해서 통일운동이 전개된 때이다. 두 번째는 1987년 6월항쟁 직후이다. 1988년부터 학생운동, 종교계, 재야단체에서 통일운동이 다시 활발해졌다. 세 번째는 2000년 남북정상회담 이후이다.

여기서 중요한 것은 4·19와 6월항쟁 같은 민주적 공간이 확대되면서 통일논의도 시작되었다는 점이다. 즉 민주와 통일이 선순환적인 관계에 있다는 것을 입증하고 있는 것이다. 4·19 이후 한국 통일운동의 전개과정을 살펴보면 민주와 통일의 선순환 관계는 분명해진다. 민주와 통일의 선순환 관계는 백낙청의 분단체제론과 같은 시각에 의해서도 규명되어왔다. 1980년대에 통일운동이 재활성화된 것은 1980년대 학생운동의 발전과정을 빼놓고는 설명하기 힘들다. 1980년대 학생운동의 흐름을 정리해보면 통일운동이 이 시기에 다시 등장하게 되는 배경을 파악하는 것이 가능하다. 이는 자연스럽게 통일과 민주의 선순환 관계에 의해서 1980년대 통일운동이 시작되었다는 것을 논증하는 것으로 귀결될 것이다. 1986년 건대항쟁도 이러한 학생

운동의 흐름 속에 자리 잡고 있다. 1980년대 학생운동의 흐름
을 통일운동의 배경을 중심으로 해서 구성하고 분석하는 것은
이러한 선순환 관계를 더 명징하게 밝혀줄 것이다. 민주가 통일
이고 통일이 민주이다.

분단체제 고착화와 통일운동

진보세력은 한국전쟁 이후 민주주의 공간을 확대시키면서 그
공간에서 통일논의를 전개했다. 4·19혁명 직후인 1961년과 6월
항쟁 직후인 1988년에 통일운동이 활성화되었던 것이다. 1950
년 4·19혁명 이후 1961년부터 혁신계를 중심으로 한 통일운동
이 시작되었다. 1961년은 한국전쟁이 일어난 지 10년 정도가 지
난 상태였고, 더구나 전쟁을 종료하지 않은 휴전 상태였다. 휴
전 상태였기는 하지만 분단체제는 공고하지 않았다. 김종엽은
이 시기를 "분단체제가 구체적으로 어떤 형태의 사회구조와 발
전 패턴을 남한 사회 안에 형성하고 관철할지 불확실했던 이행
기"라고 규정하고 있다.[1]

이런 불확실한 '이행기'였기 때문에 정전협정 체결 8년 만에
"가자 북으로, 오라 남으로, 만나자 판문점"에서라는 구호를 외
치는 통일운동이 대중적으로 활성화될 수 있었다. 분단체제의

---

[1] 김종엽은 8·15해방부터 1953년까지를 분단체제 형성기로 보고, 1953년부터 1961년
5·16쿠데타까지를 이행기로 설정한다. 김종엽, 〈분단체제와 87년체제의 교차로에서〉,
《창작과 비평》161호, 창작과비평사, 2013, 409쪽.

고착을 막기 위한 진보진영의 이런 시도는 5·16쿠데타에 의해 좌절되고 분단체제는 1987년 6월항쟁까지 강고한 '고착기'로 접어들었다. 백낙청은 "4·19혁명은 아직 불안정한 분단체제가 맞이한 최대의 도전이었으며 5.16쿠데타를 통해 이 도전을 물리침으로써 체제가 안착하게 되었다"고 기술하고 있다.[2]

1972년 7·4남북공동성명을 거치면서 남한의 유신체제와 북한의 주석제가 등장하여 남북한에서 박정희와 김일성이 만들어낸 권위주의 체제는 더욱 공고화되었다. 분단체제의 안정기 동안에 민간 차원의 통일운동은 철저하게 배제되고 탄압받았다. 분단체제의 안정화는 박정희 정권의 장기독재를 가능하게 한 기반이었다.

1987년 6월항쟁으로 형성된 87년체제는 "분단체제를 침식하고 불안정화하는 동시에 그것의 발전 방향 선택과 조정이 분단체제에 의해서 심각하게 제약"되는 체제이다.[3] 박정희 전두환 체제에서 억압받던 통일운동은 6월항쟁 다음해인 1988년부터 다시 분출되기 시작했다.

분단 이후 첫 번째로 시작된 4·19 직후의 대중적 통일운동은 분단체제의 형성기에서 '고착기'로 이행하는 불확실한 시기에 4·19의 민주주의 역량에 의해 시작되었다. 1987년 6월항쟁 이후의 대중적 통일운동도 6월항쟁이라는 민주주의 역량에 의해서 시작되었다.

---

2 백낙청,〈분단체제와 참여정부〉,《한반도식 통일, 현재 진행형》, 창비, 2006, 46쪽.
3 김종엽,〈분단체제와 87년체제의 교차로에서〉, 앞의 책, 470쪽.

통일운동의 전개과정과 1980년대 학생운동

4·19 이후의 통일운동과 달리 6월항쟁 이후의 통일운동은 지속성을 특징으로 했다. 통일 방안, 평화 군축, 남북 교류, 북한 바로알기 등에 대한 다양한 논의가 시작되었다. 통일논의에 대한 백화제방의 시기였다. 분단 50년인 1995년을 '통일원년'으로 만들자는 목표에 따라서 지속적으로 대중운동이 전개되었다. 이 시기의 시민 참여형 통일운동의 특징은 지속적이고 대규모의 대중운동이라는 점이다. 이 시기의 통일운동은 한국의 진보운동 역사에서 가장 많은 대중 동원력을 보여주었다.

이러한 통일운동은 2000년 6·15 남북정상회담 이후 노무현 정부에 이르기까지 각 분야별로 남북 사이에서 민간 차원의 교류운동으로 발전했다. 아울러 1994년 이후 시작한 북한수해돕기운동은 인도적 지원운동으로 발전했다. 6·15 공동선언 이후의 시민 참여형 통일운동의 특징은 남북 교류라고 할 수 있다.

6월항쟁 이후 통일운동이 4·19 직후의 통일운동과 달리 지속성을 가지고 있었던 것은 87년체제를 뒷받침하는 민주주의 역량 때문이다. 백낙청은 "1987년을 기점으로 분단체제가 고착 단계에서 동요단계로 접어들었다고 할 수 있다"고 말했다.[4] 그는 이를 '흔들리는 분단체제'라고 이름 지었다. "분단체제가 굳건히 유지되던 상황에 맞춘 체제 운영 및 발전 모형이 더 이상 통하지 않게 된 데 따른 한층 본질적인 위기"라고 흔들리는 분단체제를 설명했다.[5] 즉 분단체제의 위기는 1987년 6월항쟁에 의해

---

4   백낙청, 《한반도식 통일, 현재 진행형》, 47쪽.
5   백낙청, 《흔들리는 분단체제》, 창작과비평사, 1998, 5쪽.

서 촉발되었다. 6월항쟁으로 확보된 민주주의 공간에서 진보세력은 통일논의를 활성화시키고 대규모 통일운동을 벌였다. 분단체제가 흔들리기 시작했기 때문에 대규모 대중운동, 각계각층의 남북 교류와 같은 방식으로 지속적인 시민 참여가 이뤄졌다고 할 수 있다.

6월항쟁과 흔들리기 시작한 분단체제

1980년대 통일운동의 폭발적 발전과 6월항쟁과 같은 시민의 저항은 하늘에서 떨어진 것이 아니었다. 모두 국민대중과 함께하는 노선을 정립하기 위한 노력의 산물이다. 국민대중을 역사의 주인으로 세우기 위한 투쟁의 결과 6월항쟁이라는 승리의 역사를 창조했고, 이는 곧바로 통일운동의 폭발적 발전의 원동력이 되었다.

6월항쟁은 그 주역이 청년학생들이다. 여기서 분명히 할 것은 6월항쟁의 주역이 청년학생들이라는 것은 청년학생들의 대중노선의 승리를 의미하는 것이라는 점이다.

6월항쟁에 이르기까지 사상과 정책, 조직노선과 투쟁노선에서 대중을 역사의 주체로 세우기 위한 변화와 혁신의 노력들이 있었다. 6월항쟁은 이러한 전면적인 노력의 결과이다. 변화와 혁신은 기술이 아니다. 사상과 노선과 삶을 변화시키고 혁신시키는 것은 기술로써 가능한 것이 아니다. 그렇기 때문에 6월항쟁은 대중을 동원시키는 기술이 뛰어났기 때문에 가능했던 결과

통일운동의 전개과정과 1980년대 학생운동

<표 1> 1980년대 학생운동 노선의 변천과 통일운동

연도	핵심 구호	투쟁 방식	조직
1983	광주학살 진상규명하라!	게릴라식 학내 시위	학도호국단, 소규모 서클
1984	학살원흉 처단하자!	학내 폭력시위, 가두투쟁	총학생회, 공개반합법 투쟁위원회
1985	광주학살 배후조종 미행정부 공개사과하라!	가두투쟁, 점거농성	연합조직(전학련, 삼민투)
1986	미제 축출! 파쇼 타도!	분신투쟁, 가두투쟁	비합법 지하조직(구학련, 애학투련)
1987	호헌 철폐! 독재 타도!	가두투쟁, 군중집회	공개 대중조직(서대협, 전대협)
1988	가자 북으로! 오라 남으로! 만나자 판문점에서!	대규모 집회, 거리시위	전대협
1989	가자, 축전의 도시 평양으로	방북투쟁, 집회와 시위	전대협 정착, 조국통일위원회 결성

가 아닌 것이다.

6월항쟁이 이벤트 행사라면 기술이나 전술적 변모로 가능할 것이다. 6월항쟁은 대중을 역사의 주체로 세우려는 철학의 구현이었다. 이벤트 행사처럼 무대를 그럴싸하게 꾸미고, 사람들의 시선을 끌어들이기 위한 깜짝쇼를 하고, 홍보를 잘하고, 그렇게 해서 국민대중이 역사의 주체가 되는 것이 아니다. 국민대중 속으로 들어가서, 국민대중의 이해와 요구에 기초해서, 실정과 정세에 맞게, 대중이 스스로 정치적으로 경험하고 각성할 수 있도록 헌신적으로 이끌고 안내해서, 국민대중이 정치적 실천의 길로 나서서 자기 스스로 자신들의 정치적 요구를 내세우게 될 때 비로소 역사의 주체로 서는 것이다. 이 과정이 바로 6월항쟁이다.

6월항쟁 이전의 학생운동은 〈표 1〉에서 알 수 있듯이 핵심 구호나 투쟁 방식 조직노선에 있어서 해마다 수직 상승하면서 발전했다. 그러나 학생운동이 점차 한국 사회의 모순을 정확하게 지적하면서 이념적으로 발전하고 투쟁이 상승하면서 한편으로 국민대중과 유리되어갔다. 학생운동의 구호나 투쟁 방법 조직노선이 발전하면 할수록 국민대중과 유리되는 해괴한 현상이 발생한 것이다.

1986년 아시안게임 반대투쟁과 건국대 투쟁을 거치면서 학생운동의 지도부는 이러한 현상을 정확하게 포착하고, 변화와 혁신을 위한 투쟁에 나선다. 그 핵심이 바로 대중노선을 구현하는 것이다. 6월항쟁은 대중노선을 구현하기 위해 투쟁 구호, 투쟁 방법, 조직노선 등 다방면에 걸친 혁신의 결과 가능했던 것이다.

학생운동은 1983년부터 광주의 처참한 충격에서 벗어나 광주 문제를 본격적으로 제기하기 시작했다. 처음에 내걸었던 구호는 "광주학살 진상규명하라"였다. 그리고 점차 발전하면서 "학살원흉 처단하자" "광주학살 배후조종 미행정부 공개사과하라"라며 구호의 수위를 높여나가다가 1986년에는 마침내 "미제 축출, 파쇼 타도"라는 구호를 외치기에 이르렀다.

투쟁 방식도 학내시위에서 학내 폭력시위, 가두시위, 가두 폭력시위, 점거농성, 분신 등으로 수위가 높아졌다. 학생운동의 조직 역시 소규모 서클 형태에서 서울대 구국학생연맹과 고대 애국학생회 등의 지하조직이 연합조직을 결성하기에 이른다. 즉 1986년을 정점으로 해서 투쟁 구호는 "미제 축출 파쇼 타

통일운동의 전개과정과 1980년대 학생운동

도", 시위는 분신과 거리 폭력투쟁, 조직은 지하조직 연합 등으로 급격하게 상승 발전한 것이다.

그러나 이러한 노선이 국민대중을 역사의 주체로 세우지 못하고 오히려 국민대중과 학생들과 결합을 불가능하게 만든 요인이 되었다. 당시 학생운동 진영에서 사고했던 운동 방식은 학생들은 가두투쟁을 하고 노동자 농민 시민들이 지지하는 것을 모델로 하고 있었다. 그러나 학생운동만의 급격한 발전과 학생들의 급진적인 주장은 오히려 노동자들이나 시민들이 학생들을 외면하게 하는 결과를 가져왔고, 이러한 모델은 실현 불가능한 것이 되었다. 학생들이 생경한 구호를 외치고 격렬하게 폭력적인 시위를 일삼는 상황에서 시민들은 학생들의 시위에 참여하는 것을 두려워했기 때문에 학생들이 설정했던 모델은 불가능한 것이 되어버린 것이다.

1986년 아시안게임 저지투쟁과 건국대 투쟁을 거치면서 학생운동 지도부에서는 이러한 상황을 인식하고 대중노선을 구현하지 못한 것에 대해 뼈저리게 반성한다. 대중노선을 실현하기 위해 사상과 노선과 삶을 혁신하기 위한 전면적인 내부 투쟁에 돌입했다.

1987년에 접어들면서 박종철 열사 추모시위인 2·7투쟁과 3·3투쟁을 거치면서 학생운동은 다시금 시민들의 지지를 받기 시작한다. 학생운동은 대중노선의 정당성에 확신을 가지며 투쟁 구호를 "미제 출출 파쇼 타도"에서 "호헌 철폐 독재 타도"로 바꾸고, 투쟁 방법 역시 폭력투쟁에서 국민들의 참여를 가능하게 하는 대규모적 군중집회로 바꾼다. 조직 역시 지하조직과 투쟁조직 중심에서 학생대중의 정치적 대표체인 총학생회와 총학생회협의회(서대협, 전대협)로 바꾼다. 이렇게 해서 6월항쟁의 승리의 역사가 창조된 것이다.

그리고 이렇게 6월항쟁의 승리의 결과 1988년 "가자 북으로! 오라 남으로! 만나자 판문점에서!"라는 구호가 온 국민들의 통일 열망을 분출시켰던 것이다.

1980년대 통일운동의 특징

한국전쟁 이후 수십 년 동안 지속되어온 남북의 적대적 대결은 대결 상태의 소모성과 반통일성이라는 측면뿐만 아니라, 민족 사이에 미움과 원한이라는 쉽게 치유하기 힘든 감정적 심리적 대결 상태를 만들어서 분단의 골을 더욱 깊게 했다는데 더 큰 문제가 있다.

이러한 문제를 인식하고 민간 차원에서 1980년대 말부터 통일운동을 전개했다. 1980년대 말의 통일운동은 그 주장과 방법이 매우 급진적이었다. '미제 축출'이니 '주한미군 철수'니 하는 주장들이 거침없이 제기되었고, 북한의 원전들이 그대로 출판되었으며, 북한의 사상을 아무런 여과장치도 없이 국민들에게 그대로 드러내 보였다.

1980년대에는 통일을 향한 민족의 열망이 공개적으로 분출되지 못했고, 사회적으로도 통일논의는 활발하지 못했다. 이런 상황이었기 때문에 당시에 통일운동은 급진성에도 불구하고

통일운동의 전개과정과 1980년대 학생운동

국민들의 통일 열망을 대변할 수 있었던 것이다. 그리고 민간 통일운동이 활발하게 전개되어서 사회적으로 통일 문제에 대한 논의가 활성화되었다.

통일운동은 4·19 이후 활발하게 진행되었으나 혁신계에 대한 탄압으로 1970년대 중반부터 별다른 활동을 하지 못했다. 민간 통일운동은 1988년 학생들이 남북한청년학생국토순례대행진과 남북한청년학생회담을 제시하면서 다시 거세게 타올랐다. 학생들의 "가자 북으로! 오라 남으로! 만나자 판문점에서!"라는 구호는 국민들의 가슴에 잠복되어 있던 통일 열망을 분출시키기에 충분했다. 학생들은 1988년 8월 15일 남북청년학회담을 위해 연세대에서 판문점을 향해 출발했다. 온몸을 하얀 광목으로 엮고 판문점으로 향한 학생들의 모습은 비장하기까지 했다.

한편 사회운동단체들도 1988년부터 통일 문제에 본격적으로 관심을 가지기 시작한다. 평화연구소가 제안하여 1988년 7월에 '한반도 평화와 통일을 위한 세계대회 및 범민족대회 추진본부'가 결성되었다. 그해 8월 말에는 고려대, 연세대, 성균관대 등 서울에서 '한반도 평화와 통일을 위한 세계대회'가 열렸다. 6개국에서 30여 명의 비정부기구NGO 활동가들이 참가했다. 8월 말 세계대회 폐막식에서 문익환 목사는 북한에 범민족대회를 제안한다.

1988년 11월경에 북한이 남한이 제안한 범민족대회에 호응함으로써 남북 사이의 민간 대화가 시작되었다. 이처럼 1988년에 민간 차원에서 통일이 활발해진 것은 민간 통일운동이

1980년대의 반독재투쟁을 통해서 분단 문제의 극복이 없이는 민주화가 없다는 인식에 이르렀고, 1988년에 올림픽이 개최되면서 한반도 문제를 국제적인 시각에서 조명할 수 있는 상황이 만들어졌고, 탈냉전이 시작되면서 한반도 분단질서에도 변화가 생기기 시작했기 때문이다.

1988년의 통일운동 성과로 1990년 8월에 '조국의 평화와 통일을 위한 범민족대회'를 개최하게 되었다. 1회 범민족대회가 개최될 수 있었던 것은 국제질서의 변화 속에서 북방 정책을 추진하던 노태우 정권이 남한의 민간 통일운동세력을 포섭할 필요가 있어서 범민족대회의 개최를 보장했기 때문이다. 비록 실무 기술적인 문제로 북한의 대표단이 서울에 참가하지는 못하고 서울과 평양에서 분산 개최되었지만, 민간 차원에서 남북한이 공동으로 통일행사를 가졌다는 중요한 의미가 있다.

그러나 1991년과 1992년에 개최된 8월의 통일행사는 정부 당국의 원천봉쇄로 인해 대학교 내에서 수만 명의 시민학생이 운집해서 치르는 방식으로 진행되었다. 북한과 공동행사를 위한 제안을 하고 접촉을 했지만 정부의 불허로 공동행사는 개최되지 못했다.

통일운동이 정부의 봉쇄에 맞서서 투쟁하게 되면서부터 국민들이면 누구나 참여하는 행사를 개최해야 한다는 처음의 취지는 실종되었다. 이런 상황에서 문익환 목사는 1993년에 새로운 통일운동을 제안했다. 국민들이 참여할 수 있는 통일운동을 하고, 통일을 실질적으로 준비할 수 있는 통일운동을 하자는 것이다. 이렇게 통일운동이 통일논의를 가로막는 정부와 대

통일운동의 전개과정과 1980년대 학생운동

립 투쟁하면서도 통일운동의 변화와 혁신을 위한 시도는 지속되었고, 이런 상황에서 2000년 6·15 남북정상회담을 맞이하게 된다.[6] 6·15 남북정상회담은 1980년대 반정부투쟁 방식의 통일운동을 남북 교류와 협력의 시대로 전환시키는 전기가 되었다.

분단체제 재안정화 시도와 통일운동

분단체제가 흔들림에도 불구하고 분단체제는 지속적으로 유지되었고, 흔들리는 분단체제를 재안정화 시키려는 수구세력의 시도는 더욱 강화되었다. 수구세력은 6·15 이후 대북 정책에 대해서 퍼주기, 끌려다니기 등 정략적 비판을 가했다. 반대세력에 대해 종북으로 규정하는 민주주의에 반하는 야만적인 종북몰이는 매카시 광풍을 연상케 할 정도였다.

이명박 정부가 추진했던 '통일세' '통일항아리'는 통일을 준비하기 위한 정책이라기보다는 실패한 대북 정책을 뒤덮기 위한 수단에 불과했다. 북한 핵 문제가 장기화되면서 북한 핵 개발이 북한으로부터 위협을 일상화시키고 북한에 대한 불신을 증대시켰다. 북한의 정책이 남한 사회의 진보적 발전과 어긋난다는 판단도 늘어났다. 2012년 대선에서 NLL 논란이나 박근

---

6   예외적으로 1990년대 중반 이후 진보진영에서 이탈한 일군의 그룹들이 뉴라이트 운동과 결합하면서 북한 민주화운동과 북한 인권운동을 전개하기도 했다. 북한 민주화운동과 북한 인권운동은 북한에 대한 접근법의 다양성을 제기하고 인권을 이슈화시킨 측면은 있다. 하지만 이러한 논의들은 지금까지 통일논의의 범주에는 포함되지 않았다. 이들의 접근은 북한의 체제 변화(Regime Change)를 강압적으로 시도했던 것에 가까웠다.

혜 정부에서 벌어진 통합진보당 사태는 그 부당함에도 불구하고 국민들 사이에서는 통일 문제에 대한 피로감을 증대시키는 요인으로 작용했다.

모두 고착된 분단체제가 불안정해지면서 발생하는 현상들이다. 이러한 현상은 김종엽이 제기하는 "분단체제의 동요기에는 평화의 가능성 및 사례와 긴장의 가능성 및 사례가 동시에 증대되고 양자가 복잡하게 얽히는 과정을 경험"한다는 논리로 설명할 수 있다. 즉 분단체제는 흔들리지만 미래는 불확실하고, 동요기의 특징인 남남 갈등과 남북 갈등의 심화현상 때문에 역설적이게도 통일운동의 약화와 통일에 대한 피로감의 증대가 나타날 수 있는 것이다.

본질적으로는 1961년 이후 통일논의를 주도해온 진보세력이 이명박 정부 출범과 민주주의의 위축 이후 통일논의를 이끌어나갈 힘을 소진했다는 진보진영 내부의 문제에서 기인한다고 할 수 있다. 분단체제가 흔들리는 상황에서 분단체제를 극복하기 위한 진보적 노력과 분단체제를 재안정화시키려는 수구적 시도가 충돌하는 상황에서 진보진영의 역량이 소진했기 때문에 분단체제는 흔들리는데 통일운동은 약화되는 현상이 발생한 것이다.

진보진영의 개별적인 의제들은 다양하게 발전하고 있고 생활화되고 있다. 통일운동은 다양한 진보 의제와 통일 문제를 결합시켜야 발전한다. 통일운동의 약화는 다양한 진보 의제를 분단체제 극복운동으로 발전시키려는 의식적 운동의 약화로 귀결되었다. 결국 분단체제 극복 세력의 역량이 약화된 것이

통일운동의 전개과정과 1980년대 학생운동

다. 시민사회가 시민의 의제를 한반도 시각과 결부시키는 작업도 중요하지만, 통일운동 진영이 이러한 작업을 지원하는 중심 세력이 되어야 한다. 그런데 이런 역할을 수행해야 하는 통일운동조차도 수구세력의 분단체제 재안정화 전략 앞에 속수무책이었다. 통일운동은 이렇게 점차 약화되고 있기 때문에 시민사회의 의제를 한반도 시각에서 재구성하는 작업도 더딜 수밖에 없게 되는 것이다.

이런 상황 때문에 박근혜 대통령의 통일대박론이라는 과정과 방법을 생략한 구호가 진보진영의 통일 정책을 잠식할 수 있었다. 박근혜 대통령은 통일이 동북아시아의 대박이 될 뿐만 아니라 세계의 대박이 될 것이라고까지 호기롭게 말했다. 하지만 선언과 구호만 있을 뿐이다. 통일대박론의 구체적인 설계도인 '드레스덴 선언'은 언제든 폐기될 운명을 가지고 태어났다.

대북 정책에서 과거 박정희 정부와 노태우 정부 시절에도 전향적인 정책은 있었다. 박정희 대통령은 1970년 통일에 대한 주도권을 잡겠다는 것을 명분으로 하여 돌연 평화통일 제안을 한다.[7] 박정희 대통령의 8·15 평화통일구상 선언의 요지는 '긴장 상태의 완화를 거쳐 평화통일을 달성'하겠다는 것이다. 통일 이전에 긴장 완화, 전쟁 방지, 평화 정착 등의 중간 단계 설정의

---

7 박정희 대통령이 1970년에 8·15 평화통일선언을 하기 직전인 1960년대 말은 북한의 도발이 극렬했던 시기이다. 1968년과 1969년은 1953년 한국전쟁 정전 이후 북한의 위협과 도발이 가장 강력했다. 1968년에는 북한의 124부대 소속 무장 게릴라들이 청와대를 습격한 1·21사태가 벌어졌다. 이틀 뒤인 1월 23에는 북한 해군함정이 미 해군 정보수집함 푸에블로호를 나포했다. 또 그해 10월에는 130여 명의 무장 게릴라들이 울진 삼척을 침투했다. 1969년 4월에는 북한군이 미군 EC 121 정찰기를 격추시키기도 했다.

필요성을 처음으로 제기한 것이다.

이후 박정희는 본격적으로 대북 협상을 준비했다. 대북 협상은 남북한의 안보에 영향을 미치지 않아야 한다는 원칙도 세웠다. 이에 따라서 1971년에 이산가족 재회를 위한 적십자회담을 제안했다. 북한이 수락하여 한국전쟁 이후 처음으로 남북대화가 재개되었다. 남북 적십자회담을 거쳐서 1972년 7·4남북공동성명이 발표되기에 이른다. 하지만 7·4남북공동성명은 유신체제 강화로 귀결되어 결과적으로 분단체제 고착화를 위한 남북의 상호작용이 되었다.

박정희의 대북 정책이 가능했던 것은 이 시기가 분단체제가 강고하게 굳어지는 고착기였기 때문이다. 박정희는 통혁당, 인혁당 사건 등을 통해서 반대세력을 탄압하면서 이를 바탕으로 대북 정책을 추진했다.

노태우 정부 시절에는 총리를 단장으로 하는 8차례의 남북고위급회담을 개최했고, 그 결과 남북기본합의서를 채택하기에 이르렀다. 노태우 정부 시기는 1987년 6월항쟁 이후 분단체제가 흔들리기 시작한 초기였다. 노태우 정부의 대북 정책은 동구 공산권의 붕괴와 탈냉전을 배경으로 한다. 노태우 정부의 북방정책은 남북화해협력을 통해서 분단체제를 더욱 흔들었다.

박근혜 대통령의 통일대박론은 박정희 정부, 노태우 정부와 다른 점이 있다. 흔들리는 분단체제의 재안정화와 맞물리면서 제기되었다는 점이다. 즉 박정희 시대는 분단체제 고착기, 노태우 시대는 분단체제 동요기의 초기 단계, 박근혜 시기는 분단체제 동요 상태에서 보수의 재안정화 정책 구사기라고 할 수 있다. 노태우 시기에는 분단체제 동요기에 대규모 통일운동이 시작되었던 반면에 현재 박근혜 대통령이 통일대박론을 펼치는 시기는 통일운동이 약화되는 상황이다. 박근혜 대통령이 시민 배제를 추구하면서 통일 드라이브를 걸 수 있었던 배경이다. 결국 박근혜 정부의 통일대박론은 과정은 없고 구호만 정치적으로 제기된 것으로서 통일 문제의 정치적 이용의 흔한 사례로 남게 되었다.

4·19혁명기부터 6월항쟁기를 거쳐서 6·15 선언, 10·4 선언 시기에 이르기까지 통일 문제는 진보세력이 분단체제를 극복하기 위한 목적을 가지고 이끌어온 의제였다. 박정희 대통령은 남북 최초의 통일에 대한 공동선언을 만들었지만 7·4남북공동성명은 분단체제 고착화에 활용되었다. 노태우 정부의 남북기본합의서는 흔들리는 분단체제의 산물이지만 보수에 의해서 그 가치가 계승되지 않고 도리어 진보세력에 의해서 계승되었다.

박정희 대통령은 1970년 8·15 평화통일구상 선언에서 제시한 통일 이전에 긴장 완화, 전쟁 방지, 평화 정착 등의 중간 단계 설정은 역대 한국 정부 통일 정책의 골격이 되었다. 또한 박정희 정부는 대북 협상이 남북한의 안보에 영향을 미치지 않아야 한다는 원칙도 세웠다. 이에 따라서 1971년에 이산가족 재회를 위한 적십자회담을 제안했다. 남북적십자회담을 거쳐서 1972년 7·4남북공동성명이 발표되기에 이른다.

통일 과정에서 '중간 단계'를 설정한 것은 노태우 정부의 한민족공동체통일방안에서 '남북연합'으로 구체화되었다. 남북연합은 완전 통일로 가는 중간 단계로서 '사실상의 통일', 또는

'1단계 통일'이라고 할 수 있다. '사실상의 통일'은 김대중 정부의 대북 정책의 기반이 되었다. 노무현 정부는 10·4 공동선언에서 '사실상의 통일'을 이룰 수 있도록 남북경제공동체 기반 조성과 각종 남북 당국 간 대화의 제도화에 대해서 북한과 합의했다.[8] 또한 박정희 정부가 남북 대화에서 '선 인도주의 회담 →후 남북 당국자 회담'이라는 순서를 정한 것도 김대중, 노무현 정부 시절 남북 대화의 패턴으로 정착되었다.

이렇게 진보세력이 보수가 제기한 중간 단계 설정과 남북 대화 패턴을 포함한 통일담론까지도 흡수하면서 통일논의를 주도했음에도 불구하고 박근혜 대통령의 통일대박론 이후 진보세력은 통일논의에서 위축되고 있다. 통일대박론은 김대중, 노무현 정부의 대북 정책에 비해서 덜 정교한 정책이지만 통일운동이 약화된 시점에서 그 허점에 대한 지적도 약했다.

결론적으로 박근혜 대통령의 통일대박론은 1987년 이후 지속된 분단체제 동요기에 분단체제를 재안정화시켜서 수구보수 동맹을 강화하고 정권의 기반을 다지려는 '유사類似 통일 정책'에 불과했다. 그 한계도 쉽게 드러날 수밖에 없었다. 국민들의 통일에 대한 관심 저하와 통일운동의 약화 때문에 통일대박론은 통일에 대한 사회적 관심을 높이는 긍정적인 요소를 가지고

---

8 남북연합은 정상회의, 각료회의, 남북평의회로 구성된다. '2007 남북정상선언'에서는 남북연합의 구조를 만드는 '사실상의 남북연합'을 출발시켰다고 볼 수 있다. 2007 정상선언에서 "남과 북은 남북관계 발전을 위해 정상들이 수시로 만나 현안 문제들을 협의"한다는 항목은 남북정상회의로 발전할 수 있다. 남북 총리회담과 부총리급 경제협력공동위원회, 국방장관회담은 남북각료회의의 기초가 된다. 2항에서 합의한 남북 양측 의회의 대화와 접촉은 남북평의회로 발전할 수 있다.

통일운동의 전개과정과 1980년대 학생운동

있었다는 것도 부인하기 힘든 사실이다. 하지만 통일대박론이 희극과 같은 조소거리로 전락한 것은 통일에 대한 회의를 그만큼 깊게 만들게 되었다.

민주주의의 가치와 통일논의

동서독인들은 통일 이후에 서로를 '오시Ossi(동쪽 놈)' '베시Wessi(서쪽 놈)'라고 부른다. 오시와 베시는 통일 이후에 새롭게 사전에 오른 말이라고 한다. 통일이 된 지 10년이 지났어도 동서독인들 사이에서 마음의 통일은 아직도 멀었다. 1997년에 로만 헤어초크 대통령이 공영TV의 토크쇼에서 "대통령으로서 나의 책무는 아직도 우리들 가슴속에 도사리고 있는 장벽을 허물어뜨리는 데 도움을 주는 것"이라고 말했다. 이런 심리적인 장벽을 허물어야 동서독은 진정한 통일을 이룰 수 있을 것이다. 베시와 오시를 합친 '보시Wossi'라는 말도 등장했다고 한다. 보씨는 동독 지역에 사는 서독 사람을 가리키는 말이다. 보씨는 동독 사람들을 잘 이해하고 그들의 '자본주의에 때 묻지 않은 순수함'을 좋아하는 사람들이라고 한다. 독일의 진정한 통일은 보시가 많아질 때 가능할 것이다.

　통일 이후 베트남에도 지역감정의 벽은 잔존했다. 베트남의 지역감정은 전쟁 과정에 입은 상처로 인한 남쪽 지역의 북에 대한 반감, 혁명 주체세력이라는 자부심을 가진 북쪽 사람들이 남쪽에 대해 가지는 부패하고 외세 의존적이라는 부정적인 이미지, 과거 왕조시대 도읍지로서의 문화적인 자부심이 강하지만 정치경제적으로 낙후한 데 따른 중부의 소외감과 불만을 꼽을 수 있다. 독일이나 베트남의 통일 사례에서 알 수 있는 것은 사람들 사이의 마음의 장벽을 허무는 것이 제도의 통일 못지않게 중요하다는 점이다.

남북 사회문화 교류는 분단의 세월 동안 남북한 겨레의 마음속에 쌓인 미움을 녹이고 아픔을 치유할 수 있다는 점에서 의미를 지닌다. 사회문화 교류는 통일을 촉진하는 역할을 할 뿐 아니라, 통일 이후 발생할 수 있는 사회문화적인 갈등을 예방하는 역할을 하는 것이다. 그래서 사회문화 교류는 평화적인 통일을 이끄는 데 많은 기여를 한다.

6·15 공동선언 이후 사회문화 교류는 대북 인도적 지원운동과 함께 민간 통일운동의 중심축이 되었다. 하지만 4·19와 6월항쟁 이후 통일운동이 통일과 민주의 선순환의 흐름 속에서 분단체제 극복을 위한 운동이었던 것과는 달리 6·15 공동선언 이후 통일운동은 남남 갈등의 소용돌이 속에서 국내적으로 분단체제 재강화의 흐름을 저지하지 못하고 있다.

6·15 선언 이후의 남남 갈등은 남북 문제를 정쟁의 대상으로 삼고 있는 여야의 갈등, 통일 문제를 특정 집단의 문제로 굴절시키는 지역감정, 통일 문제를 둘러싼 이념적 갈등 등 다양한 성격과 형태로 존재하고 있다. 이와 같은 남남 갈등이 남북관계의 진전을 국내적인 성과로 축적하지 못하게 만드는 요인이 되었다.

수구세력은 여야 갈등, 지역감정, 이념의 갈등을 이용해서

'북한에 당했다' '속도가 너무 빠르다' '노벨상을 위해 북한에 퍼주기만 한다'는 논리를 유포했다. 이런 논리는 종북 몰이와 결합되어서 통일운동을 위축시켰을 뿐만 아니라 분단체제의 재강화에 기여해왔다.

민간 통일운동은 남남 갈등을 해결하기 위한 남남 대화를 제기했다. 남남 대화는 이념과 지역을 넘어서 통일운동의 대중화를 이루기 위한 길이다. 하지만 별다른 성과를 거두지 못했다.

4·19 이후 통일운동이 민주와 통일의 선순환 구조에 의해서 진행되었다면, 21세기 통일운동은 남북 사회문화 교류와 함께 남남 갈등 극복을 통해서 남북관계 개선의 성과를 국내적으로 축적시키는 역할까지 수행해야 한다. 하지만 현재의 위축된 통일운동에게 이러한 역할은 버거울 뿐이다. 결국 4·19혁명과 6월항쟁 이후 통일운동이 활성화되었던 사례와 같이 유사 통일 정책을 통해서 통일논의의 혼란을 초래하고 종북 몰이를 통해서 정치 기반을 강화하는 세력을 교체하는 것이 통일운동을 활성화시키는 것이면서 분단체제의 재강화를 막는 길이다.

학생운동, 1980

1986 애학투련,
오늘을 말하다

정의, 용기, 희생의 학생운동과 오늘의 공동선

정현곤

1986년 건대항쟁에 참여한 한 사람으로서 오늘을 어찌 증언할까? 당시 20대 젊은이들의 가슴을 뜨겁게 채운 정신은 무엇이었고 그것은 오늘 또 어떤 의미로 나타나고 있다고 말할 수 있을까? 이 글을 쓰는 2016년에, 치열했던 모순의 한가운데에 서서 청춘을 던졌던 그때로부터 30년이 흐름 시점에, 우리는 어쩌면 더 심화된 듯한 사회의 모순에 회한을 느낄지도 모른다. 그래서 우리는 아래의 추억만으로는 부족하다.

"건대항쟁은 당시 항쟁에 참가했던 20대 청년 모두의 인생에 가장 뚜렷하게 각인된 경험으로, 나라의 민주화와 자주화, 그리고 조국통일에 대한 소중한 기여로 추억되고 있습니다."[1]

---

1   정현곤, 〈10·28 건대항쟁의 역사적 의미와 평가〉, 10·28건대항쟁20주년기념사업준비위원회, 《10·28 건대항쟁 20주년 기념자료집》, 2006.

여기서 우리의 발문은 추억을 말하기보다는 이 글의 제목처럼 다시 '1986년의 애학투련, 오늘을 말하다'가 되고 만다.

1986년 건국대학교, 한국 사회 모순의 중심에 서다

건대항쟁은 전두환 군사독재의 재집권 음모 한가운데서 가장 치열하게 벌어진 투쟁이며, 막대한 희생에도 불구하고 국민들에게 민주주의에 대한 잠재된 열정을 자극한 소중한 역사라고 할 수 있다.

당시 항쟁 참가 대학생들을 공격하고 탄압했던 전두환 정권의 광기는 바로 그 이듬해 박종철 학생을 죽음에 몰아넣었고, 그로부터 국민의 저항은 걷잡을 수 없게 되었다. 광주민주화운동을 피로 물들였고, 억압적 통치 방식에도 불구하고 미국의 후원 속에 건재했던 전두환 정권은 건대항쟁에서 촉발된 지속적인 저항 끝에 그렇게 종말을 고해갔던 것이다.

건대항쟁 전야: 저항의 민심을 타고가다

1986년은 이듬해의 대통령선거를 앞두고 정권의 정통성과 재집권을 가늠하는 시기였다고 볼 수 있다. 이미 전해(1985년)에 총선을 통해 표출된 민심[2]은 전두환 정권 교체로 향해 가고 있었고, 그 대안으로 직선제가 유력하게 제출되고 있었다. 1986년 초입부터 야당은 전국 순회 집회를 통해 직선제 개헌의 바람을 몰아오고 있었으며 이에 대한 국민의 지지는 뜨거웠다. 이는 전두환으로서는 매우 긴장되는 상황이 아닐 수 없었다.

한편, 성장하는 민중운동 내부에서 미국에 대한 문제제기가 강력하게 대두되고 있다는 점도 주목할 상황이었다. 미국의 존재가 북한의 침략을 막아주는 방어벽이 된다는 법적 논리에 의해 미국 비판은 곧 국가보안법 위반 혐의의 체포를 의미하고 있는 상황[3]에서, 당시의 대학생들은 매우 공격적인 행동을 감행했다. 대표적으로 1985년 5월에 서울의 미국문화원을 점거하고 대사의 면담을 요구하면서 1980년 광주학살의 배후에 미국이 있었다고 문제를 제기한 사건을 들 수 있다. 서울미문화원 점거농성 사건은, 그 이전 시기 농성과 같은 행동이 단시간에 진압되어 사람들의 기억에 충격만 주고 사라졌던 데 비해, 5월 23일부터 26일까지 72시간 동안 진행되어 언론의 대대적인 관심을 받게 되면서 대학생은 물론이고 국민 모두에게 미국에 대한 인식을 새롭게 해주었다.

그러나 서울미문화원 점거농성 사건은 농성 주체들에게도 그랬지만 국민들에게도, 결국 이러한 행동들이 북한을 이롭게 하리라는 논리에 맞닥뜨려야 했다. 당시 농성을 접었던 중요한 이유가 5월 27일로 예정된 남북적십자회담이었다는 점에서 북

---

2   1985년 2·12총선은 1980년 전두환의 군사쿠데타에 저항했다는 이유로 출국 조치된 야당 지도자 김대중 씨가 귀국하면서 치열한 여야 접전으로 치러졌다. 당시 정당체계는 여당이었던 민주정의당과 야당이었던 민주한국당의 양당 구도였는데, 민주한국당은 제대로 된 야당의 역할을 하지 못했다. 결국 2·12총선에서는 김대중, 김영삼이 이끄는 신한민주당이 바람을 일으키며 제1야당으로 올라섰다.

3   국가보안법의 논리에 따르면 북한의 주장과 유사한 것은 북한을 이롭게 한다고 판단될 수 있다. 반미는 북한의 단골 주장이라는 점에서 국가보안법 위반 혐의가 된다. 박원순, 《국가보안법 연구 1, 2, 3》, 역사비평사, 1995.

한 문제는 한미관계의 중요한 연결고리였던 것이다. 미국이 군사독재정권의 뒤를 봐주고, 군사정권의 무차별한 피의 학살을 방조한 것은 분명했지만 '북한 문제'가 존재하는 조건에서 사과를 받아낼 수 있는 상황까지는 가지 못했던 것이다. 이것은 농성의 성과이자 한계였고 북한 문제는 다시금 민주주의 운동에 큰 고민을 심어주었다.

1986년 3월 18일, 서울대학교 자민투 산하 반전반핵투쟁위원회는 첫 집회에서 "반전 반핵 양키 고 홈"이라는 구호를 내걸었고, 이는 학생대중운동이 '반미'를 표방한 첫 시도라고 할 수 있다. 이 차이는 1985년의 대학생들이 북한 문제에 걸려 '우리는 반미가 아니다'라고 얘기했던 점을 상기하면 분명해진다. 그러나 "반전 반핵 양키 고 홈"으로 드러난 1986년의 반미 주장은 그 사유를 '반전'과 '반핵'으로 내걸었다는 점에서 추가적인 의미가 부여된다. 즉 '전쟁'과 '핵'이라는 소재에 집중함으로써 반미운동이 북한과 연결될 수 없다는 고리를 확실히 했다는 것이다.[4] "반전 반핵 양키 고 홈"이 갖는 논리의 이 같은 특징은 2002년 이후 북이 핵무기 개발에 나설 때나 북의 군사적 도발이 진행될 때 북한의 책임을 물을 수 있는 논리로 연결된다. 즉, 반전·반핵과 연결된 반미라는 논리는 반전·반핵과 연결된 반북이라는 논리와 닮아 있기 때문이다.

---

4 이 점은 2002년 이후 북한 핵무기에 대해 '미국의 핵전쟁 위협에 대한 자구적 조치'라는 이유로 북한 비판에 주저한 학생운동, 사회운동, 정치운동 세력들의 존재와 비교된다. 2002년 이후의 상황에서 반북이냐 아니냐의 문제가 아니라 반전이냐 반핵이냐로 정리하면 될 일을, 반북으로 갈 것을 우려하는 주저함이 있었다는 것이다. 이러한 주저함이 진보운동의 대중성을 상실하게 만들고 만다.

건대항쟁 당시의 북한 문제는 "반공이데올로기 분쇄투쟁"이라는 구호로 표현되었다. 이는 전두환 정권의 공안 탄압에 대한 새로운 대응 논리의 일환으로 제출되었다. 당시 전두환 정권은 반정부 투쟁세력에 대해 공산주의 주장을 받아들이는 세력이라는 딱지를 붙이는 방식으로 탄압했는데, 이에 대해 '그들은 용공容共이 아니다'라고 항변하는 수준에서 더 나아가 '허구적 반공이데올로기로 자유주의 권리를 탄압 말라'라는 논리로 적극 대응하자는 의미였다. 그러나 이 주장은 정교하게 검토되지 못한 상태에서 이미 이데올로기화되어버린 반공의 실체 접근에 실패하면서 건대항쟁에 치명적인 상처를 주게 된다.

1986년의 학생운동은 자민투와 민민투의 양대 산맥[5]으로 나뉘어 노선투쟁이 전개되고 있었다. 자민투가 주로 '제국주의-민족' 관계를 중심으로 문제를 본 데 비해 민민투는 국내 계급모순을 중심으로 문제를 보고 있었고, 조직도 나뉘어 있었다. 게다가 이 두 단위 모두가 당시 매우 급진적이었다는 점도 상황 돌파력을 어렵게 만드는 요인이었다. 당시 학생운동의 급진성은 "파쇼헌법 철회하고 혁명으로 제헌의회"와 같은 구호에서도 확인되는데, 이 구호는 러시아혁명을 탐독한 20대 청년의 유토피아적인 성격을 잘 보여준다고 하겠다. 그러나 당시 학생운동이 바라본 전두환 정권은 민주주의를 요구하는 시민과 학생들의 시위를 총칼로 학살하고 들어선 정권이었다. 그런 점에

---

5   '반미자주화반파쇼민주화투쟁위원회'가 자민투, '반제반파쇼민족민주투쟁위원회'가 민민투이다.

서 학생들의 저항 속에 '봉기'나 '혁명' 같은 단어가 떠올려지는 것은 당시 시대의 반영이라고 할 수 있다.

결국 1986년 당시 학생운동은 정권 교체라는 민심과 민주주의의 구조적 장애라는 미국과 북한의 연관 문제, 그리고 아직은 성장 중인 민중운동의 한계 속에서 자체적으로 치열한 논쟁 속에 휩싸여 있으면서 역량이 분산되는 어려움을 겪고 있었다.

1986년 10월의 건대항쟁으로까지 발전하는 투쟁의 흐름에서 그해 5월 3일의 인천투쟁은 여러 모로 생각해볼 수 있는 투쟁이다. 5월 3일은 인천에서 직선제개헌운동본부 현판식이 있는 날이었다. 야당에 의해 주도되던 직선제 개헌운동이 서울로 북상하던 중에 인천을 들르는 바로 그날이었다. 대개 정당의 합법적 행사는 자주 거리집회로 치닫게 되는데, 특히 전두환에 맞서 저항의 방법을 찾고 있던 사회운동세력들에게 5월 3일은 기회였다. 당시 학생운동을 비롯한 민중운동 전반에서 인천에서의 집회 동원을 독려하고 있었음은 물론이다.

인천의 5월 3일은 야당의 직선제개헌운동본부 현판식은 뒷전이 되고 경찰과 민중운동 간의 치열한 공방이 전면에 드러나는 계기가 된다. 그간 전국적으로 형성되던 야당 중심의 운동 흐름이 민중운동으로 이동했던 것이다. 최루가스가 부옇게 난무하는 가운데 하루 종일 경찰과 시위대 간에 치열한 공방이 이어졌다. 당시 싸움을 통해 전두환 정권이 내린 결론은 공안정국 형성이다. 전두환 정권은 직선제 개헌으로 모이는 시민들의 저항을 분산시키고 약화시키기 위해 민중운동세력 일부의 급진성을 활용할 필요성을 찾아낸 것이다. 그리하여 공안세력

1986 애학투련, 오늘을 말하다

이 전면에 나서 반공, 반북 이념과 관련된, 이른바 공안 문제가 국면의 중심으로 급부상하게 된다. 당시의 공안사건들은 '북한'을 추종하는 공산 세력이 각지에 침투, 암약하고 있다는 것으로 국민의 안보 불안을 자극하고 있었다.[6] 그리고 이러한 공안 국면은 10월 14일 신민당의 유성환 의원이 "이 나라의 국시는 반공이 아니라 통일이어야 합니다"[7]라고 말한 일을 두고 국가보안법 위반 혐의로 구속되는 일이 벌어지면서 극에 달하게 된다. 유성환 의원의 구속은 10월 16일 밤 11시경 경호권 발동에 따라 사복 경찰 병력 1,500명이 국회의 중앙홀을 에워싼 가운데 여당만의 체포동의안 강행 처리에 의해 뒷받침된다. 10·28 건대 애학투련 결성집회는 그야말로 전두환 정권의 공안 탄압이 상승해가는 추세 속에서 개최된 셈이다.

건대항쟁의 전개: 세계사에 유례없는 탄압에 맞서다

건국항쟁은 1986년 10월 28일에 시작되었다. 건대항쟁을 이끈 단위는 '전국반외세반독재애국학생투쟁연합(이하 애학투련)'이

---

6   1986년 당시 북한 문제를 전혀 다른 차원으로 옮긴 주장은 그해 3월에 뿌려진 〈강철서신〉이라는 팸플릿이 잘 보여준다. 노골적으로 북한의 주체사상 추종 노선을 걸었다는 점에서 20대가 가질 수 있는 패턴과 한계를 잘 보여준다고 하겠다. 공안 당국이 이 문서를 추적했음은 물론이다. 팸플릿의 저자 본인도 이 점을 의식하고 있었다는 점은 명백하다. "팸플릿이 일단 배포되면 큰 반향이 있을 거라고 생각했다. 설령 반향이 없더라도 공안 당국이 집요하게 추적할 거라는 건 분명했다. 매회 북한을 암시하는 언급이 조금씩 들어 있었으니까. 그래서 보안에 무척 신경 썼다."(팸플릿의 저자 김영환 인터뷰.《한겨레》, 2016.4.30.)

7   유성환 의원의 발언은 이렇게 시작된다. "총리, 우리나라의 국시가 반공입니까? 반공을 국시로 해두고, 올림픽 때 동구 공산권이 참가하겠습니까? 나는 반공 정책은 오히려 더 발전시켜야 된다고 보는 사람입니다. 그러나 이 나라의 국시는 반공이 아니라 통일이어야 합니다." 유성환 의원의 구속영장 청구 기사는 《경향신문》, 1986.10.15. 참조.

다. 명칭에서 드러나듯이 이 운동체는 대중운동을 지향하고 있었다. 당시 학생운동에서는 '반제동맹' 또는 '미제국주의'라거나 '파쇼헌법'과 같은 단어들이 많이 사용되면서 '반제 반파쇼'가 운동권의 일상 언어가 되고 있었다. 그런 점에서 애학투련은 '반독재 반외세'라는 말로 학생대중들에게 좀 더 친근하게 다가가려 했다. 10월 28일은 바로 이 애학투련의 결성일이었다.

애학투련은 당시 학생운동의 성취와 한계를 그대로 반영하고 있다고 볼 수 있다. 직선제를 핵심으로 하는 민주개혁쟁취의 국민운동적 흐름과 '반전 반핵'이라는 선도적 운동의 조합이 이 운동체에 담겨 있었기 때문이다. 이러한 운동 조합은 애학투련 내에서도 '민주개혁'과 '조국통일'로 양대 맥을 이루었고, 특히 애학투련 기념일에 와서는 '반공이데올로기 분쇄'라는 매우 공격적인 전술로 돌출되어 있었다.

사실 반공이데올로기 분쇄투쟁은 당시 애학투련 리더들이나 참여자 모두에게 공유된 전술은 아니었고 그 의미가 깊이 있게 검토되지도 못했다. 당시 전두환 정권의 재집권 전략의 일환으로 음모되던 각종 공안사건 속에서 '용공'세력이라는 정권의 공세에 맞설 적극적인 대안이 필요했고, 또한 당시 '반공국시론'이 아니라 '통일국시론'을 말했다가 구속된 유성환 의원 사건에서 강한 느낌을 받은 것도 사실이었다. 정권의 도발이 도를 넘었다는 판단이 이데올로기로서의 '반공' 공격으로 나가게 한 정서적 공감이었던 것이다. 그러나 역시 경험도 공부도 부족했던 당시의 학생운동이 이 문제를 건드린 것은 큰 실수였다.

애학투련 결성식을 건국대에서 하게 된 것은 학교의 구조상 학생들의 진입 경로가 매우 다양하다는 점 때문이었다. 실제 학생들은 건대로 진입하는 데 큰 어려움이 없었다. 하지만 당일 발표될 문서들이 대자보로 작성되어 붙기 시작한 이후부터 상황은 달라지기 시작했다. 특별지시가 내려온 듯 일체의 경찰 검문도 없었는데, 결성식이 채 끝나기도 전에 진압 병력이 매우 빠른 속도로 집회장까지 진입해왔던 것이다. 철저한 봉쇄 방침이 내려졌고 전원 체포를 목적으로 하는 장시간 봉쇄 기간이 정해진 듯했다. 이는 학생들이 경찰에 밀려 본관, 도서관, 사회과학관, 학생회관 등에 갇힌 이후에 점차 확인된다. 결과적으로 애학투련 결성식은 '준비되지 않은' 농성 체제 속에서 3박 4일을 끌게 된다. 전두환 정권은 재집권 전략으로서 대대적 이념 공세를 결정한 듯 농성을 유도했을 뿐 아니라, 단전과 단수는 물론 음식물 반입도 금지시켰다. 이전에 보여준 모습보다 더 강경하게 학생운동을 진압하겠다는 태도였다. 건물에 갇힌 첫날, 각 대학 관계자들이 모여 정부 당국에 학생들의 무사 귀환을 요청했고, 또 애학투련 대표부에서도 경찰이 봉쇄를 푼다면 귀가하겠다는 입장을 내놓았지만 정권은 이를 거절했다.

10월 28일, 밤이 되면서 쌀쌀해졌다. 본관 건물에서는 경찰이 쏜 최루탄이 창문을 깨고 건물 곳곳에 떨어졌다. 최루가스는 빠져나갔지만, 깨진 창문에서 찬바람이 들어왔다. 그 찬바람이 농성 환경을 어렵게 만들었다. 대부분의 학생들은 얇은 티셔츠만 입고 있었다. 가을의 낮, 오후에 열리는 집회만을 고려한 복장이었다. 건물에 갇힌 학생들은 첫날부터 추위를 감당해야 했던 것이다. 경찰은 처음부터 단전과 단수로 매우 비인간적인 봉쇄 작전을 취했고, 밤새 경찰 병력을 이동시키며 진압작전을 펼치는 것처럼 행동하며 학생들을 괴롭혔다. 어두워진 건물 안 곳곳에서 학생들은 속옷을 찢어 심지 삼아 초불인 양 밝혔다. 학생들은 자신의 주장을 외부에 알릴 수단으로 본관 방송 시설을 이용했다. 비록 멀리 보낼 수는 없었지만, 걱정스런 마음으로 학교 주변에 와 있는 가족들에게 자신들의 모습을 알리는 데는 주요했던 것 같다.

전두환 정권이 애학투련 집회에 대해 어떤 입장을 취하고 있는가 하는 점은 갇힌 첫날 텔레비전의 뉴스 보도를 통해 확인되었다. 건대항쟁 참여 학생들이 북한을 찬양하는 일을 하는 것으로 묘사되고 있었다. 이른바 '공산혁명분자'라는 극단적인 표현까지 나오고 있었다. 특히 입수한 유인물 중 〈반공이데올로기 분쇄투쟁 선언문〉의 경우, 빨간 줄이 그어져가면서 참여 학생들의 용공성이 강조되고 있었다. 그러나 전두환 정권의 폭압성이 워낙 컸고 저항 또한 집권 기간 내내 계속되어왔기에 그 정도로 제압할 수 있는 저항은 아니었다.

갇힌 둘째 날부터는 당장 먹을 것이 문제였기에 학생들은 도서관과 본관, 사회과학관 등 농성장을 뒤져 먹을 것을 찾았고 그렇게 찾은 라면과 초코파이를 건물 옥상 사이 끈으로 연결하여 나눠 먹었다. 둘째 날부터는 농성을 깨고 건대를 벗어나는 방안도 계속 모색했는데, 겹겹이 에워싼 경찰 병력으로 외곽 이동은 어렵겠다는 판단을 내렸다.

참여 학생들은 갇힌 기간 내내 힘들게 생활해야 했다. 필자가 본관에 있었을 때의 기억만을 떠올려본다면, 학생들은 아침

1986 애학투련, 오늘을 말하다

에 옥상에 올라가 체조를 하며 몸을 풀었고 오늘 우리가 지켜야 할 원칙을 확인하는 일을 했다. 각 단위별로 역할을 나누고 다시 옥상을 내려갔는데, 역시 경찰의 동향을 살피고 경찰과 싸웠던 팀이 가장 활력이 넘쳤다. 오전에는 각 학교별로 모여 서로의 생각을 나누는 시간들을 가졌고 그 속에서 '오늘 우리는 왜 이곳에 와 있는가?'를 묻고 답했다. 1학년 학생들도 일부 있었기에 그들의 걱정을 달래고 위로하는 일이 큰일이었다. 결국 모든 것은 전두환으로 맞춰졌다. 그의 쿠데타, 광주학살, 악법, 탄압이 문제였다. 이런 정권이 재집권하게 해서는 안 된다는 마음들이 고통을 이겨내게 한 힘이었다.

마침내 4일째 되던 날 새벽, 헬기의 굉음과 포탄처럼 터지는 최루탄, 소방차가 뿌려대는 차가운 물세례, 경찰이 휘두르는 각목과 쇠파이프의 파열음 속에서 강요된 농성은 고통스럽게 마감되었다. 연행자 1,525명, 구속자 1,288명이라는 세계사에 유례가 없는 학생 탄압이었다.

건대항쟁의 역사성

이념을 넘어선 저항

건대항쟁은 전두환 군사독재의 재집권 음모 한가운데서 가장 치열하게 벌어진 투쟁이며, 국민들로 하여금 이념의 굴레를 딛고 민주주의에 대한 잠재된 열정을 분출할 수 있게 한 역사적 사건이다.

학생운동, 1980

건대항쟁은 1987년 6월항쟁을 불과 7개월 앞둔 상황에서 일어났다. 건대항쟁은 '시민의 저항을 통한 정권 교체'라는 새로운 역사의 맥락에서, 구체제 정권을 지탱하는 모든 것과 맞부딪친 유일한 투쟁이라고 할 수 있다. 5·3 인천투쟁 이후 조작된 대부분의 공안사건이 증명하듯이, 정권 연장을 기도하는 전두환 정권이 취한 강력한 수단 중 하나는 이념 공세였다. 건대항쟁 진압의 가장 강력한 수단이 '찬북讚北'이었고, 건대항쟁 이후 전두환 정권이 벌인 가장 강력한 소동이 북한이 만든다는 '금강산댐'이었듯이. 북한 문제는 전두환 정권의 성립에도 영향을 미쳤다. 1980년 당시에도 전두환 일당은 광주 진압을 북한으로부터의 안보 위협과 연계시켰기 때문이다. 이러한 고답적인 구체제의 특징은 1986년에도 재현되었고, 그것은 이제 가장 강력한 저항세력으로 성장한 학생운동에게로 향했던 것이다.

　　건대항쟁은 바로 이러한 지점에서 전두환 정권과 전면화된 투쟁이 되었다. 구체제의 물리적 폭력에 맞서 싸웠고, 민주주의의 기초적 권리인 국민투표권을 계속해서 박탈하려는 '호헌' 기도와 맞서 싸웠으며, 미국에 대한 반대는 곧 국가보안법이라는 낡은 생각에 맞서 싸웠다. 또한 반공만 아니라면 독재라도 좋다는 일종의 허구화된 이데올로기와 맞서 싸웠다. 그리고 그 속에서 이념 문제가 특별히 부각된 그런 투쟁이었다.

　　건대항쟁은 이념 문제가 대중운동체를 무너뜨린 무수한 사례 중 하나지만, 정권의 혹독한 탄압과 학생운동의 막대한 희생 위에서 민주주의 운동이 다시 부활하는 역설을 이루어낸다. 그것은 '정의'과 '용기'로 인식되어온 청년 학생운동에 대한 국

　　　　　　　　　　1986 애학투련, 오늘을 말하다

민들의 신뢰였다. 더불어 전두환에 대한 강한 반감 속에서, '이념'이라는 전두환의 가장 강력한 무기가 '큰 희생'으로 빛이 바래고 그 이후에는 힘을 발휘하지 못하는 그런 역설적 상황의 전개를 말한다.

건대항쟁의 진압 여파를 몰아 전두환은 민중운동을 탄압하고 야당 내 타협세력과 더불어 내각제 개헌을 포함한 보수대연합체제 등을 내세워 정권 연장을 기도했다. 하지만 이는 박종철 학우의 죽음에 따른 국민들의 강한 저항에 직면해야 했다. 전두환의 3차 공격은 4·13 호헌조치라는 억압체제의 유지였고 여기서 다시 국민들과 정면으로 승부해야 했다. 6월항쟁의 그날, '반공이념'은 더 이상 전두환 체제를 지탱하는 힘이 될 수 없었다. 1987년 6월항쟁은 더 이상 광주의 재현이 될 수 없었다. 전두환은 실패를 시인하고 직선제 개헌을 받아들여야 했다.

미국을 넘어 6월항쟁의 승리를 이어주다

건대항쟁은 우리 역사 전환기의 매우 중요한 시점에 발생한 사건이었고 거기에는 민주주의 문제가 자주와 통일의 문제에까지 연결되어 있는 것이 보인다. 그런 점에서 건대항쟁은 분단체제에 대한 저항의 성격을 지니게 된다.

한국 민주주의의 활로가 전두환 체제와 대척점에 있음은 누구나 아는 일이었지만, 전두환 정권으로 대표되던 구체제의 해소가 단지 직선제 운동만으로 이루어지리라고 보는 이는 적었다. 전두환은 저항이 엄청난 힘으로 발현되지 않는 이상, 웬만한 투쟁은 짓밟을 수 있는 인물이었다. 당시 학생운동이 미국 문제를 지속적으로 거론한 것은 전두환과의 싸움에서 미국의 중립적 태도가 매우 중요했기 때문이었다. 1985년에 학생운동은 전두환 정권의 정통성과 관련한 광주학살 지원 문제로 미국을 비판하고 나섰다. 1986년에 이르러서는 "반전 반핵 양키 고홈"과 같은 매우 급진적인 구호를 내걸게 되는데 이 또한 군대를 동원한 국민 진압이 발생할 수 있는 환경에서 미국의 입장을 염두에 둔 것으로 볼 수 있다. 당시의 학생운동이 '국민의 저항=전민항쟁과 군대와의 충돌'이라는 현실을 놓고서 민주주의를 설계할 수밖에 없었던 것은 당시 한국 민주주의가 처한 상황이 그만큼 절박했기 때문이었는데, 사실 6월항쟁의 막바지 국면에서 이 문제는 실제 현실로 다가왔다.

미국 문제가 군대 동원에 대한 승인 내지는 묵인에 있다고 했을 때, 그것은 반미를 하고 말고의 문제가 아니라 미국이 실제 그런 행동을 할 것인가에 대한 문제라고 볼 수 있다. 그것은 군사독재정권이 국민 탄압에 북한을 이용했을 때, 국민들이 저항을 멈추느냐, 마느냐의 문제이기도 했다. 6월항쟁 당시에도 전두환은 군대를 동원하려고 했고 여기서 미국이 취한 태도가 결정적이었다.[8]

건대항쟁은 군사독재와 미국의 결탁이 북한을 매개로 형성되고 있는 이러한 분단체제의 한가운데에 서 있게 된 투쟁이다.

---

8   전두환 정권이 이른바 '호헌'에 대해 미국에 공식 요청한 것은 1985년 4월 24일과 29일 사이로 알려졌다. 당시 미국은 이를 거절했다고 한다. http://www.iusm.co.kr/news/articleView.html?idxno=656442(검색일: 2016.9.15) 한편, 전두환이 6월항쟁을 진압할 목적으로 군을 동원하기 위해 미국과 접촉했다는 점은 보도와 문서로도 알려져 있다. http://www.nocutnews.co.kr/news/4614973(검색일: 2016.9.15)

애학투련 결성식에서 학생들은 민주화, 자주화, 통일 등 한국 사회의 총체적 비전에 따른 새로운 학생 투쟁조직을 구상했다. 결과적으로 전두환이라는 엄혹한 통치체제에서 국민의 힘을 집중할 투쟁전술이 구현되기보다는 여러 투쟁의 나열 속에서 오히려 약점이 노출되었다. 전두환 정권은 이것을 '반미'와 '친북'으로 포장할 수 있는 기회로 활용했다. 그리고 바로 그 점, 즉 반미와 친북으로 몬다면 그 어떤 탄압도 가능하다는 관성으로 사상 최대의 학생 구속을 강행했다. 탄압의 관성은 모든 학생운동 조직에 대한 파괴로 나아갔고 체포와 고문이 이어졌다. 박종철은 이 과정의 희생자였다. 여기서 직선제는 그것이 목적이라기보다는 군사독재를 무력화하고 전두환을 퇴진시키는 가장 유력한 수단으로 선택되었고 승리를 이끄는 견인차가 되었다. 그런 점에서 전두환 정권의 붕괴는 도를 넘는 군사정권의 통치 방식에 대해 미국이 더 이상 뒤를 봐주기 어려운 상황이 되었다는 것을 의미한다고 하겠다.

정의, 용기 희생의 학생운동과 오늘의 공동선

건대항쟁에서 가장 두드러진 것은 희생이다. 1,288명의 구속이 이를 증언한다. 그러나 다른 한편 그 희생을 감내할 용기는 무엇인가? 그것이 정의이다. 아래의 홀라송은 이 점을 잘 드러낸다.

  우리들은 정의파다 홀라 홀라

같이 죽고 같이 산다 홀라 홀라

무릎 꿇고 살기보다 서서 죽길 원한다

우리들은 정의파다

이 노래에 정의가 무엇인지는 없다. 단지 정의의 의미가 용기와 접목되어 단순하게 나타난다. 그것이 진실인 이유는 절대 악의 존재이다. 정의가 무엇인지 설명하지 않아도 모두가 아는 것이다.

건대항쟁의 희생 이후 정권 탄압은 계속되었고 더불어 국민들의 저항도 시작되었다. 6월항쟁에 이르러 절대 악은 붕괴되었다.

그로부터 30년이 흘렀다. 1991년 6월항쟁의 한 주역이었던 김영삼이 전향하여 여권과 합세, 민주자유당을 창당했고 대통령이 되었다. 김영삼은 대통령이 되어 일거에 군사쿠데타와 광주 진압의 책임을 물어 전두환과 노태우를 구속했다. 그는 금융실명제를 실시하는 쾌거도 감행했다. 그러나 북한과 긴장했고 기업의 무분별한 과잉투자를 묵인한 끝에 외환위기를 불러들였다.[9] 북한을 적대의 악순환이 아니라 선순환 관계 속으로 불러들인 것은 6월항쟁의 또 다른 주역이었던 김대중이었다. 그는 대통령이 되어 최초로 남북정상회담을 열었고 더 이상 북한 문제가 정치와 경제의 민주화에 걸림돌이 되지 않도록 노력했다. 그의 시대에 와서 국가는 국민 복지에 더욱 집중할 수 있었다. 그

---

9   6월항쟁 이후 김영삼 정부의 양면성에 대해서는 정현곤, 〈1987년 운동체제의 변화와 민주주의〉, 《민주누리》 vol.01, 2015.6.

의 집권 기간에 국민 4대보험이 완성되었다. 그러나 경제를 살린다는 그의 명분이 경제력의 집중을 초래한 것은 치명적이었다. 그 시대에 사회적 양극화가 두드러지기 시작한 것이다.

1980년대의 공안 탄압을 변호했고 전두환과 맞섰던 6월항쟁에서 시민들의 앞에 섰던 변호사 노무현이 김대중 대통령의 뒤를 이어 대통령이 되었고 권위주의를 넘은 국민 참여의 시대를 열었다. 그는 2차 정상회담을 열어 새로운 한반도 시대를 예고했지만 심화된 양극화가 빚어낸 경제적 약자의 반란을 지켜보아야만 했다. 역설적이게도 그의 뒤를 이은 것은 '개성(공단) 동영' 정동영이 아니라 청계천의 이명박이었다.

이상한 변화는 그전부터 몰려오고 있었다. 처음에 그것은 1997년 외환위기 속의 감원 선풍이었다. 평생직장 개념은 무너졌고 회사는 물론이고 동료조차도 적이 되는 변화였다. 노동법은 해고 요건을 완화했고 특히 경영상 해고가 통용되었다. 해고 노동자, 비정규직 노동자가 급격히 증가했고 생활고가 커졌다. 2002년에 "여러분, 부자되세요"라는 광고가 선풍적이었는데, 불과 2개월여 남짓 진행된 광고였지만 사람들의 마음을 파고들었다. 오직 '나만 잘살면 된다'는 이른바 신자유주의의 역습이었다.

이명박의 현대건설 신화, 청계천 건설 신화는 그가 대운하사업을 내걸면서 곧바로 붕괴했다. 그의 토건 논리는 환경 파괴라는 문제점 외에 다수의 서민을 생활고로 물아넣는 독소였음이 금방 드러냈다. 소위 토건 개발은 집중된 자본의 출구였고 가난한 사람의 부를 이전시키는 일종의 자본의 본원적 축적의 재현이었다. 그 결과 부의 편중과 가난한 자의 양산이 나타났다. 이러한 추세는 세계적인 것이었다. 그가 집권한 첫해 2008년부터 바로 그 자본주의의 위기가 닥쳐오고 있었고 문제는 도시 개발과 부동산 투자에서 과잉된 금융에서 터져나왔다.[10] 불행하게도 당시 한국 국민은 닥쳐오고 있는 위기를 감지하지 못하고 바로 그 토건의 담지자였던 이명박을 대통령으로 선택하는 결정적 실수를 범하고 만다.

사회적 양극화와 개인화를 드러낸 한국의 신자유주의는 2010년에 와서야 비로소 진정되었다. 그때 무상급식 문제가 대두되면서 공공성 논의가 급부상했던 것이다. 불평등 문제를 해결하기 위해서는 국가에 의한 사회적 재분배가 필요하다는 논리는 지속되었다. 심지어 2012년의 박근혜 후보조차 복지와 경제민주화를 내걸 정도였다. 2012년 시민사회는 2013년 비전을 제시하면서 그 구호를 "함께 잘사는 사회"로 했다. 그 주장은 서울시에 반영되었다. 지금 서울시의 표제어는 "함께 서울" "시민이 시장입니다"이다.

사회는 정의를 필요로 한다. 1986년의 그때, 정의를 위해서는 희생과 용기가 필요했다. 2016년 현재, 정의도 이와 같다. 단지 희생과 용기라는 말로는 다 담지 못할 만큼 광범위해졌다고 할 것이다. 그럴 때 정의는 공동체를 향한 봉사와 약자에 대한 동정을 의미하지만, 여전히 악에 저항하는 용기를 포함하게 되는 것이다.

---

10 과잉자본이 자기 해소처로 부동산과 도시 개발로 이동하다가 위기를 맞이하게 되는 2008년의 금융위기 상황에 대해서는 데이비드 하비,《자본이라는 수수께끼》, 이강국 옮김, 창비, 2012, 13~61쪽 참조.

글쓴이 소개 (가나다순)

강진웅 | 미네소타주립대학 사회학과에서 박사학위를 받았고 예일대학 동아시아연구소 박사후연구원 및 사회학과 강사를 거쳐 현재 고려대 민족문화연구원 HK교수로 재직 중이다. 연구 분야는 정치사회학으로서 남북한의 사회변동 및 사회과교육에 관심을 갖고 있다.

김석 | 프랑스 스트라스부르대학을 거쳐 파리8대학 철학과에서 박사학위를 받았다. 귀국 후 철학아카데미, 고려대, 시립대 등에서 강의했으며 2012년부터 건국대학교 융합인재학부 교수로 재직하고 있다. 정신분석 개념과 이론을 적용해 한국 사회의 여러 현상을 심층적으로 분석하면서 철학적 대안을 제시하는 것에 관심을 쏟고 있다. 지은 책으로 《에크리, 라캉으로 이끄는 마법의 문자들》《프로이트 & 라캉, 무의식에로의 초대》《인문학 명강》(공저) 등이 있으며, 옮긴 책으로 《문자라는 증서: 라캉을 읽는 한 가지 방법》 등이 있다.

김정주 | 2000년 한양대학교에서 〈한국에서의 가치생산 및 가치분배구조 변화에 관한 연구〉로 경제학 박사학위를 받았으며, 전공 분야는 마르크스 경제학과 한국경제론이다. 그간 〈노동시장 분석을 통한 이윤율 저하 경향의 법칙 재검토〉(2002), 〈생산가격에 의한 가치체계의 재생산: 전형문제의 재검토〉(2003), 〈1980년대 이후 한국경제에서 산업부문 간 가치분배구조의 변화 및 변동요인에 관한 분석〉(2005), 〈1970년대 경제적 동원기제의 형성과 기원: 한국 사회는 박정희 체제를 어떻게 넘어설 것인가?〉(2007) 등 40여 편의 글을 통해 마르크스 경제학 내의 이론적, 실증적 문제들과 한국경제의 역사적 구조전환의 문제들을 주로 다루어왔다. 성공회대학교, 한신대학교, 경상대학교 등에서 연구교수를 역임했으며, 현재는 한양대학교 경제금융학부 강사로 있으면서 계간지 《진보평론》의 편집위원장을 맡고 있다.

김정한 | 고려대 민족문화연구소 HK연구교수. 지은 책으로 《대중과 폭력》《1980 대중 봉기의 민주주의》《한국현대생활문화사 1980년대》(공저), 《최장집의 한국 민주주의론》(편저), 《알튀세르 효과》(공저), 《라캉과 지젝》(공저) 등이 있고, 옮긴 책으로 《폭력의 세기》《혁명가: 역사의 전복자들》 등이 있으며, 주요 논문으로 〈5·18 항쟁 시기에 일어난 일가족 살인 사건〉〈1980년대 운동사회의 감성〉〈한국 라캉주의 정치의 가능성과 조건〉〈한국에서 포스트맑스주의의 수용과정과 쟁점들〉 등이 있다.

김창수 | 고려대 재학 시절인 1986에 건대항쟁에 참여한 학생들이 구속되는 것을 목격하고 애국학생투쟁연합(애학투련)에 가입했다. 이것이 빌미가 되어 국가보안법위반으로 구속되기도 했다. 이후 1988년에 한반도평화통일을 위한 세계대회 추진본부 정책팀에 참여한 것을 계기로 통일운동과 평화운동의 길로 접어들었다. 1990년대에는 범민족대회와 통일대축전 등 남북공동행사 추진을 위한 활동을 했고, 평화군축운동과 대인지뢰금지운동에도 참여했다. 6·15 공동선언 이후에는 민족공동행사 정책팀장으로 각종 남북 민간교류를 추진했다. 한편 평화연구소, 한국사회과학연구소 등에서 동아시아 정세와 남북관계에 대한 연구를 했고, 청와대 국가안전보장회의(NSC)와 민주평화통일자문회의에서 대통령 자문업무에 종사하기도 했다. 지금은 코리아연구원 원장으로 재직 중이다.

박영균 | 외로운 사람들끼리 죽자고 싸우는 삶이 회의스러워 철학 공부를 했다. 길을 찾고자 했으나 철학은 내게 길을 보여주지 않는다. 다만, 내게 길을 찾아가는 방법은 가르쳐주는 것 같다. 대학 때는 마르크스와 레닌을 공부했고, 1990년대 이후로는 현실 사회주의의 몰락과 마르크스주의의 위기 속에서 탈근대적 사유들과의 관계를 맺었으며 그 속에서 길을 찾고자 했다. 지은 책으로《노동가치》《맑스, 탈현대적 지평을 걷다》《칼 마르크스》《다시 쓰는 맑스주의 사상사》(공저),《청춘의 고전》(공저) 등이 있다.

이동연 | 중앙대학교 영어영문학과에서 메티비평론 연구로 박사학위를 받았다. 성공회대 동아시아연구소 연구교수를 거쳐 현재 한국예술종합학교 전통예술원 한국예술학과 교수로 재직 중이다. 계간《문화/과학》편집인, 문화연대 집행위원장, 플랫폼창동61 예술감독으로 있으며 비판적 문화연구와 문화이론 및 정책에 많은 관심을 가지고 연구 활동을 하고 있다. 대표적인 저서로는《문화자본의 시대》《대안문화의 형성》《아시아 문화연구를 상상하기》《문화부족의 사회》《게임의 문화코드》등이 있다.

이창언 | 고려대, 연세대, 성공회대에서 연구교수로 일했고, 지금은 한국방송통신대학교 문화교양학과에서 가르치고 배우고 있다. 소통하고 협동하며 살기 위해 지속가능한 사회, 로컬 거버넌스, 마을 만들기, 민주주의를 연구하고 있다. 지은 책으로《함께 만드는 마을, 함께 누리는 삶》(2014),《박정희 시대 학생운동》(2014),《갈등을 넘어 협력사회로》(2014, 공저),《한국 진보정치운동의 역사와 쟁점》(2011, 공저),《시민과의 약속, 매니페스토》(2011, 공저)와 옮긴 책으로《지속가능성의 도전》(2013, 공역) 등이 있다.

임미리 | 서울여자상업고등학교를 졸업하고 광화문에 있는 직장을 다니다 1987년 6월항쟁을 목격했다. 1988년 고려대학교 사학과에 입학해 데모는 하지만 운동권이라 말하기에는 부족한 대학 시절을 보냈다. 지역 신문사에서 일하다 2000년에 한양대학교 지방자치대학원에서 지방행정 석사학위를 받았다. (사)현대사기록연구원에서 일하며 구술사 연구에 관심을 느꼈고, 다시 공부를 시작해 2016년 한국학중앙연구원에서 박사학위를 받았다. 지은 책으로 《경기동부: 종북과 진보 사이, 잃어버린 우리들의 민주주의》가 있다.

장성규 | 1978년 서울에서 태어났다. 성균관대 인문학부를 졸업하고 서울대학교 대학원 국어국문학과에서 박사학위를 받았다. 2007년 경향신문 신춘문예로 등단하여 문학평론가로 활동하고 있다. 현재 건국대학교 글로컬캠퍼스 커뮤니케이션문화학부 조교수로 재직 중이다.

정현곤 | 1986년 건대항쟁 당시 서울대학교 자민투위원장으로 본관에 상주하면서 농성 전 과정을 책임진 당사자이다. 그 후 이부영, 장기표, 김근태가 주도한 전국민족민주운동연합에 가담했고 민주화운동청년연합의 사무국장을 지냈다. 10여 년간 구로동에서 구로청년회, 구로사랑민주협의회, 참세상을여는노동자연대를 창립해 민주, 인권운동을 했다. 2000년부터는 민족화해협력범국민협의회, 6·15공동선언실천남측위원회에 관여, 사무처장으로 평양, 개성, 금강산을 오가며 남북화해를 위해 일했다. 2010년에 시민운동으로 자리를 옮겨 시민평화포럼 운영위원장, 시민사회단체연대회의 운영위원장, 공익활동가사회적협동조합 동행 이사를 거쳤다. 〈남북거버넌스 연구〉로 경남대에서 박사학위를 받았고 세교연구소 선임연구원, 시민사회단체연대회의 정책위원장, 서울사회적경제네트워크 이사를 맡고 있다. 공저로 《천안함을 묻는다》(2010), 엮은 책으로 《변혁적 중도론》(2016)이 있다.

홍성민 | 서울대학교 외교학과 82학번. 1986년 건대항쟁이 있었을 당시 대학원생이었음. 1980년대 10년을 대학캠퍼스에서 공부를 하면서 투쟁의 전선에서 싸우지 못하고, 감옥에도 가지 못한 것을 늘 부채감으로 안고 살아왔다. 1991년 파리 유학을 떠나 알튀세르의 제자에게서 박사학위를 받았다. 7년 동안의 파리 생활을 통해서 68사상의 의미를 알게 되었고, 당대 최고의 지성들과 교류하면서 진보적 지식인의 역할에 대해서 고민하게 되었다. 1998년 귀국했고, 2000년 동아대학교 정치외교학 교수로 근무하면서 한국 사회에 필요한 지적 자양분을 제공하기 위해서 고군분투하고 있다. 그러나 역량이 부족하여 큰 성과는 없다. 저서로 *Politics and culture; P. Bourdieu in korean cases*(2013), 《문화정치학 서설: 한국 진보정치의 새로운 모색》(2012) 등이 있다.